西子弦歌

杭州妇女运动故事集

汪华瑛
阮英 主编

浙江工商大学出版社
ZHEJIANG GONGSHANG UNIVERSITY PRESS
杭州

图书在版编目(CIP)数据

西子弦歌 / 汪华瑛,阮英主编. — 杭州 :浙江
工商大学出版社,2020.10
　　ISBN 978-7-5178-4142-5

　　Ⅰ. ①西… Ⅱ. ①汪… ②阮… Ⅲ. ①妇女运动—历
史—杭州—通俗读物 Ⅳ. ①D442.9—49

　　中国版本图书馆 CIP 数据核字(2020)第 196181 号

西子弦歌
XIZI XIANGE

汪华瑛　　阮　英　主编

责任编辑	张晶晶
封面设计	林朦朦
责任印制	包建辉
出版发行	浙江工商大学出版社
	(杭州市教工路 198 号　邮政编码 310012)
	(E-mail:zjgsupress@163.com)
	(网址:http://www.zjgsupress.com)
	电话:0571-88904980,88831806(传真)
排　　版	杭州朝曦图文设计有限公司
印　　刷	杭州高腾印务有限公司
开　　本	710mm×1000mm　1/16
印　　张	16
字　　数	230 千
版 印 次	2020 年 10 月第 1 版　2020 年 10 月第 1 次印刷
书　　号	ISBN 978-7-5178-4142-5
定　　价	68.00 元

作 家 简 介

砚舞天下

本名王金迪,河南信阳人,河南省网络作家协会会员。

西　里

本名吕丹妮,浙江新昌人,现居杭州。《山海经》杂志社编辑,杭州市网络作家协会会员。

周梦赉

杭州市网络作家协会成员,著有《永贞难永:唐顺宗之死和中唐政争》等。

方晓阳

资深图书策划人,浙江华云文化总编辑,浙江省作家协会会员,浙江省网络作家协会副秘书长,杭州市网络作家协会理事。

杨卫华

嘉兴海宁人,中国民间文艺家协会会员,浙江省网络作家协会会员,已出版《诡湖密码》《虽然遗憾,依然美好》《最美好的时光》等多部小说。

拙 兀

本名刘恭佗,小说作家、影视编剧,安徽省网络作家协会成员。

风少羽

本名赵伟,浙江省作家协会会员,浙江省网络作家协会会员,杭州市网络作家协会会员,滨江区作协理事。著有《超级抽奖》《绝世强者》《无常》《其势如火》等。

长河熠

小说作家、影视编剧、影视策划人。中国戏剧文学学会会员,浙江网络作家协会"新雨"人才库成员,金华市网络作家协会副秘书长,金华青年作家协会副主席。著有《大国雄飞》《宿世宿缘宿风云》《大唐最强术士》《铁骨忠魂》等,其中《大国雄飞》为2020年度国家新闻出版署重点扶持项目。

大 靖

本名李靖一,山西太原人,新晋网络作家。

夜 摩

本名沈荣,浙江杭州人,中国作协会员、中国文艺评论家协会网络文艺委员会委员、浙江省网络作家协会副秘书长、杭州市网络作家协会副秘书长,是最早尝试网络文学正能量传播的作家,著有《骑士的战争》《风云大唐》《家园》《蒋忠传》等。

洪方敏

浙江温岭人,网络作家,曾获得第五届中国数字阅读大会咪咕阅读"8分钟读透经典"品读大赛经典流传奖(一等奖)。

疯丢子

杭州人,"90后",中国作家协会会员、中国网络作家村妇联主席,自

2006 年开始写作至今,创作字数七百余万,有作品近二十部,多数作品已实体出版。代表作有《百年家书》《战起 1938》《颤抖吧,ET!》《同学两亿岁》。

溺　紫

本名胡丹丹,杭州人,浙江省作家协会成员,杭州电影电视家协会成员,动画、漫画编剧,短视频编导。代表作《迷宫街物语》《世无良猫》《异人录》,曾担任《天行九歌》编剧。

鹤雪沽酒

本名徐会华,浙江金华人,新晋网络作家。

钱塘苏小

本名苏娜,浙江省网络作家协会会员、杭州市网络作家协会会员、金华市作家协会会员、余杭区网络作协会员。著有《晋朝那些事儿》《楼兰简史》《运河造船记》《大明运河记》《检验科医生》《晋朝秘事录》,其中,《运河造船记》获得 2018 年度北京市广电优秀作品推荐。

默　弋

本名张萌,浙江平湖人,浙江省网络作家协会会员。

凌　晨

本名陈虹焱,浙江省作家协会会员,所著《寻茶缘》获 2013 中国茶业博览会"茶文化创意"全国总决赛银奖,《第二次初婚》获 2019 年中国作协网络文学重点扶持计划,《越吟之下》获 2019 年度浙江省作家协会原创作品扶持。

目　录

知府桑蚕引路　女士决心办学

砚舞天下

1896 年的一个早上,时任杭州知府的林启正要出门视察,被赶来的蚕商们挡在了衙门口。

"林大人,您要为我们做主啊。"

望着将衙门围得水泄不通的人们,林启惊讶道:"出什么事儿了?"

一位上了年纪的老蚕农蹒跚上前声泪俱下地说:"林大人,本来这几年收成就不好,为了赶制国外订单,我们从去年就开始备货,好不容易将生丝备齐发到国外,结果被他们以生丝质量有问题退回来了。"

林启接过公函一看,瞬间明白了。

原来之前向他们定制货物的那些外国公司退掉了货,改为从日本进口了。

"林大人,我们祖祖辈辈都是靠养蚕生活,如今生丝生意没了,我们可如何活下去啊?"

"是啊,我们都是靠养蚕过日子,这蚕丝生意没了,一时半会还真不知道怎么办。"

"为了给那些外国公司备货,我们去年借了好多银子,本以为今年能靠着出口生丝把去年投下的钱挣回来,谁想会竹篮打水一场空,欠了那么多银子要咋还哟?"

"可不是,我们一家老小也全靠这生丝出口生活,这生丝生意没了,这不是要把我们往绝路上逼吗?"

"林大人,您是我们杭州的父母官,您帮我们想想办法吧。"

听完蚕商们的话,林启心里泛起一丝苦楚。

身为杭州父母官,没能让自己的子民过上安稳幸福的生活,着实是他的失误。

望着那一双双殷切盼望的眼睛,林启内心涌起一抹信念,无论如何他也要帮助众人解决生存问题。

他对众人说道:"大家且放宽心,我一定会找到解决问题的办法,给大家一个满意的答复。"

听完林启斩钉截铁的话,那些蚕农不安焦躁的心逐渐安定下来。

林启让他们先回去,等他想到解决方法之后再通知他们。

蚕农们怀揣希望地回去了,望着他们离开的背影,林启心中清楚,生丝产业是一笔大生意,不是他三言两语说解决就能解决的。

浙江蚕丝囊括了全中国百分之九十以上的生丝生意。

而浙江又以杭州为最,倘若这些蚕农生产的生丝一直都卖不出去,不仅仅是蚕农的损失,还是整个浙江省的经济损失。

当时清政府岌岌可危,摇摇欲坠的清政府又哪有多余心力去帮助劳苦大众?

水能载舟亦能覆舟,林启明白这个道理,想要杭州繁荣发展,必须解决百姓的燃眉之急。

可是对蚕丝业一无所知的林启,要如何解决这个问题呢?

林启面上浮现一丝凝重神色,想要解决问题,必须要亲自去找出问题根源所在。

做了一番准备之后,他亲自下到每一个生产生丝的地方去查看,深入实地跟那些蚕农聊天,了解蚕丝生产的现状,并将蚕农们遇到的困难跟问题一一记录下来,等夜晚回去的时候再做一个总结。

经过一段时间的摸索,林启逐渐了解了蚕农们生产的生丝为何卖不出去。

自从开辟出丝绸之路以后,中国丝绸以它的高品质受到全世界很多人的欢迎,每年中国都会往国外出口大量蚕丝产品。

日本也瞄准了这块蛋糕。

他们在自己国内开始施行养蚕技术,在原有的养蚕基础上将传统的生丝生产不断改进,重新改良过的养蚕方法不仅出丝率高,而且质量又好,因为产能高,价格相对来说比较便宜,因此备受国际社会青睐。

而当时杭州一带所生产的蚕丝,还都是用传统方法生产,不能跟日本等国的现代工业化生产相提并论,于是杭州蚕丝生意一落千丈也不足为奇了。

查到问题根源所在之后,林启明白想要改变现状唯有从最根本处抓起,那就是改良传统的养蚕方法。

改良,对蚕丝产业一窍不通的林启来说谈何容易。

尽管摆在面前的问题一个接着一个,但身为杭州父母官的林启并未放弃。

白天他继续向蚕农们了解情况,夜晚则将白天获得的信息整理成册。

时间一久,原本对蚕丝一窍不通的他也成了半个专家。

他发现当时杭州生产生丝的厂家基本上都是老式家庭作坊结构,成规模的并不多,即使是一些有规模的作坊也无法跟日本等国的现代工业化养蚕产业相比。

蚕农们殷切的目光时不时地在林启眼前晃动,他明白,那些人将自己活下去的希望寄托在自己身上,倘若他无法解决,那么这些蚕农便无法生存下去。

心忧百姓生存的林启不断地查询资料,再将国内外的养蚕技术进行比较,经过实际的考察后,他明白让杭州蚕农走出去只有一个办法:学习国外先进的养蚕技术,将他们的优良技术引进来,然后推广给这边的蚕农。当所有人都掌握了新的养蚕手法,何愁蚕丝卖不出去?

刚将这个想法提出来,跟随他多年的部下便问:"林大人,杭州这么多蚕农,就算我们有新养蚕技术,如何推广开来呢?"

听到这个问题,林启陷入沉默。

他清楚地知道一个人的力量是有限的,光靠他自己推广新的养蚕技术根本不行。

他站在窗户边,望着天上的明月,脑海忽然闪过一道灵光,他将着胡须说道:"我们不如创办一所学校。"

"办学校?"部下吃惊地问。

林启转身,唇边露出一抹笑意,"是的,办学校,这是最直接也是最有效的办法。"

"可是,"部下迟疑地说,"我们没有场地,也没有养蚕师傅,怎么办学呢?"

此时,林启已经不再像之前那般一筹莫展,他的目光里透出一股坚定,他说:"谋事在人,成事在天。"

望着林启目光里透出来的坚毅,部下的心也跟着明朗起来,他相信只要跟着林大人,没有办不成的事儿。

万事开头难,浸淫官场多年的林启明白想要成事,光靠自己的力量远远不够,他必须将所能动用的力量都凝聚在一起,才能真正达到事半功倍的效果。

光靠嘴说不行,他必须准备大量资料说明开办学校的必要性。

于是林启开始整理资料,将这段时间以来对蚕丝产业的思考及想法全部写下来,这些事情做完之后,他于1897年4月的一天面呈当时身为浙江巡抚的廖寿丰。

林启详细地说明了杭州蚕丝产业遇到的问题,以及蚕农们的现状,对国际形势的分析,包括日本如何从名不见经传的养蚕小国一跃成为蚕丝出口大国。并向廖寿丰解释要在杭州兴办学校的理由,林启还说:"中国出洋土货,以蚕丝为最,蚕丝以浙江为最,浙中又以杭州为最,就时局而言,为中国之权利,就为政而言,为百姓之生计,就新法而言,为本源中之本源,就浙省而言,为切要中之切要。"

林启坦言,之所以日本等国蚕丝业发展迅速,是因为很多人都利用这种工业化养蚕的技术。

他向廖寿丰阐述在杭州办学招生的理念,以及对未来的希望,末了,他说:"倘杭州能够兴办一所这样的学校,让广大学子有能够学习先进知识的机会,那么振兴浙省经济有望矣。"

廖寿丰被林启的一片赤子之心所感动。

他思忖片刻,问:"教学老师的问题如何解决?"

听巡抚这么一问,林启内心更加坚定自己的想法是正确的,他脸上浮现出一抹微笑,说:"廖大人放心,有关教学老师的问题,我已经着手安排了。"

二人就办学上的问题秉烛夜谈,直到第二天早上才分开。

办学的事情虽然定了,但是要让清政府拨出经费却不是一件简单的事情。

自从甲午战争失败之后,清政府已经摇摇欲坠。

大厦将倾,想要拨款办学谈何容易。

为了能够将办学事宜落实下来,林启同廖寿丰不止一次上书争取机会。

功夫不负有心人,慈禧太后终于被林启等人的诚心所打动,特地拨出经费,支持办学。

1897年7月,林启委托翰林院庶吉士邵章选址,准备开始办学。

邵章最终在杭州西湖金沙港原关帝庙和怡贤亲王祠(今曲院风荷公园)筹备学校。

林启亲自监督工程进度,聘请提督樊恭煦为总董,邵章为馆长,江生金为总教习,日本桑蚕学家轰木长太郎为副教习。

在林启等人的多方筹措下,蚕学馆就这样开工动土了。

1898年2月底,学校完工,一共占地30多亩。

经过准备,3月11日,林启亲自为蚕学馆举行开学典礼。

这标志着杭州蚕学馆的成立,同样也标志着中国第一所蚕学馆的成立。

林启亲自把关,编写办学章程,并给蚕学馆提出建设性意见。

首先,引进国外先进养蚕技术,并普及桑蚕科学知识;其次,培养一批蚕丝专业人员,向杭州人民推广现代养蚕技术,如此一来便能解决杭州蚕丝产业的问题。

蚕学馆的成立轰动一时，加上所有开支都是政府的，并且每个月还发放两元零用钱，以至于很多人慕名而来。

只不过办学之初，招收人数有限制，使得很多学子"望学兴叹"。

蚕学馆以"除蚕病、育良种、精饲育，兼顾植桑、缫丝"为主要学习内容，并且还开设了理化、动植物、蚕体生理、病理、解剖、气象、土壤、蚕丝、栽桑、制丝、显微镜检查等课程，连同实验，三年学完，毕业发配证书。

后来又逐步加了哲学、经济学、法学、教育学、文学、历史学、理学、工学、农学、医学、管理学科等，在当时已经是一所学科内容非常丰富的学校了。

蚕学馆兴办之时便引起各界关注，《农学报》以"蚕馆开学"为题做详细报道："杭州蚕学馆已于三月十一日开学，学生二十人，备取学生二十人，额外二十人，留学日本二人，日本蚕师轰木长太郎，为其国宫城县农学校讲业馆主。"

1900年，第一届毕业的学生开始奔赴各地开设蚕学分会，向大众推广新的饲养方法。

蚕学馆的开办使得很多养蚕户家的女子不满足于待在家里，她们也渴望去蚕学馆学习知识，希望能够通过知识实现自己的人生价值。

当时蚕学馆以招收男学生为主，还从未招收过女学生，而且当时杭州还没有一家专收女学生的学校。

女子想要进入蚕学馆学习的呼声越来越高，蚕学馆的创建人林启在心中琢磨，杭州有那么多养蚕人，几乎每一户人家都有女孩子，众人拾柴火焰高，倘若这些女子都能拥有学习的机会，那么她们的力量加在一起何其大啊。

思考了几天之后，他将内心想法告诉众人，其他人听闻之后有支持的也有反对的，支持者认为他们的目的就是要将更多的知识传递出去，倘若每一户家里的女子都能拥有学习的机会，那么杭州的蚕丝产业何愁起不来？

而反对者却认为女子就应该待在家里相夫教子，出去抛头露面成何体统，更何况是到学校里与男子一起读书上课。

尽管当时社会风气已经逐渐开化，但是很多人还是无法接受女子同男子在同一个屋檐下学习,所以让女子进入蚕学馆学习的想法不得不搁置。

这一搁置,便成为林启的一块心病。

1900 年,蚕学馆创始人林启不幸染病身亡,中国少了一位引路人,而世上却多了很多追随者。

为了完成林启遗愿,邵章与支持女子上学的陈叔通经过一番努力,于1902 年创办了杭州第一所桑蚕女校。

这也是中国第一所桑蚕女子学校。

桑蚕女子学校的创立,打破旧规则的举动,使得桑蚕女子学校名动一时。

尽管非议声很多,却没有阻止邵章等人的脚步,他们秉持林启的办学思路,使得更多人有机会进入学校学习,因为他们坚信,教育才是兴国之本。

只有大家都有均等接受教育的机会,才能从根本上解决问题。

这条思路是正确的,只不过在当时的中国做到普及教育谈何容易?

就在外界对桑蚕女校持怀疑态度的时候,第一批蚕学馆毕业的学子出发了。

那些学有所成的优秀毕业生前往杭州各地推广桑蚕知识,让更多蚕户掌握科学养蚕知识,使他们尽量做到优化、量产。

蚕学馆的成功有目共睹,各地纷纷效仿,各种蚕学馆如雨后春笋般冒了出来。

望着蓬勃发展的蚕业,邵章内心是激动的,也是复杂的。

他对陈叔通说:"倘若林老师在天有灵,一定会很欣慰当初的所作所为。"

"是啊,当初如果没有林大人的启蒙在先,我们还不知道要摸索到什么时候呢。"

1905 年 12 月 21 日,杭州发生了一件轰动全国的大事,满族女子惠兴为办学而以身殉学。

她是杭州棋营协领昆璞的女儿,"惠兴"是她为自己起的名字,从小好学,思想进步,经常阅读一些时事新闻,对很多事情都有自己独特的见解。

她认为中国女子想要摆脱被压迫的地位，必须从读书识字开始，通过提高自己的文化水平求得谋生本领。

受中国几千年封建文化影响，她的观点一抛出来便遭到许多人反对。

很多人认为她离经叛道，不守规矩。

她决心改变这一现状，身先士卒去报名上学，因年纪偏大过了适龄入学时间，她没有通过，从那以后她对杭州女子受教育的现状深感忧虑，故以提高女学为己任，为此她开始到处募捐。

可在学校筹备好之后，却因经费问题而停摆，为请求杭州政府能够拨出常年经费，她以死明志。

当局被她的行为感动，特地拨款使得学校继续筹建下去。

她的事情传播出去之后，产生了一定影响，很多女性思想开始觉悟，她们渴望像男子那样走出家门，走入社会，然而当时的社会形式妨碍了她们的脚步。

桑蚕分院创办者之一陈叔通先生看着眼前局势，急在心中。

清政府形同虚设，动荡的局势令人对当下所处的局面深感焦虑。

当时日本明治维新的成功令很多有识之士前往日本学习，他们想要将日本成功的方法借鉴回来，借此来改变中国现状。

陈叔通也想通过学习日本的知识，回来学以致用，借以改变现状。

他经过一番深思熟虑之后与邵章讨论："清政府形同虚设，列强无时无刻不想分裂我们祖国，想要国家自立、富强起来，还必须要借鉴别人的成功方法，所以我决定择日前往日本学习，短则一两年，最多三五年，待回来之后必将平生所学报效祖国，以解决当前现状。"

邵章知道陈叔通一直心系国民生存，听完他的话之后，他沉思片刻，问："此去日本路途遥远，叔通君可做好在外漂泊的准备？"

陈叔通正色道："大丈夫有所为有所不为，不能因为前路凶险就放弃自己的梦想苟活一生。"

邵章被陈叔通的想法所感动，是啊，人活一世就应该活得轰轰烈烈，将自己的生命燃烧在更有意义的事情上。

得到邵章的首肯之后,陈叔通将学校事情交给他,放心地去日本游学。

游学几年之后,他认为时机成熟,决定回国。

回国的第一件事情,便是发表言论提倡妇女解放,他认为只有人人平等了,大家一起齐心协力奋斗,社会才能好起来。

为了让更多女子参与进来,陈叔通与邵章经过多方筹措,于 1910 年在西湖跨虹桥下的崇文书院设立蚕学馆分部,招收男女学子一起入学学习。

蚕学馆本身在社会上就积累了一定声望,在开设分部之初,便吸引了许多人前来报名。

学校在兴办之初就十分注意优良品种的培育跟制作,待品种培育好之后无偿地送给农民饲养,这样一来便能解决蚕户需求问题,也让很多对女子入学学习持有反对意见的人闭嘴。

尽管蚕学馆为社会提供了不少人才,但对于蚕丝生产大省来说还远远不够。

所以为杭州培养优秀人才,是教育学者们的头等大事。

最早接触女子教育的谢雪女士,是一位饱学诗书、高瞻远瞩的女性。

她认为女子能顶半边天,理应同男子一样接受教育,做一个对社会有用的人。

想法很美好,现实却很骨感。

尽管很多人呼吁男女平等,但是在当时社会条件下,女子想要享受同男子同等的待遇,并不是一件容易的事情。

谢雪向当时身为教育部长的蔡元培先生请教,就如何解决当下现状进行了讨论。

蔡元培先生非常认可谢雪女士的举动,他认为加强科学技术教育,提高生产力,发展国民经济,国富民强,中国才能够在世界竞争中生存下来,他还建议谢雪女士多从科学技术方面着手,开设多种学科,为杭州培养多方面人才,这样整体素质提升了,也有利于社会发展。

谢雪女士本来还犹豫,但是经过蔡元培先生的一番鼓励与指点,她愈发坚定了自己的办学决心。

1912 年,在谢雪女士及各界人士的筹备之下,杭州女子职业学校创立,创立之初,她邀请蔡元培先生、黄炎培先生担任校董。

她的办学宗旨是"面向社会、服务经济、德育为首、育人为本、基础宽厚、一专多能、与时俱进、争创一流",并且学校还非常重视德育工作,结合自己的办学特色,加强职业道德教育,提升学生的道德内在。

谢雪女士打破了旧有规则,推陈出新的举措使得女子职业学校的名号很快被世人知晓。

蔡元培先生在 1916 年来杭视察女子职业学校的时候曾为学校演讲题词:"女子能熟习有益社会之职业而又济之以勤俭则能自立,能自立则自然与男子平权矣。"

那场演讲座无虚席,蔡先生的说辞给予她们很大的鼓舞,自封建社会开始,女子的地位都不如男子,如今随着社会的发展,女子的地位一跃而上,能够施展自己的才华,跟男子一样走上社会,创造属于自己的价值,试问,她们如何不期待?

时间的车轮缓缓向前,随着社会风气的开放,越来越多的女子加入进来,她们不再是缠着裹脚布、墨守成规的女子,而是散发着新时代气息的人。尽管当时时局不稳,很多人对女子还持有怀疑的态度,但这些反对之声并没有影响到杭州女子学习的热情。

桑蚕馆与女子职业学校每年为社会培养大量优秀人才,这些人才分赴各方,极大地促进了当时经济生产与教育、文化的发展,为社会做出了非常了不起的贡献。

1936 年,杭州局势艰难,随着日本侵略中国的野心暴露,桑蚕馆的处境愈发艰难。

学校几经沧桑,已经从一位蹒跚学步的婴孩,成长为见证中国历史的青年人。

眼看时局不稳,学校多次面临停课的处境。

学校的几位校董跟当时杭州政府商议学校要不要继续上课。

政府考虑到学生上学的安全情况,决定将学校搬到古荡开课。

政府的决定得到学校老师们一致同意，于是一场特殊的迁校运动开始了。

待一切准备完毕，所有的学生在古荡新校区内安定下来，继续开始他们的学习旅程。

10月份时，古荡校区改名为"浙江省立杭州蚕丝职业学校"，局势虽然混乱，但此时学校受到政府的大力扶持，不仅校舍充裕，各种设施、设备齐全，师资力量雄厚，四十三名教职员中去日本留学与进修过的人数多达十六人，并且学校还为学生准备了非常好的实习基地。

学生们的后顾之忧解决了，他们将更多的精力放在了培育新品种，提高其产量上面。

1937年7月7日，疯狂的日军发动了全面的侵华战争，并且于次月13日，挑起了淞沪会战。

8月14日，日军轰炸机炸掉了杭州的笕桥机场，密密麻麻的日方飞机织成一张恐怖的网，盘桓在杭州城市上空，人心惶惶不可终日。

日军轰炸机时不时地出现在杭州上空的举动，严重影响了学校的正常运转及人们的正常生活。

尽管日军横行，战火纷飞，但是却没有阻止学生们慕名前来报名的脚步。

对呕心沥血拿生命办学的教务人员来说，人民的支持才是他们坚持下去的力量。

虽然慕名来上学的人很多，但是学校在招生的时候，都必须经过严格的选拔才能决定录用。

随着加入的学生越来越多，望着那一张张年轻稚嫩的脸，校长陈石民痛下决心，打算带师生们离开这个令人窒息的地方，前往不被战火侵略的地方授课。

他与周天裕商议之后，第二天召开了动员大会。

"孩子们，我知道你们来到学校的目的是想要获得知识，成为一个对社会有用的人，但目前我们遭遇到了前所未有的困难，为了让大家能够继续学习新的知识,我跟教务主任商议之后,决定带领大家前往没有被炮火攻击到的地方去,这一路上肯定艰辛异常,如果认为自己吃不了苦,那么现在就可以回去,如果认为自己能克服这些困难,那么就跟我们一起。"

学子们异口同声地回答:"我们愿意同学校一起!"

校长陈石民的眼角湿润了。

望着这些可爱的孩子,陈石民几度哽咽得说不出话来。

前路虽然艰难,但是学子们内心的火焰足以驱散寒冷。

他深吸一口气,铿锵有力地说:"带上你们的行李跟学习用具,我们出发!"

10月的一天早上,校长陈石民与教务主任周天裕带领师生一共一百三十余人,含泪辞别熟悉的校园,悲愤而又悲壮地踏上颠沛流离的旅程。

就在他们刚踏上远离城区的旅程不久,日军攻入杭州,杭州城沦陷。

生活在沦陷区的人们惶惶不可终日,不知何时才能结束这种生活。

而此时,学子跟老师们则在杭州的一个暂时没有被战火侵略的山村里扎根。

屋漏偏逢连夜雨,船迟又遇打头风,他们本以为能够在此安身,谁知在1938年的一天早上,陈石民接到浙江省省长发下来的通知,要求他们停止办学。

这个消息可谓是晴天霹雳,砸在学生跟老师们的心上。

生活艰难,他们却苦中作乐,谁曾想现实更残忍。

从这通停止办学的消息可以得知,杭州的处境远比他们想象的更加艰险。

"要停止办学吗?"教务主任周天裕轻声问。

校长陈石民望着远处的青山白云,沉默不语。

不知道过了多久,周天裕张开干裂的嘴唇,说:"真的要停掉吗?"

陈石民艰涩开口:"省长的意思。"

周天裕目光里的光芒熄灭了,他问:"学生们怎么办?"

是啊,学生们怎么办?

望着那一双双渴望知识的眼睛,陈石民闭上了难过的眼睛。

这些青年学子都是祖国未来的栋梁之材,他们未来可期,怎能就此丧失学习的机会呢?

他实在不忍心啊。

然而现实又如此残酷,即使他再不怎么希望,又怎能敌得过现实?

周天裕望着陈石民变幻莫测的脸,说:"不如再向省长请示一下,兴许有解决的办法呢?"

良久的沉默后,陈石民点头:"我现在就向省长请示。"

话音刚落,他便找来纸跟笔给省长写信。

省长的回信很快被人送了过来,信上明确表示非常时期必须要停掉办学。

不过,他们可以在这里设立一个办事处,待时局稍好一些,允许复学。

这个消息无疑是当时最好的消息了,尽管要停止办学,但是有个办事处,至少说明学校没散。

人在,希望就在。

接到陈石民的通知之后,周天裕很快来到办公室找他。

"省长的最新指示在桌上,你打开看看。"陈石民指着桌上的文件说。

周天裕拿起桌上文件,看到上面写的解散学校,设立办事处的指示时,他的心猛地一揪,抬头看向陈石民。

陈石民面部隐在阴影里,看不到脸上表情。

但他的背影给人的感觉十分寂寥、落寞。

他用低沉沙哑的嗓音说道:"你去通知吧。"

一丝酸意涌入周天裕心口,他想说点什么,却发现喉咙里像是被棉花堵住,一个字都说不出来了。

半晌,他才低声应了一个字:"好。"

周天裕将学生老师们召集在一起,将省长的指示说给他们听时,学子们难过地哭了起来。

他们要离开心爱的学校,离开朝夕相伴的老师与同学,奔赴未卜的前程,心理与感情上都不舍。

　　然而现实的残酷不允许他们在这里悲春伤怀,他们必须勇敢地走出去,走各自的人生路,从此天各一方,再见亦遥遥无期。

　　就这样,陈石民与周天裕挥泪送别师生,留下几个人继续在这里办公。

　　原以为过不久便会接到重新开学的通知,谁知这一等便遥遥无期。

　　同学们期盼的目光时常回荡在周天裕与陈石民心中,即使他们身在偏远乡村,也没忘记自己的使命。

　　人一闲下来,便容易蹉跎时光,校长陈石民担心学生们荒废学业,经常会给他们写信,督促他们不要浪费时间。

　　一直到民国三十一年,也就是 1942 年 2 月时,陈石民终于等来开学的曙光。

　　听到开学的消息,同学们争先恐后地涌进校园。

　　只是,这时候情势更加危急,为了保证教学成果,他们不得不重新上路,前往更偏远的山区,来躲避战乱。

　　他们一边走,校领导一边让人去前面打探哪里可以休息,哪里没有被战火侵略,最好能够让学生拥有学习的空间。

　　就这样走走停停,直到九月份,他们来到了汪氏祠堂,这里空间非常大,利于教学不说,日军的爪牙还没有伸到这里,于是他们在这里住下,算是结束了颠沛流离的生活。

　　汪氏祠堂附近是纵横交错的山脉,这里山清水秀,远离战火摧残,风景秀丽,民风淳朴,算是一个不错的落脚点。

　　刚确定在这里驻扎,学子们便开始迫不及待地收拾祠堂,准备上课的地方。

　　破旧的祠堂被师生们打扫得焕然一新,正式上课的那一天,对学生们来说心情是激动的,也是复杂的。

　　激动的是他们能够重返校园,复杂的是当下的情势,这样的学习生活能维持多久?

　　而最重要的是,汪氏祠堂还不足以住下那么多学生跟师长。

不得已，一些师生便租住在附近村民家里，例如，当时教栽桑学的陈师灏老师与师母，他们的女儿还有儿子，跟别的老师一起，租住在附近村民家里。

学生们上课的情形吸引不少附近的山民来观看，时间一久，他们发现学生所学的东西竟然能应用在实际生产上面。

当听说用科学知识能够提高他们的农作物产量时，这大大提高了他们的兴趣，有些家庭便有意让孩子进来这里学习文化知识，毕竟当时学习费用是政府所出，每个月还有零花钱，这对一些穷困家庭来说是一笔不小的收入。

近水楼台先得月，前来报名学习的学生络绎不绝，最多的时候，学生一度达一百六十多人。

汪氏祠堂远远不能承载那么多的学生，为了解决学生上课问题，他们在周围开辟空场地，兴建校舍与食堂，以解决学生的就学问题。

学生农闲时来学习，农忙的话便会跟当地农民一起进行春耕秋收，这样一来既能学以致用，还能够保证粮食生产，不至于饿肚子。

时局虽然艰难，但学生们苦中作乐，他们比任何时候都要珍惜这来之不易的学习机会，希望能够用自己所学报答国家，回报社会。

这种艰苦奋斗的日子一直持续到1945年抗战胜利，当日方签署无条件投降书的消息传到学校的那一刻，就像是平地起了一声惊雷，师生们激动坏了，他们知道终于能够重返校园，不用再躲躲藏藏，可堂堂正正地回到杭州市继续进行他们的学习。

校长陈石民与教务主任周天裕与众老师们经过一番商议之后，决定结束当年的学业，次年返回杭州。

于是，次年的一月份，全体师生告别这里，步行回杭州复课。

他们来的时候东躲西藏，怀里揣着悲伤难过的情绪，离开时却是昂首挺胸，迈着大步向前走，从来没有一刻让他们如此激动跟自豪。

只不过路途遥远，加上山里就近入学的学生不少，所以半路上因行路难的问题导致不少学生辍学，虽然如此，回到杭州复课之后，据统计，当时的在校生还是有两百来人。

可见桑蚕学校在当时的影响力有多大。

在外面办学的那几年里，桑蚕学校的学生被百姓们誉为"抗战宣传队、科技播种机、'三农服务队'"。

可想而知，这些学生在躲避战乱，来到偏远山区学习的时候，为山区的人民做出了怎样的贡献。

因为学校的纯公立性质，政府有补贴，加上杭州急需科学技术人才，所以桑蚕学校毕业的学生就业问题非常好解决。很多家境不宽裕的家庭都会选择将自己的子女送到桑蚕职业学校里就读。

尽管每年都会有很多慕名前来报名的人，但招生却经过严格选拔，严格控制生源，保证了高质量的输出。

学校历经风雨，几度迁徙，始终秉承着当初的办学理念，未曾辜负过那些峥嵘岁月。

陈石民等人是欣慰的，他们克服了重重困难，等来了黎明的曙光。

莘莘学子也是欣慰的，在艰难岁月里，他们没有放弃，一直走在筑梦的路上。

毕业以后，这些优秀的学子奔赴不同岗位，将学到的桑蚕学科知识逐渐普及开来。

中华人民共和国成立以后，学校在各界关注下，逐渐扩大校舍，增设不同种类学科，让更多对学习有兴趣的人有了选择的机会。

不管是在艰难困苦的抗日战争年代，还是已经进入现代化的今天，桑蚕学校从未忘记过自己的使命，以为社会输送优秀人才为己任，正是靠着这样的办学信念，一步步走到了今天。

学校一路走来，一路不断开拓进取，随着中华人民共和国的成立，开启了新的历史篇章。

让我们铭记那些曾经东奔西走一心想要办好学校的先驱者们，正因为他们大公无私的奉献，才有今天继续活跃在国际市场的杭州丝绸产业！

西湖秋风声紧　惠兴殉学明志

西　里

　　光绪三十三年（1907）十月初十，西湖的秋风已经起了好几天，盯着山上的那几棵树也好几天了。她向来姗姗来迟，因为总觉得人们不爱见她，谁愿意见到凄凄的风，戚戚的愁呢？总觉得有她在，那八分的惨事也成了十二分。

　　然而这西湖三面的山，看了两百多个秋天，也不曾回见以往的枫叶荻花，便是那山外青山，也已成了一个个光秃秃的土丘。她便窝在这湖上，听城那边的风儿传来的人声。

　　这日，时隔两年了，她又动了动，沿着湖岸游走，爬上那一丈九尺的"城墙"。墙内不见什么人，她便贴上那片不过丈余的平房屋顶，只听得氤氲中缓缓的吐气声，无数混沌的梦乡；又穿过几处亭园花木，笼鸟池鱼，零星传来猫儿的爱娇声，狗儿的放肆作吠，人声的小心翼翼。她也屏了气，直到走了四五百米，听得一个清泠泠的女声，让她精神一振！

　　"上天生人，有男有女，绝没有轻看女子重看男子的心，然以世风而论，却显然有女轻男重的样子。"是这声引她而来。她探头一看，那院中集结了近六十个十岁左右的少女，还有几个年岁稍长的男女先生。一样没什么话语，却个个挺胸抬头，注视一处。她不由望去，台上那女声又说："这是什么缘故造成的？一样是女子的依赖男人家养活的性，不知道自养的道理；二样就是风俗习惯。"有道理！她又不由和台下众人一起点头，这空气让她快活起来。

突然有人感慨："不愧是佛英啊！"佛英？她定睛一看，这才恍然，台上侃侃而谈的少女，不过十三岁，却有种自信从容的气派。并不是当年年过三十，却怀着激烈情绪，焦急寻求大家认同的那位啊。

可是这话说得真像。

当年说同样话的人寻不见了。简陋的屋舍成了轩敞的洋式讲堂，台下的听众个个是同道；门口的牌匾也不是简单描绘的"贞文女学堂"，而是更为气派的"惠兴女学堂"。

惠兴？惠兴还是在的，她舒了口气：这一切都是因她而来啊！

一、我为什么不能办女学

光绪三十年(1904)春

春寒料峭的晚上，西湖边旗营各家的灯火已经熄了大半，惠兴却独自一人守在堂上。

嬷嬷走进屋时，她正寒着张脸。嬷嬷上前剪了剪蜡烛，说："奶奶，已经去学堂问过话了，说今儿个学堂早下学，想来金哥儿有些事要办。您且去休息吧，我在这儿等着。"

听了这话，惠兴方正的额头下久未修理的眉毛一拧，更显严厉："我听说，近日与他相交的那几个小子，都是无法无天爱玩闹的。"

"哥儿大了，总有自己的主意，又向来没出什么乱子。营门已经落锁了，万一待外边儿不回了，您岂不白等一遭？"嬷嬷瞅着她的脸色道。

"你休替他说话，如今守营的哪还管这些，喊一声便能进来，我还没见哪家小子被关在外面。"正说着，巷子里传来声响，她率先起身，那三寸半的木头底咯噔咯噔走得飞快，很快便领进一个十五岁的少年。

此少年正是惠兴的儿子金贤，他见母亲脸色不妙，忙行了个礼："给奶奶请安。"却不敢起，"儿子今日回晚了，是因与近日结识的几位友人谈论时事。"

"谈论时事？你近日从家中拿了不少银子，可有买烟，可有赌博？"

金贤忙道："不曾。"

"可有喝酒唱戏？"原来这满人的旗营自在西湖这风景秀丽、温柔富贵处建起，过了一两百年，早不复原来的精气神。旗营里的将领兵丁、家眷奴婢，于玩乐处倒是上下一心，有这朝廷发的粮饷，每日好吃懒做，消磨在抽烟、赌博、唱戏、养马养雀儿、斗蟋蟀这些玩意儿上。惠兴十九岁守寡，遗腹生下这个孩儿，她心有志气，平日管得严厉，不让他沾染半分。

果然，听得金贤羞愧道："不过些许。"她立刻叫嬷嬷请家法。

嬷嬷犹疑间，金贤说道："明年我便满十六了，这家里总是要我养的，我如今多花些银钱，与他们交好，也多些门路！"

惠兴听了这话，却气笑了："咱金大爷是长本事了，却忘了他这十几年吃的可是我的寡妇钱粮。我在这屋子里看书，看南皮老爷写的《劝学篇》，尚知道时势艰难。若这朝廷哪天不管我们了，这八旗子弟准得饿死个上千上万的，到时候我还能指望你们花钱去喝酒唱戏地养我吗？"

金贤听了这样夹枪带棒的一顿话，倒不恼，他早已习惯了惠兴的脾气，此时明白她话中之意，忙道："便是那时，儿子好歹也上了几年学……"却不想惠兴打断他道："你却想想，你学了什么，可赶得上这新形势？我听消息，科举都快没了，那旗营的学堂虽是新设，如今看来也不见得多好。我早该让你去试试那清文学堂，便是东文学社也是好的。"东文是凤瑞老爷和椿梁二爷办的，多是日文教习，师资强大，是新学的热门。贵林大爷办的清文，低年级学满、汉文，高年级多授应用科学知识。前者是亲戚，后者是相识，惠兴对此还算熟悉。但她每想到此，就有些不平，"近年来主张新政，旗营里总算也办了不少新学，好歹给了你们不少机会……却连半个女学都没有……"

见惠兴陷入思绪，金贤与嬷嬷对视一眼，都明白了她未言的话。惠兴早年未嫁时，便听说过同治年间皮市巷贞才女子学塾的景象，见了照片更是向往，只是家人不许，认为那不过孤女贫女为生存的"权宜之计"，极不体面。好在瓜尔佳氏是营中望族，父亲昆璞还算通达，请了老师到家中为姐妹上课，勉强算上了家塾，但学的都是旧学。于此，惠兴一直留有遗憾。光绪二十五年,育才女子学塾在大塔儿巷开办;光绪二十七年,蕙兰小学堂在淳祐桥口开学……惠兴又动了心思,但这些都是美国基督教会办的,终是有很多麻烦。她也只能指着金贤从旗营阅报社给她带的报纸一解渴望。总之,她的这番心思,与她最亲近的两人都是明白的。

此时金贤仍跪于地,忍不住说道:"我今日路过积善坊巷、东平巷处,倒见得有女学招生的。"

闻此,惠兴果然将金贤拉起:"你且说来。"

金贤道:"就在迎紫门东南面不远处,专收女学生,课程仿照西方的模式,不仅有传统文科,还有算术、英文、史地、唱歌和体操等。"这话说得有效极了,惠兴面色转缓。金贤大受鼓舞,一声比一声高,"还延聘了外籍教师,且特地说明,等到经费宽足,再拟于寻常高等科外,别设师范科,届时毕业后走向社会,为国家当教师自食其力指日可待。您常读湖北张香帅的《劝学篇》,这张香帅请设的学堂可也没女校。如今这家门口都有了!"说着,箭袖中抽出一张纸,正是那女学的章程。

这是杭州女学堂的招生消息。杭州教育会发起兴办女学,邵章、陈叔通、郑在常、钟濂等人禀请浙江巡抚聂缉椝立案创办,留东学子们数月为女学之创设奔走呼号,负责筹办,再加上高白淑夫人的巨款相助,终于有了成果。这杭州女学堂可谓杭州的第一所公立女学。

惠兴意动,直说明日便要去报名,嬷嬷迟疑道:"奶奶,这……这……"
"妈妈,您说就是。莫吞吞吐吐。"

嬷嬷终于说:"不若明日我替您寻身汉人衣裙,这办学的名儿一听,便是新派的汉人,到时看了衣服也亲切些。"

惠兴一愣,本是满腔兴奋,一下生出些许紧张。

翌日,惠兴放下旗髻,摘下常佩的耳环,穿上汉人衣裳,独身一人到了积善坊。报名处已有好几个女子,有带着女儿来的,也有如她这般孤身而来。她只觉身边的妇人一直盯着她的脚,不禁缩了缩。轮到她时,接待的是位身着布衣,款式却不常见的长辫少女,麻利地问道:"您为谁报名?"惠兴抿抿唇:"我为我自己……惠兴。"是了,惠兴这名儿正是今日起的名号。那少女一愣,推了推鼻梁上的眼镜:"哦,请问您贵庚?家住哪里?"惠兴道:"今年三十有四,家住……里仁坊。"那少女听了笔下一停,抬头在她耳上一瞧,细细端详了她的面容,复而写下若干,笑道:"好了,记下了,招收的学生约莫在下月会公布的。"

惠兴回望那喜气洋洋的热闹,陡然涨红了脸,怀着惴惴的心回了家。

家中人见她神情,也不敢多问。直到三月十七日杭州女学堂开学,说这校舍尚且简陋,报名的一百余人不能尽收,由教习甄别,只取了四十五名。尘埃落定,名单上并无惠兴之名。

嬷嬷看惠兴失落,气愤道:"我便说,这谁也看不顺眼谁。您二位年轻,又不常往外去,哪里知道这营内外的仇怨。"

金贤不赞同道:"妈妈,您这话说的,营中那么多汉人嬷嬷您都不认得了?这读书人之间可没这么多说道,东文学社中就有不少汉人学子,贵林大爷也总是鼓励我们去营外的求是学院读书。您看着旗营中的才子与汉人家学士,传出多少佳话。远的不说,咱们的金梁三爷、杏大爷、贵林大爷、三多大爷,个个都有汉家的师友。我便曾在贵大爷家见过宋恕先生……"

嬷嬷道:"哥儿,我说不过您这读书的。只是以奶奶的学问,便是去当先生也使得,也不必和那些小丫头挤在一处。"

惠兴心想:我哪里只是为了多学几个字。如今维新派日益推广女学,以开女子智识,这样意义非凡……我既歆羡,又担心。这两年,朝廷裁撤女学众多,以这残酷手段保卫二千年困囿女子的风俗,而这旗营中的女子仍然深陷迷梦。女子尚不知要冲决罗网,还等着谁来解救呢?

惠兴说:"我也要办一所女学。"

嬷嬷与金贤大惊。

"我近年几次在报上读到,道听这杭州城里,有某人的母、某人的妻、某人的姐妹,可以充当女学堂职事的,那个做经理,那个做中文教习,那个做西文教习,只是没有钱,办不起。若有人能办起,要是女的,真是女中豪杰。"惠兴说,"这高白淑夫人,早先便是杭州放足会发起人,去年她便在报上说:振兴女学的事情万不能再缓,现在我们杭州学堂大兴,男子都入学堂读书,难道我们女子可以不学？我便觉得大有道理。如今夫人又慷慨捐输，提倡设立女学，正是这女中豪杰。"

惠兴昂首道："她可以，我为何不行？"

二、无人知我志

光绪三十年(1904)

惠兴说要办女学，并不是一时冲动之语，她早年一直关心新学之事，脑中早已勾勒一所女学的模样。如今西太后准许地方办学，杭州女学堂这所公立女学，激起了小小的水花，然而八旗女子竟毫不关心……她便想着在旗营中办一学校，使营中女子读些书，长些知识，好在乱世中寻得谋生之道。

她托儿子金贤寻来多方材料，从已有的学校中寻求经验，手订《贞文女学校简明章程》二十一条，办学宗旨、经费来源、招生、课程设置、学校管理、学费、教员薪金等都有明确规定。便是这第一条，"本校德育智育体育三者兼重为宗旨"，也是她思虑良久，下定决心填上的。她不想她的学生以三纲五常为要，学校仅仅成为贤妻良母的培育工厂。她想让她的学生能像男子一样立足于社会，甚至能优于男子，自己养活自己。

然而，理想已写于纸上，诸多细节也考虑完善，惠兴却不得不在《章程》上写下"开办经费有待众捐"几字。而每年的经费预算竟达 1308 元。

自丈夫吉山去世之后，家中翁姑也不在，惠兴便精简了不少仆从，每月领些赡养银；因父亲昆璞在营中有些地位，后又得升协领，从来没有被克扣，偶尔还有"旗帮"馈送。但毕竟还有一家子人，不过使日子过得不那么拮据罢了，有时还要靠些娘家的帮扶。惠兴一算，变卖首饰、产业，弄些借贷，于办学也不过杯水车薪。学费是决计不能多收的，每月拟收小洋六角，比起旗营学堂的一些义务教育，已经多了些。

凭一人之力，如何能成？一日，惠兴请嬷嬷梳了端正的二把头，穿上正式的旗袍，取了不舍得戴的耳饰将那左右各三个耳洞都穿上，乘舆越过半个旗营到了将军署。她进了衙门，走入大堂，却不见什么人，隐约能听见一连串的骰子跳动声,还有"给钱""再来"之类的话。见无人理她,她又返还大门附近,终于找到一个门告。那门告听她说是故协领昆璞之女,倒是恭敬了几分,说道:"您这会子怕是不得进,今日又来了两家兜售蟋蟀的,齐在里面儿。常将军今儿个兴致高,咱也说不准这买卖什么时候能成。"惠兴只得在外候着。等了约莫半个时辰,见有二人喜气洋洋而出,那告与之寒暄:"二位爷今儿得了多少赏呀?"待其离去,惠兴才将握于手中快汗湿了的禀文请门告呈上。

惠兴在堂中想着说辞,哪知门告没多时便出来了,说:"常将军说了,这梅青书院旧址,有三亩多地,废着也是废,你自去玩儿吧,找人办了,不用再来找我。"不及惠兴再问,就自行坐下了,"常将军忙着呢,您先回吧!"

惠兴无法,想着好歹也得了些地,离家不远,已经成了第一步。

惠兴想着,前日《女子世界》新出一期,其中说,杭州女学校,虽有高白淑夫人提倡的捐款,仍是不足,浙抚聂缉椝的夫人,慷慨捐资五百元。这聂夫人是曾文正之女,出身缙绅之族,有见识,有财力;若旗人夫人中也有同好,共商此事,事可成矣。

这旗营中,她最熟识的当数娘家的几位太太小姐。满族正白旗瓜尔佳氏,凤瑞老爷子一代乃费英东后裔,自从乍浦调归杭州旗营,子侄皆从武而有官衔,在这旗营中兴盛多时。至惠兴这一代,家中男子多有才名。凤瑞三子金梁,早年便省得杭营闭塞一隅,需要开通风气,创立了阅报社,后又倡导新学。戊戌变法后,金梁冒天下之大不韪上万言书,言辞激烈,请杀荣禄,更是轰动一时。金梁外甥婿三多,东文学社倡办人之一,诗名颇显;也敢于在八国联军入侵北京,八旗王大臣噤若寒蝉之际,在北京报刊上公开登信,愤而质问。凤瑞家族强盛可见一斑。凤瑞、三多家眷,平日里也比一般旗女知书达理。尤其是凤瑞家族,历来满汉通婚,多娶汉族文士家庭女子为妻。

惠兴虽与几位夫人兴趣不投,但平日行走也还友善;尤其是三多夫人,算是有一同长大的情谊。此事若能得旗营贵女相助,必成。

惠兴心有筹划,便催促舆轿赶紧往凤瑞老太太那儿去。凤老太太正卧于榻上,两腿屈缩,握了杆儿镶玉的长烟枪,枪口含紧,深吸一口,一气呵成。

过了须臾，直到那鸦片深入丹田，又回味一晌，方才垂下手来。惠兴仰手相迎，道："请老太太安。"身旁的哲少奶奶也拿了一支烟杆，正让小丫鬟接了，起身道："哟，姑奶奶怎么得空来了，可不多见。"

惠兴简单寒暄，坐下道："我直说了。我是想与各位太太、奶奶同做一件好事。适才我去将军署，常恩将军已允我在梅青书院旧址开办女学。"她将创办女学之事一说，又添了一事，说去年里太后便有设立女学堂之意，命大公主主事，待竣工后，八旗有志入学者皆可前往，"这公主府的女学堂去不得，咱这旗营中立一所也是美事。"

哲少奶奶说："这京城有没有女学堂，我倒不知。姑奶奶，您在这旗营办个女学堂，家家户户的女子都去上学了，家里边儿谁操持呢？"她又转而拉上身侧默默相陪的妇人，"柏爷家的，你说呢？"那是柏梁的夫人柏少奶奶。

柏少奶奶道："我只知'女子无才便是德'，学那些吟风弄月，多不正经。"说着便在旁仔细地为老太太添茶。哲少奶奶眼波流转，突然吃吃地笑起来："是啊，再学点什么，尾巴要翘到天上去了。"柏梁是凤瑞老爷的侄儿，字研香，向来好风雅，他娶西湖船女为妾之事，是传遍旗营的风流韵事，惠兴自然也知道。

惠兴道："我这女学，却不兴教诗词歌赋。如今朝廷鼓励新学，几位奶奶也是知道的。这哥儿在母亲身旁最多，若这女子迎不上这时代，不明道理，哥儿又如何能成才？"

凤瑞老太太突然说："这迎选的秀女，也确实要学些新的东西……"

惠兴皱眉，打断道："便是能谋个生计，也是好的。"

这话引得屋内的人都不赞同，一言一语，柏少奶奶道："姑奶奶，你若家计紧张，明说便是，我们还能不管？如何说这等话？"哲少奶奶也说："您哪，把我每年送的鸦片收一收卖了都成，您嫌弃，可那是真真的银钱……"

"好了！"凤老太太一出口，周遭一静，"哥儿，你的来意这屋里也晓得了。你也是心气大的。只是这事牵涉广，男子都难成。你若能成，我捐上五百元。不过，这钱也不是大风刮来让你去玩儿的，成了事再来找我。"

惠兴一愣，赔笑道："多谢老太太，您这认捐了经费，便是本校的第一位赞成员,到时您的名字一定列在第一!"

柏、哲两位少奶奶见此情形,也一一说要认捐,众人附和。

凤老太太说:"便这样吧,若不成,也是平常,不用勉强。"

惠兴从屋中出来,明明得了许多认捐,心中却像压着块大石头。舆轿问她去哪儿。她沉吟,说:"去施水坊桥西,可园。"舆轿停在园前垂柳下,惠兴请人通传。没一会儿,三多夫人亲自相迎,两人执手,惠兴唇边好歹多了点笑意。

三多夫人提议逛逛这园子,着意介绍各处的巧思:"这屋子,这山,这水,都得自己造,可费了我们不少心思。如今也算'苦尽甘来',得了这雅地,隔壁的宅子便'无人垂怜'了。"她见惠兴一直蹙着眉,有意说点俏皮话,又体贴道,"只是三爷回杭州不久,诸事繁杂,你若能常来陪我便好。"惠兴听了,展颜说:"我近日正在做一件大事,可没闲情逛什么园子。"三夫人道:"好呀,你做什么大事,也不叫上我?"惠兴忙把女学的事一说。三夫人道:"你这事,做得好,也算一份功绩。我帮你联系些旁人。上个月来园子的莲君女士,我们颇为投契,和你应该也聊得来。"惠兴大喜:"有你这话,我便放心了。只是这办学花费颇多,你这同创者,怎么也得出一份子。"三夫人道:"三爷最近应酬花费不少,银钱之事,我一人做不了主。等他回来了,我便转告此事。这世交之谊,他总是记得的。"三多父亲与惠兴父亲曾同领协领职,虽在不同旗下,但也相好。三多当下任浙江武备学堂总办,有他支持,于声望上有大益。惠兴再三感谢离去。

惠兴回到家中,先用家中存银雇来工匠,预备在金钩弄废屋基上建一座五开间两层的校舍。工匠动工后,惠兴全力联系家中旧相识,又将旗营各个"旗帮"、组织联系了遍。只是这收到的回复,有的是劝说之辞,说她女人家突发奇想,这办学还是听朝廷的好。有的说她不知旗营生计困难,胡乱花销。有的怀疑她是要借此博个虚名,想在这杭州公报上大出一番风头。有的甚至质疑她家中欠债无计,借故敛财,大伙儿捐的钱进了无底洞。惠兴愈加沉默。

六月二十六日,校舍大致成形,惠兴延请当地有声望者多人,商论创办学校之事。是日,校舍院中,惠兴再三确认所到之人,见不少她寄予大希望者未至,颇感失望。她重申兴办女学要义,又把经费情况公开告知。突然,她上前一步,扯开袖子袒露手臂,拿出短刀手起刀落,血流满地,誓曰:"今日为杭州旗城女学校成立之日,我以此血为纪念。如此校关闭,我必以身殉之。"众人哗然。

至九月十六日开校之时,校中经费,杭州都统德捐洋四十元,又拨公款八十元,留东八旗同乡会会员捐洋百元,端午帅随员喜捐洋五十元,八旗众官捐洋十元八元,加上零星捐款,统计约得三百余元。端午帅随员喜告知惠兴,端午帅关心女学进展,日后他若出国考察,了解各国女学情形,当来这贞文女学堂与惠兴探讨一二。端午帅端方,满洲正白旗人,江苏巡抚,摄两江总督。惠兴闻此言,哽咽不能语。

三、让我"尽牺牲"吧

光绪三十一年(1905)

旗营女子多是不读书的,见惠兴这样起劲,不知有什么作用,只徘徊观望,报名者寥寥。惠兴慢慢诱掖、鼓励,这报名的人一期多过一期,渐成气候,甚至有汉家幼女前来。

惠兴又遇到另一个难题。自女校成立之日,她就开始招聘教习。这汉文教习是必须的,除教高等汉文外,兼教伦理、历史,算术教习、女工教习、体操教习都是需要的。至于初级汉文功课,惠兴暂时兼教了。还需内司务、外司务、门房各一人,厨房二人,共五人。

校役好请,教习难寻。这女教习本就少,这男教习听闻是女校相聘,也多不愿前来。金贤见惠兴苦恼,说:"您尽让我去东文、清文,怎么不从那儿借几个先生过来。我听说宋恕先生就住在贵林大爷那儿,还去积善坊上课哩!"

惠兴常听闻正红旗佐领贵林骄横,早先没什么交集,所以女校一事并未寻贵林相帮。此时也不怕什么没脸皮。惠兴寻到贵林家中,却大出意料,贵林极为热情,他说:"我与宋恕先生相交,宋先生一向关心女子教育。去年年中,杭州女学堂托我传信给宋先生。若是知道旗营女校缺先生,我就把他拖回来了!"

惠兴忙道:"如今也不迟!"

宋恕力图效法西方改良,十多年前便在著述中阐述女学思想,还为女校设置和师资配备提出具体方案。他听惠兴说了实际的艰难,疑惑道:"我看这报上说,有旗员之夫人允助常年经费,这旗营的女校应该颇为热闹啊……"

惠兴咽下苦涩,道:"我常年在营中,见识有限,极少见您这样的开明学士。您若能来,这学生们才不怕被耽误了。您放心,修金必不少您,这学校,我便是豁出命,也会让它办下去!"

在惠兴和贵林的劝说下,宋恕先生答应来贞文了。然而宋先生的话,是真戳中了惠兴心中的痛。自去年学校开学,她又寻了认捐的夫人,她们却都说要等校舍落成后才放心捐款。

高等汉文教习月修二十元,算术、女工、体操教习各十元,司务等五人工金共二十五元。除了先生教员要薪水,校役要工食,此外器具火食、笔墨纸张非钱不可。

惠兴把家中遗产拿出,能卖的产业都变卖了,加之先前筹得的款,勉强支撑了一年。学校日常难以维持,便时停时不停。学生们也出了怨言,有的担心这学校办不下去,索性不来了。

十一月,惠兴正于家中备课,忽听得屋外喧闹声。嬷嬷急慌慌进屋,道:"奶奶,校舍的工匠拿着家伙来讨钱啦!"

惠兴闻言全身一凉,腿上无力。嬷嬷忙扶住她。她缓了缓,等得神思归位,便定定推开嬷嬷的手,做着往常的样子,扬着脸,挺着身板走出屋,说:"诸位,校舍落成之日,工钱一分不会少。"

有工匠道:"胡说,我看这学校都停课了,你哪来的钱?"

惠兴说:"这旗营的官老爷官太太会没钱吗?我就在这儿,哪儿也去不了。请诸位再等几日。"

众人在此地到底不敢放肆，一合计，前方一人说："您是贵人，可体谅体谅小的们，催了不少回了。弟兄们都要生计。下回再不给，咱可真豁出命去了！"

送走几人，惠兴缓步进屋，突然对嬷嬷说："妈妈，您把铜脸盆当了吧，多买些鸦片回来。"

"啊？奶奶？您不是……"

"我有计较。只是心里烦闷……吸一点，不妨事。"惠兴脸色尚平静，"对了，先帮我把哥儿叫回来。"

金贤回来了，惠兴又说："我这还有洋钱十元，你帮我寄给宋恕先生。"

"可这宋先生……一个多月前已经离开杭州了……"

"答应给宋先生的修金便要给，只有十元，你也帮我寄去！"惠兴突然提高了音量。

金贤挠挠头，只能应了。正欲出门，惠兴想起什么，又喊他回来。她缓了神色，直看着他："哥儿，你也十六了，懂事了，可以养家了。"金贤笑道："奶奶，我省得，不会少了宋先生的。"又行了个礼，往外去了。

凤老太太的屋内却不知道这些。听闻惠兴又来，哲少奶奶说："老太太，您说，她上回割了手，这回不会要割脖子威胁咱们吧？"哲少奶奶纠正道："是割了块肉。"柏少奶奶一激灵，怨怪道："哎呀，你这人……这……她万一一急，伤到我们怎么办？老太太……"

凤老太太道："行了，她没那么大胆子，也没这本事。让她进来。"

惠兴今日没有特意打扮，是她平时里朴素的样子。她低头上前跪下，以手扶额点头，行了个大礼："请老太太安，两位少奶奶安。"

老太太扬了下眉，又扬了下下巴说："嗯……坐吧。"

惠兴却没有坐下，她站在老太太身旁，接过柏少奶奶的活，帮着老太太装烟，吹火纸捻儿，又帮着备好热手巾。柏少奶奶没了伺候的位置，动了动浮肿的腿，一下也理不清是什么心情，被哲少奶奶一按，在旁坐下了。

惠兴说："老太太，这校舍要落成了。学校没钱，上不了课……孩子们没法儿上学……"

老太太说:"你还记得这事儿?"

哲少奶奶"哈哈"一笑:"这姑奶奶天天关心时事,天天赶新潮流,这赶啊赶,把家都败光了!"

惠兴回道:"哲少奶奶,您那时候认捐了二百元,我那单子上可都记着呢!"

哲少奶奶冷了脸,说:"哟,没钱了,来讨钱了!"

惠兴转向老太太道:"如今正是变法改良的时候,汉人办学校,办得兴旺,前景很好,而我们旗营,办个学校竟如此艰难,如此下去,我们满族人还有什么前途可言?"

老太太不答。柏少奶奶道:"这事情,都是惹出来的。姑奶奶,您一向爱出风头,这出了一次,栽了跟头,就别再给咱家惹事了。"

"可是……"

老太太抬了手止了她的话,稍起了身,将她招至身前,执了她的手道:"姐儿,我也知道你不容易,能帮衬就帮衬。只是这满族人的前途,不是咱们女子能左右的。办学是朝廷的事,也是男人家的事。你顾好金贤的前途,才是最要紧的。别为了乱七八糟的念头,把最后的指望丢了!"说着眯了眼,"听说,你在巡捕官面前,跪求呈禀,大庭广众,都传遍了! 你是协领家的小姐!"惠兴吃痛,又听老太太道,"这新调任的瑞兴将军还不知是什么样的脾性,新官上任三把火……我已经说得够多了!"

老太太不再理她,又躺下了,柏少奶奶接了烟杆儿递上,哲少奶奶上前捶肩。一切都与她无关了。惠兴浑浑噩噩地出来,隐隐听见有人问:"姑奶奶,您去哪儿……奴才给您找顶轿子……"那声音越来越远。

天气已转凉,秋风吹拂着可园外的柳树,柳枝儿落在惠兴脸旁。惠兴于此处已经立了很久。她盯着眼前的柳叶,似乎有无尽的耐心。

园门开了,却不见三多夫人。只一个丫鬟送了封信出来。

"三爷仕途要紧之时,吾不愿拖累之。"

"这再长久的绿色……也抵不过秋风啊……"

惠兴折了信,也不言语,自行离去了。

翌日，三多与夫人于园中听得丫鬟的消息，大骇。三多夫人说："你说，她本叫了轿子出门，那好端端的，怎么人就不行了？"

凤瑞老夫人听了消息，沉默不语。哲少奶奶说："茶碗里的烟？鸦片？……这可和我没关系！"

瑞兴将军收到一纸禀文，一纸账单。随员报道："听说，夫人死前言'此禀递上，有长年经费矣'。"凤瑞道："志节可嘉，这样的事迹，怎可不上文求个旌表？让学府头疼去。再备个'义烈可风'的匾，这'节妇'的名儿，我们这要多一个咯！"

接着又说："她说得没错，这文呈上去，经费是有了。她既举荐了这三多夫人和莲君女士接任，你便去知会声，让她们把学校的事接了，别出什么乱子。"

惠兴的死并没有激起旗营多少人心中的波澜，然而她藏于桌内的遗书传向了这营外的世间：

众学生鉴：愚为首创之人，并非容易。自知力薄无能，初意在鼓动能事之人，如三太太，凤老太太，柏、哲二位少奶奶，以热心创此业务。谁知这几位，都厌我好事。唉，我并非好事，实现在时势，正是变法改良的时候。你们看汉人创兴学务，再过几年，就与此时不同了。你们不相信，自己想想，五六年前是怎样，这两年是怎样啊！我今以死，替你们求领长年经费，使你们常常在一处上学。但愿你们都依着"忠孝节义"四字行事，方于世界有益。我今虽然捐生，这不叫短见，这是古时定下的规矩，名叫"尽牺牲"，是我所兴的事求其成功。譬如为病求神保佑，病好之后，必买香烛还愿。如今学堂成了，就如同病好了，这个愿是一定要还的。女学堂如病人，求长年经费的禀如同病房，呈准了禀，如同病好了。我八月间，就要死的，因为经费没定准，没钱请先生，只得暂且支吾。我有些过失，几乎把你们都得罪了。望你们可怜我些，不记恨我，则我虽死如生矣。你们不必哭我，只要听我一言，以后好好侍奉先生，听先生教训,总有益于身的。与外人争气,不要与同部人争意气,被外人笑话。话长心苦,不尽所言。十一月廿三。

言之切切,真的没有人动容吗?

四、女杰死而学校兴

西湖的秋风闻知此事,来看了个"热闹"。她想,两年了,她竟然为了她的"理想",到了这个地步。她看着各家的"怪象",摇头叹气。又看到三多夫人连连推托,旗营协领们开了个会,公推了"熟悉学务一切情形,颇有心得"的贵林。贵林说女校不便,请三多夫人协助。这三多夫人委实"可怜",自己说"不行",还得夫君出来帮腔,终于把这"烫手山芋"扔给了贵林。贵林无法,只能请家中的老母亲安女士来做这贞文女学的校长,自己做了总理。

那惠兴呢? 她寻着有关惠兴的事。

她听到三多发的文说:"盖中国女教不昌久矣,庸众佼佼,或能为才女、为贤母、为节烈妇,已达其极点,未有如罗兰夫人所谓真正人物,去私情,绝私欲,身献同胞,而酬报待诸后世者。有之,自吾同里惠兴女杰始。"

又在学舍新建成后夸道:"学校呜呼!学校成矣乎?曰成矣。学校成而女杰死。呜呼!女杰死矣乎?曰死矣。女杰死而学校兴。学校兴,女杰虽死犹生。"

她听到金梁赞道:"慷慨而肩义务,激烈而矢牺牲,为同胞剖一分子之热心,即为女界生五千年之特色。"

还听到社会各界的人有称惠兴是"中国六千年来女界第一人"的,有称"惠兴女杰这伟人,可惊可羡、可悲可哭、可敬可畏、可法可师、不可及、不可忘、不可不赞扬"的。

这一连串的,把风儿夸得晕晕乎乎,连连摇头。不听不听。她更愿意听远方来的消息:

北京的陶然亭开了四五百人的追悼会。各学堂的学生、教员,还有报社记者、维新志士,都知道了惠兴。贵林到处演讲,帮着募得了很多捐款。

北京又排了出戏,叫《惠兴女士传》,演了很多场,演到了各地,戏价成了捐资。

满族盛京将军的夫人慧仙听了这事,大动感情,哀感病发,留下遗言说变卖所有家产捐与各学堂,其中就捐助了贞文女学堂银五百两。

各地各人的捐款,很快就有五千余元!

越来越多人记得惠兴了! 有了钱,女学就能办下去!

光绪三十二年(1906),贞文女学堂起死回生,更名为惠兴女学堂。朝廷也同意,这金钩弄校舍成女校永久独有。而且,二月起,每月由杭州驻防八旗月捐洋六十四元,将军月捐洋六元,共计每月洋七十元;浙江抚台批给化私为公之款每年银一千两,光绪三十二年贞文共收到洋钱九百九十余元。而最大的支持来自北京:北京妇女匡学会捐款纹银两千五百余两,折合现银三千六百余元;《中华报》主笔杭慎修(新斋)等人募集到捐款九百零五元;在北京任职的金梁也代收了一小笔捐款……这下惠兴该放心了吧!

而且,越来越多人要办女学了!

曾经相助的端方在惠兴走的那年的十二月出国考察政治,走之前面奏太后:"女学为教育根本,亟宜提倡。"太后允了。端方在外时,收到旨意调查各国女学,归国后一直催订女学堂章程规则。虽然总有人阻碍,但光绪三十三年(1907),贵胄学堂议定了。北京女学经了惠兴一事,本就风气大开,之后,女学的兴起越发顺利了。

而惠兴女学堂,也渐渐有了洋式正楼房、雨天操场、图书、仪器、手工器具、体操器具、标本等。贵林学习外地女校办学经验,结合实际,拟定了一个"暂行简章"。学校以普及女校为主义,还计划添设医科和实业科,以为自卫自立之张本。这正是惠兴向往的啊!

光绪三十四年(1908)十月初十

杭城女校联合展览会上,惠兴女学堂的学生兴永上台了。

"我们女子进学堂念书是做什么的? 当然不是认识几个字,做一个安分守己的人就算完事。

"我们女学生共同担任改良社会的责任。第一层要知道涤耻,第二层要知道爱国。

"什么叫爱国? 爱国是爱群的意思,群字的定义是:人人分开去都能够自立,然后人人合拢来必定谋公益之大。

"我们女学生言爱国,就群学公例而言,就我们女学生能力做得到的来说,先须求个人能自养自力,再求为女子人人能自养自力之道,若有一个女子不能自养自力,皆是我们女学生的大羞耻,要有这样的担任,方算是真正的爱国呢!"

西湖的秋风又一次被这样的声音吸引而来。她又快活起来了。"惠兴的女学办成了,惠兴定是高兴的。"

秋之白华与共　血洒红旗革命

周梦赉

"他知道我爱他吗？"

"知道。"

"他喜欢我吗？"

"他不敢。"

2011 年 6 月 29 日，一部叫作《秋之白华》的电影上映了，窦骁、董洁主演的民国风影片中，唯美的音乐，唯美的画面，尤其是这几句主角表白的台词在网上流传极广，让很多年轻人都不禁憧憬当年，但有更多的人在问："瞿秋白好像在高中历史中也学到过，这位杨之华又是谁呢？"

这位杨之华又是谁呢？这个问题在 90 多年前的上海滩，也有很多人在相互询问。

1924 年 11 月 27、28、29 日，上海《民国日报》的头版广告栏连续三天刊登了相同的三则启事，原文如下：

杨之华沈剑龙启事：自一九二四年十一月十八日起，我们正式脱离恋爱的关系。

瞿秋白杨之华启事：自一九二四年十一月十八日起，我们正式结合恋爱的关系。

沈剑龙瞿秋白启事：自一九二四年十一月十八日起，我们正式结合朋友的关系。

最奇特的是,这三个启事是连在一起刊登的。上海滩上的白相们,看到这个启事纷纷哈哈大笑:"天下竟然还有这样的傻子,把自己的老婆让给了别人,还要跟人家做朋友!"而当时在上海奋斗的革命者们,则纷纷祝贺瞿秋白、杨之华:"两位革命的同事,有情人终成眷属!"

杨之华的故事,我们要从1900年说起。

<h2 style="text-align:center">一</h2>

1900年,杨之华出生在浙江萧山一个家道中落的士绅家庭。而之前的一年,即1899年,瞿秋白在江苏常州一个破落的士绅家庭出生。

杨之华的祖父曾是当地的首富,到父亲这一辈时家道中落,但地位名望仍在。杨之华在当地有一个称呼叫作小猫姑娘。这是萧山一带的土话,意思是这个小姑娘是个美人胚子,特别漂亮。日后杨之华的美名是大家公认的:丁玲夸杨之华长得很美;国民党中统万亚刚说杨之华长得非常漂亮,是上海大学校花。

杨之华小时候聪明俊秀,玉盘似的圆脸上镶嵌着一双漆黑的大眼睛,"小猫姑娘"是镇子里的人最喜欢的小姑娘。当时家里人都期望她成为一个遵守三从四德的文静女子,可小之华却没让父母如愿。

她个性极强,富有反叛精神。母亲给小之华裹小脚时,之华极力反抗,即使家人揪住头发痛打,她还要拆松缠脚布,或跑到教书先生那儿哭诉,请求先生向母亲求情。几经折腾弄得母亲没办法,只得依了她,解放了双足。

杨之华小时候就很爱读书,爱听木兰从军、秋瑾就义之类的巾帼传奇。虽然14岁才开始正式读书,好学不倦之下进步很快,由于她的好学,父亲将女儿送往浙江女子职业学校读书。因不满学校的封建管理,不久转学到浙江女子师范学校。

谁知,杨之华从杭州学习归来,不但剪掉了长发,而且还敢下河游泳、骑自行车。这些举动在当时轰动了整个县城,人们说:"小猫姑娘变成尼姑了。"还将她的事迹当作奇闻传扬。

1919 年,杨之华在浙江女子师范学校读书的时候,爆发了五四运动。轰轰烈烈的革命浪潮使之华睁开了双眼,她第一次接触到现实,开始意识到一个爱国青年所应负的责任。她一方面如饥似渴地阅读进步书刊,一方面积极参加各种爱国主义宣传活动。她在学校里创办进步刊物,发动学生革命,并与杭州省立第一师范学校取得联系,扩大影响。之华的行动使校方不能容忍,把她视为"害群之马"。

学上不成了,杨之华并没有灰心,她认为"读死书、死读书"是没有任何意义的,暂时回到了故乡萧山县。在故乡,杨之华仍关注社会,寻找等待着一展抱负的机会。1920 年初,杨之华听说传播社会主义思想的《星期评论》要组织一批青年去苏联学习,便热望满怀地来到了上海,但由于当时负责该刊的戴季陶的阻挠没有去成。

1920 年 6 月后,杨之华再返故乡。1921 年初,她和早就定下娃娃亲的沈剑龙结婚,沈剑龙比杨之华还小 2 岁,父亲是当地有名士绅沈玄庐(定一)。

杨之华不顾自己怀孕,忙前忙后一直参与衙前小学的筹办,并作为教员,参加了农运的筹备和宣传教育工作。在此期间,她加入了社会主义青年团。这年秋天,萧山(衙前)爆发了农民运动,当地农民进行了大规模的减租斗争。这场斗争,实际领导人就是杨之华的公爹沈玄庐(定一),农民领导人李成虎是沈家的长工。由于反动势力的强大,这次运动失败了,农民领导人李成虎被捕后慷慨就义。

面对残酷的阶级斗争,杨之华深感自己理论水平的不足,1922 年她来到上海,考取了一所进步学校——上海大学。沈剑龙是一个有钱人家的孩子,更是一个有梦想的孩子。结婚后他的梦想就是不依靠家里独立生活,于是也去了上海打拼。

二

当时的上海大学,是中国共产党和国民党联合创办的,校长是国民党元老于右任,实际负责人是中国共产党员瞿秋白和邓中夏。杨之华在社会学系学习,系主任由瞿秋白兼任。

早在上课前,杨之华就听说瞿老师授课极受欢迎。在青云路上海大学旧址上课时,人都挤满了。房子陈旧,人多了,楼房震动,似乎要塌下来,但是人们全然不顾,还认真地听着,直到下课为止……

真是这样吗?杨之华心中怀疑着,来到了教室。偌大的教室里,学生已经坐得满满的,连窗台上都挤满了听众。

不一会儿,瞿秋白从人群中挤进教室,安静地走上讲台。他瘦削挺拔,秀气的脸庞上架着一副圆圆的眼镜。课堂上,他根据马列主义原理,深入浅出地对国家主义进行了分析,解答了青年们心中的疑问。一字一句,都嵌入学生的心里,更嵌入杨之华的心里。

沉静、严肃、寡言、难以接近,是杨之华最初对瞿秋白的印象。然而一次偶然的机会,却使两人接近起来。社会主义青年团上海大学支部根据上级的通知,要求杨之华去给孙中山先生的苏联顾问鲍罗廷夫妇谈谈上海妇女运动的情况。

接到任务后,杨之华很不安,她生怕自己学识浅,讲不好而耽误党的工作。怀着忐忑不安的心情,杨之华敲开了鲍罗廷夫妇的家门。出人意料的是,她看到瞿秋白高大的身影,原来他是给鲍罗廷做翻译的。瞿秋白看见杨之华,亲切地微笑着,鼓励她不要紧张,慢慢地说。有了老师的帮助,杨之华感觉有了依靠,心情渐渐平静下来,将自己了解的上海妇女运动情况详细全面地做了介绍。

自那以后,杨之华与瞿秋白接触多了起来。不久,在向警予、瞿秋白的介绍下,杨之华加入了中国共产党。

这期间,杨之华在上海《民国日报》副刊上接连发表了《社交与恋爱》《对于争论"社交与恋爱"的争论》《离婚问题之我见》等文章,宣传妇女解放思想,向社会呼吁尊重女权,解除欺压妇女的封建桎梏。

而她的丈夫沈剑龙也在上海,却和她愈行愈远。沈剑龙没有打拼成功,却沉湎于十里洋场。丈夫的这些做法让杨之华非常恼火,她后来把女儿名字改为沈独伊,表示生她一个,不再生了,和瞿秋白结合后,女儿便改叫瞿独伊。

和瞿秋白接触越多,杨之华就对沈剑龙越无法容忍。瞿秋白老师博学、有革命思想、儒雅。沈剑龙在上海滩的花花世界,生活不检点,在思想上与自己也靠不拢了。很明显,自己的丈夫沈剑龙不太符合要求了,而瞿秋白才是自己的心愿所在。

在对共同事业和理想的追求中,瞿秋白、杨之华产生了难以割舍的感情,这种感情在江南细雨的滋润中日益强烈。1924年秋天,瞿秋白的夫人王剑虹病逝。杨之华经常去看望瞿秋白,问出了本文开头的那一幕。

瞿秋白深思之下,向杨之华提出结婚的要求。这要求对于杨之华是比较沉重的,她越想越愁,心里乱糟糟的,决定回浙江萧山老家冷静一段时间。

这时的瞿秋白喜欢杨之华有一段时间了,但是不知如何处理这段感情,于是找到了杨之华的义父邵力子,征求邵力子对此事的意见。邵力子倒也开明,让瞿秋白最好与杨之华的现任老公沈剑龙谈谈,和平争取。

瞿秋白把邵力子的话听进去了,决定与杨之华一起去面对这件事,当即去萧山找了杨之华。瞿秋白、杨之华、沈剑龙三人一共谈了四次,第一次谈判在萧山杨家,沈剑龙竟然与瞿秋白一见如故,惺惺相惜。于是第二次谈判沈剑龙把瞿秋白、杨之华接到沈家继续谈,据说公公沈玄庐(定一)也加入了,三方推心置腹、心平气和,谈妥了。第三次谈判瞿秋白把沈剑龙、杨之华接到常州自己家里继续谈,这时的瞿家家徒四壁,沈剑龙、杨之华进了瞿秋白的家里,发现连张椅子都没有,但毫不影响大家的谈话,这次谈话确定沈杨二人的分手事宜和详细公关事宜。

沈剑龙虽然作风不好,品性还是很好的,谈好后他留了一张六寸照片给瞿秋白。照片中沈剑龙剃光了头,身穿袈裟,手捧一束鲜花。旁边题了"鲜花献佛"四字,并有剑龙签名。

1924年11月7日,俄国十月革命纪念日这天,瞿秋白与杨之华在上海结婚。结婚的当天,作为前夫的沈剑龙还亲自去参加了他们的婚礼,并且当面和新郎瞿秋白说:"之华是个很好的女人,只有你才有资格去爱她,祝福你们!"

婚后，瞿秋白特意刻制一枚"秋之白华"图章，巧妙地把两人的名字交融在一起，既有诗意，又富情趣。后来，聂荣臻元帅曾亲切地对杨之华的女儿独伊说："你父母的感情很好，很恩爱。我们都称他俩为秋之白华。"

三

杨之华婚姻问题的解决是她人生的一个重要转折点。从此以后，她就把一生完全奉献给了中国的无产阶级妇女和民族解放的伟大事业。

1924年初，日本人在上海开办的30多家纺织工厂因长期欺压童工、无理开除工人，引发了工人大罢工。杨之华配合李立三、邓中夏等到工人中开展工作，帮助组织罢工委员会和纠察队，进行谈判斗争。邓中夏等不幸被捕，她又以上海国民会议促成会名义，组织"东洋纱厂罢工工人后援会"，迫使警察局释放邓中夏等20多名同志。

1924年的冬天，她几乎走遍了杨树浦所有的工厂。有时候，为躲避租界巡捕和便衣警察的搜查，杨之华还约女工在香火旺盛的玉佛寺或财神庙门口等候，一起装作香客，坐在庙门边的长石凳上谈话。寺庙去得多了，杨之华甚至还认识了几个尼姑。一次，有位同志打趣她说："之华，你做了善男信女了！"杨之华风趣地笑道："是啊，做个叛逆的信女，也不错嘛。"

到了1925年，斗争更加如火如荼。2月至4月，上海、青岛的日本纱厂工人在中国共产党领导下，先后组织数万工人举行大规模罢工斗争，取得了重大胜利，同时也遭到日本帝国主义和北洋军阀的镇压。日本帝国主义勾结北洋军阀政府企图破坏工人运动，酝酿新的血腥屠杀。

5月15日，日本大班残杀了工会积极分子、共产党员顾正红，上海大罢工高潮再起。5月30日，杨之华和孔德址起早赶到罢工示威中心——南京路先施公司门口。她勇敢地站在板凳上，向罢工群众发表演说，控诉日本资本家的罪行，号召上海市民奋起支援工人斗争。租界的巡捕出动武装镇压，13人光荣牺牲，53人被捕，大批群众受伤。这就是震惊中外的"五卅大惨案"。面对大屠杀，杨之华被群众强行拉出包围圈才脱离险境。

第二天,她又不顾安危,冒着大雨,继续到南京路向商店员工们发表演说,动员罢市,支援受难同胞,她还带领女工和学生包围上海总商会,迫使大资本家签字同意罢市。

6月5日,向警予等人根据中共中央的指示,把上海女界促成会改组成上海各界妇女联合会(简称"上海各界妇联"),这标志着上海妇女界反帝联合战线的形成,24岁的杨之华为该联合会主任。

往往,她从凌晨五六点一直忙到深夜十点。当时杨之华的任务是负责上海浦东区的工人运动。她和同志们唱着悲愤的《五卅小调》,深入工人夜校和工人俱乐部开展活动,宣传组织群众。她还从生活上关心女工,经常替她们写家信,写好后贴上自己买的邮票寄出。

女工赵金英、赵银英两姐妹动情地说:"我们女工是最被人看不起的,有钱人家的小姐,连坐都不愿和我们坐在一起,嫌我们身上醒髒,即使是亲戚,在路上碰见了也只当没看见。可杨大姐却对我们很好,她成天和我们女工在一起,问长问短,十分关心我们的情况,鼓励我们坚持罢工,参加斗争。起初我们很不理解她为什么待我们这么好,后来一听才知道她是献身于人民解放事业的共产党员。"

然而,陈独秀怕轰轰烈烈的工人运动会吓跑资产阶级,便下令禁止罢工,并让杨之华等人去阻止罢工。杨之华满怀疑惑,当她走进工会,看见工人们意气风发、斗争情绪极其高昂,她更加矛盾了:作为党员,她应服从组织安排;可面对现实,她又认为这个决定是不对的,权衡再三,杨之华决定如实向陈独秀反映情况,建议他改变决定。陈独秀显得很不耐烦,他使劲地吸完最后一口烟,丢下烟头,厉声呵斥:"你应该服从党组织的决定,不然,如果因此而破坏统一战线,那我们什么也做不成。"

杨之华只得退出办公室,在街上踌躇思考,倔强的她认为自己是正确的,便鼓起勇气再一次进谏陈独秀。陈被激怒了,他高声责问杨之华:"你是不是一个服从纪律的党员?"

杨之华只能执行陈独秀的命令。多年后杨之华回忆起来,仍是伤感不已。

四

1925 年 11 月 15 日,上海各界妇联召开第二次临时大会,改选陈碧兰、钟复光、葛季膺、吴庶吾等人为执行委员,杨之华不再主持妇联工作。在上海各界妇联具体操作的是钟复光、吴庶吾等人。

陈碧兰是中共领导人彭述之之妻,这时刚刚从河南回到上海。杨之华、陈碧兰认为很有必要办一个共产党自己的妇女运动刊物,于是商定分别以中央妇女部、上海区委妇女部的名义向中央提出要求。中央研究后同意解决一个时期的经费,以后则自行解决。

杨之华、陈碧兰很高兴,商量决定以上海各界妇联名义出版刊物,由杨之华、陈碧兰、吴庶吾、胡墨林、钟复光组成编辑委员会,陈碧兰担任主编。1925 年 12 月 10 日创刊号出版。刊号封面设计很简单,右上为"中国妇女"刊名,刊名两边分别有两行小字:上海各界妇女联合会主办,民国十四年十二月十日出版。刊名下有印刷体"创刊号",其分隔线下注明:"十日一次,逢十出版,每份定价大洋二分,订阅全年三十六期连邮费大洋九角。投稿及订报请投函:上海宝山路顺泰里十一号转。"

宝山路顺泰里 11 号是沈雁冰(茅盾)夫妇家,紧邻 12 号曾是瞿秋白、杨之华的家,13 号曾是叶圣陶家(大门外钉着"文学研究会"的蓝底白字搪瓷牌子),另外 14 号楼上(过街楼)为沈泽民、张琴秋住处。日后来看,这也算是中国文化界核心的地点了。

为了突出《中国妇女》办刊的鲜明特色,杨之华等人经过反复商量研究,决定关注广大妇女切身利益,多方面启发和提高她们的思想觉悟;增设新栏目,丰富版面,通俗易懂,积极贴近广大妇女读者。《中国妇女》第三期刊登了该刊"宗旨和内容"。"宗旨"分为五个方面:

一、"应猛力攻击宗法社会思想和拥护妇女思想行动的自由";二、"号召一般妇女从事反帝国主义运动(当然反军阀反基督教运动已包括在内),在民族的独立自由争斗中力争妇女本身的独立和自由";三、"应多载工农妇女消息,描写工农妇女生活,拥护工农妇女利益";四、"应多方面地描写妇女一般的痛苦,从根本上指示妇女解放的出路,使她们一方面明白自身团结反抗的必要,他方面认识真正扶助自己解放的只有革命的势力";五、"各派妇女运动思想的批评及其背景的分析"。

杨之华很重视《中国妇女》稿源问题,这直接关系到刊物的广度、深度,有利于提高刊物的质量。为了进一步扩大视野,了解各地妇女运动情况,办好《中国妇女》,体现"宗旨和内容",杨之华主持起草中央妇女部通告第七号,指示各地妇女部"组织女工委员会和收集妇女刊物给中央妇女部","各地凡有妇女出版,不管我们的或者反动的,均请收集寄两份给中福[寄上海法(租)界西门路永裕里 83 号杨之华收]"。通告里的"中福",为中央妇女部代称。

杨之华在《中国妇女》上发表许多文章,是主要撰稿者之一,如《上海反段大会的感想》《妇女运动之职任的我观》《上海妇女运动》等,其中有些文章实为杨之华编写《妇女运动概论》的章节。1927 年初,上海亚东图书馆出版《妇女运动概论》小册子,确定了杨之华在中国现代妇女运动史上的双重地位——既是投身于实际斗争的妇女解放运动先驱者,也是妇女解放思想理论的早期贡献者。

对于《中国妇女》编辑工作,杨之华提出新思路、新方法,却引起钟复光等人的不满。《中国妇女》创刊两个月后,1926 年 3 月 5 日,中共上海区委主席团罗亦农、尹宽、袁孟冰、钟复光等出席。讨论"《中国妇女》现不属妇联,组织上很不清"问题时,会议决议,"应仍归妇联,编辑、发行手续要注意"。并决定上海各界妇女联合会仍然由国民党上海执行部妇女部领导,最后还是要服从中共上海区委指挥。

陈碧兰主持的上海区委妇女工作不力,受到上海区委领导的批评,只好辞职,改由杨之华兼管。4 月 20 日,杨之华参加上海区委主席团会议,批评上海女工运动(工作)不如五卅后的状况,以及上海妇联无群众,太注重政治问题,计划要整顿上海妇联。这次会议前后,陈碧兰提出要随彭述之去广州,4 月 24 日乘船离沪。妇女部副主任王亚璋成为杨之华的得力助手。

为了改进上海妇联工作,杨之华制订了一系列措施,对工作不力的某些妇女干部进行了严肃批评,整顿《中国妇女》编辑部。6月10日《中国妇女》编委会改组,杨之华等九人任编委。但是由于种种原因,对于妇联、《中国妇女》的整顿工作并不顺利,没有达到预期目标。此后,杨之华写给中央关于妇女部的报告中,也承认《中国妇女》编辑工作等方面存在的问题。

1926年7月中旬,召开中共第四届中执委第三次扩大会议,就妇女运动做出决议案,指出:"看了中央妇女部的报告,妇女运动在各地都有相当的成绩,妇女运动已在民族解放运动中表现了相当的作用;不过同时又发现出许多缺点,如只有机关活动而少深入群众(广东、北京),不注意党的发展,出版物太单调,太政治化等。……因此以后各地我们自己的及我们指导之下的妇女刊物均须力谋改良,切戒空洞的政论和其他空洞的理论,多描写妇女的切身痛苦和实际要求,务使每个妇女看到都感觉为她自己说话,只有这样,才能收到对于一般麻木妇女宣传和鼓动的效果。"

此决议所谈的问题和解决问题的思路,也体现了杨之华报告的部分内容和精神,从另一个侧面反映了当初杨之华提出的办刊新思路、新方法,即《中国妇女》"宗旨和内容"是积极、正确的,可惜没有很好地付诸实施。

这次扩大会议结束后,杨之华提出休假3个月,建议由陈碧兰代理主持中央妇女部的工作,此事得到中共中央的批准。10月23日夜,时任中共上海区委妇女部主任的杨之华参加了上海工人起义,但因起义准备不足,工人队伍力量薄弱,起义遭受失败。工人领袖陶静轩、奚佐尧等十余人牺牲,百余人被捕。杨之华的工作转入地下。

五

1927年4月12日,蒋介石向共产党人举起屠刀,中国革命陷入低潮。当年4月27日至5月9日,中共五大召开,第一天陈独秀做中央报告,第二天瞿秋白便散发《中国革命中之争论问题》,批评陈独秀以及共产国际代表的"右倾"机会主义错误,瞿秋白当选为中央委员、政治局委员,并任政治局常委。

当年 7 月,武汉国民党中央委员会公开宣布"分共",大革命失败了。8 月 7 日共产国际代表罗明那兹主持召开会议(八七会议),正式将陈独秀(缺席)免职,指定瞿秋白担任临时中央政治局常委,并主持中央工作,瞿秋白成为继陈独秀之后,中国共产党第二任最高领导人。

中共中央于 9 月 10 日迁往上海后,杨之华肩头的担子更重了。在中共第五届代表大会上,她被选为中央委员。为在白色恐怖下长久坚持斗争,杨之华和蔡畅、邓颖超等同志利用结拜干姐妹等形式在群众中开展运动。为了适应地下工作的需要,中央妇委同志间不用姓名而以姐妹相称。经过分工,大家推举杨之华为书记,是大姐。其他人按年龄排,蔡畅是二姐,李文宜是三姐,贺雅华是四姐(后来叛变了),邓颖超是五妹,女工同志朱玉如和王根英是六妹、七妹,庄东晓是八妹。这样,周恩来同志成了"五妹夫"。

1928 年,为参加中共六次代表大会,瞿秋白、杨之华来到莫斯科,会后留在中山大学学习。当时瞿秋白任中共驻共产国际代表团团长,工作繁忙,身体也因劳累过度而极其虚弱。为了便于工作学习,他们狠心将女儿瞿独伊送到一家孤儿院生活。由于语言不通,一些调皮的苏联男孩常常欺负小独伊。小独伊便哭着要回去,可谁照料她呢?杨之华安慰着女儿给她买奶酪吃,可内心早已湿透了千百回。

然而,当时也在苏联学习的王明,以共产国际东方部主任米夫为后台,凭空捏造瞿秋白等人搞"江浙同乡会小集团",说他们反对国际路线,还把中国革命受挫的责任全部推到瞿秋白个人身上。1929 年夏,王明等人利用联共反右清党运动,掀起中山大学风潮,举行"十天会议"形成"二十八个半布尔什维克",在王明的带领下喧嚣、起哄、谩骂,攻击中共代表团,将右倾和"左倾"的帽子扣到瞿秋白头上,导致瞿秋白的三弟景白的"失踪"。

1930 年,瞿秋白、杨之华回国之后,瞿秋白被撤销党内一切职务。"丈夫倒霉妻遭殃",杨之华受株连也没有了工作。杨之华是一位党性极强的共产党员,在同志面前,她从来没有流露过一丝一毫的不满,每当同志们谈到有关问题时,杨之华总是默默无言。

当时,瞿秋白和杨之华的处境是极其艰难的,可以说是内忧外患集于一身:外有严重的白色恐怖的威胁,生活很不安定;内受宗派主义的打击,秋白的身体又很弱,患有很重的肺病。

在这种情况下,杨之华做出了极大的牺牲。他们没有了经济来源,一切花销都来自微薄的稿费。杨之华把一切家务都担当起来:买菜、烧饭、洗衣,天不亮就起来倒马桶。她一个铜板一个铜板地计算着,节衣缩食,省下钱来为秋白治病。

她还在亭子间门口支起了小煤球炉,不间断地为秋白熬药。在白色恐怖极其严酷的上海,瞿秋白和杨之华过着流亡的生活,他们搬了多次家,而且总是很紧急。不管白天还是黑夜,他们一接到警报,就要马上走。这时之华总是极力地掩护秋白,她神情自若,机警地甩掉探子,然后与秋白一前一后地到鲁迅家避难。

就这样,瞿秋白和杨之华艰难地度过近三年的时间,直到 1933 年党中央重新给瞿秋白安排工作,而杨之华留在上海。分别的时候,瞿秋白感慨万千,他拿出十本黑漆布面的本子,平均成两份,对杨之华说:"这五本是你的,这五本归我,我们离开后可能很难通信,你有时想到什么话要对我说,就写在本里;我也一样,将来见面时相互交换。"

于是,我们看到了党的领导人瞿秋白这样的文字:

"你的信里说着你高兴的时候,我是整天的欢喜;你的信里露着悲观的语气,我就整天的、两三天的愁闷。好爱爱!最近为什么你又悲观呢……你要高兴,要快乐。人生在世,要尽着快乐。你小时候做学题做不出的时候,烦恼得要死——至今我的性情还是如此——那时我母亲告诉我,'你去玩一下再来,高兴高兴,自然就算得出'!我总记得这句话,总记得,总不能全实行。我俩一定实行这样的办法。好爱爱,你还要想着,我俩的爱是如何的世上稀有的爱,这就值得高兴了……好爱爱,亲爱爱,我就如此的想:我的爱爱是世界上唯一的理想的爱人,她是如此的爱,爱着我,我心上就高兴,我要跳起来!

"我俩的经验已经告诉我们:贪多嚼不烂是一无益处的!好爱爱,亲爱爱,我俩的生活是融合在一起的,我俩的工作也要融合在一起。亲爱爱,你千万不好灰心,不好悲伤。"

日日尺素,真所谓"身无彩凤双飞翼,心有灵犀一点通"啊!

六

然而1935年春天,一封化名吴吉祥的信转到杨之华手中。原来这年2月瞿秋白已经在福建长汀被捕,当时敌人还不知道他的身份,瞿秋白让杨之华设法营救。杨之华心急如焚,苦苦思索营救办法,就在她找到瞿秋白好友鲁迅、茅盾等人凑齐营救资金,准备为其保释时,报上登出了"瞿秋白伏法"的消息。

杨之华失声痛哭,彻夜难眠。甘苦与共、患难相随十载,往事历历在目,杨之华真是难以接受这个残酷的现实。母亲听说女婿去世便不顾危险,从萧山赶到上海。母女相见,追念逝者,分外忧伤。老太太喃喃地叫着:"之华,之华,你好吗?"眼睛早已浸湿。杨之华抱着母亲,无言以对,老太太叹了口气道:"你要闹革命,可是革命已使你家破人亡了!还是跟我回家吧!你还年轻,下半辈子还可过个安稳日子!"

杨之华握住母亲的手,摇头说:"不!我不回去,秋白虽然走了,但他的任务仍没完成!中国应该有一个光明的未来!现在社会这样黑暗,我还要干革命!"

母亲走了,生气而又失望。杨之华看着母亲走远,禁不住泪如雨下,她何尝不想孝敬母亲呢,但是秋白遗留的事业,就是杨之华为之献身的事业。继续为之奋斗,便有了与秋白同在的感觉,她如何能抛弃呢?

瞿秋白牺牲后,杨之华极度伤心,身体状况越来越差。这引起了中央一些有正义感的同志的同情和重视。为了让她换个环境,中央决定派她到苏联出席共产国际七大会议,借机让她在那里看病。1935年夏秋之交,当杨之华风尘仆仆赶到莫斯科时,共产国际的会议已在进行。她当天未来得及换装,把独伊从国际儿童院接到身边生活。离别五年之久的母女重新团聚。

一年多后，王明"左倾"宗派集团的魔影又从国内游荡到莫斯科。王明等人捏造罪名，撤销了她国际红色救济会常委的职务，停止其组织生活，甚至将其隔离审查，禁止她与女儿独伊见面。同时没收其医疗证，停发生活费。杨之华身心受到严重损伤，精神几乎崩溃，她时而大笑，时而大哭。好心人写字条安慰她，暗中接济她。在冷酷的政治迫害中，她度过了两年的悲惨岁月。

1938年春，党中央在延安清除了王明错误路线。8月间，任弼时奉命到莫斯科，他为杨之华平了反，恢复了组织生活，安排她到东方大学中国部半工作半休养。杨之华重新与女儿团聚，加之又有方志纯、刘亚楼、贺子珍、蔡畅、秦化龙等留苏人员做伴，心情舒畅，身体逐步好转。

第二年，周恩来因胳膊受伤到莫斯科治病，他同邓颖超十分关心尊敬的华姐，多次邀她们母女聚会。临回国时，周恩来又特意宽慰送行的杨之华："华姐，你不要太难过，不要太思念秋白了，这对身体不好，你应该注意自己的身体，把病治好就可以回国工作。"

1941年苏德战争爆发，杨之华奉命带着女儿离开莫斯科，抵达新疆迪化。"新疆王"盛世才背信弃义，将我党在新疆工作的毛泽民、陈潭秋、林基路等杀害，又将刚从苏联回国的一百多名干部投入监狱，杨之华再次陷入困境。

敌人用刺刀押着他们轮流去审讯，杨之华毫无惧色，气得敌人拍桌大叫，扬言要枪毙她。她冷眼相对道："我们从信仰共产主义那天起，早准备掉脑袋，我们决不改变信仰。"杨之华是狱中党组织领导人之一，她和马明方、方志纯、张子意、秦化龙四位支部委员，通过秘密联络，组织难友开展学习和斗争。

有一次，她到狱外治疗肺病，一位苏联医生趁机将共产国际季米特洛夫的电报塞给她，上写"同志们，你们要坚持"。她机智地藏在袜子里带回监狱，鼓励大家斗争。

党中央十分关心这一大批干部。国共两党重庆谈判，毛泽东、周恩来还亲自同张治中谈判。蒋介石被迫放人,让张治中办理此事。张治中不负重托,到新疆后即派迪化市长、于右任女婿屈武约见瞿独伊。屈武说:"我是于右任的女婿,认识周恩来,也认识你母亲。周恩来很关心你们,问你们有什么困难。"屈武进一步解释,"张治中去过延安,现在新疆任职,你们快要释放了。"

张治中与瞿秋白早年有师生之情,一向尊敬他们夫妇,称杨之华为师母。我方人员出狱前,他特地宴请杨之华和毛泽民的夫人朱旦华,答应为患病难友治病,还派车护送一百三十一名受难人员,分乘十辆卡车。几经周折,终于到达延安。几天后,毛泽东又专邀杨之华及女儿独伊,朱旦华及儿子毛远新到住处做客,详细询问毛泽民等牺牲经过,安慰弟媳朱旦华。而后,他郑重地告诉杨之华母女:"秋白同志的问题解决了,中央做了一个《若干问题的决议》。"多年的不白之冤终于昭雪,不久,经过炼狱考验的女儿独伊又被批准入党,杨之华感到莫大的宽慰。

杨之华回到延安后,担任中央妇委委员和晋冀鲁豫中央局妇委书记,女儿独伊分配到新华社从事翻译工作。1949年金秋,中华人民共和国在革命炮火中诞生。之后,杨之华历任全国妇联国际部长、全国妇联副主席、全国总工会女工部长,并当选为中共中央监委委员和常委。

然而,荒唐的"文化大革命"时期,"四人帮"康生一伙,无视党中央的结论,对早已盖棺定论的瞿秋白一案反手苍黄。康生先是驱使一批无知的学生捣毁了瞿秋白同志的墓碑,而后又指使红卫兵对杨之华进行批斗、殴打,还给她扣上"叛徒"和"里通外国"的罪名。

在监护期间,杨之华受到了非人的折磨,最后竟至全身瘫痪。不但如此,康生还直接指挥专案组将瞿独伊诬为"叛徒",对其实行隔离审查。1973年,被关押6年之久的杨之华第一次见到了与她相依为命的女儿独伊,当时的她感慨万千,但是她却强咽泪水,无限深情地嘱咐女儿:"你们要乐观,任何时候都不能对党有怨言,要永远跟党干革命,而且要准备迎接更大的风浪!"

1973年10月14日,瞿独伊突然破例接到了通知,让她去"病房"。当她赶到时,医生已做出"病人进入骨癌晚期"的结论。这时专案组又拖延时日,禁止出外就诊。等转外治疗时,杨之华已奄奄一息。10 月 20 日,专案组向正在"养病"的康生请求指示,康生阴毒地吩咐:"按叛徒处理。"

杨之华死了,没有死在敌人的屠刀之下,却死在了"四人帮"的魔掌中。她用赤子之心谱写了一曲共产党人不屈奋斗的英雄赞歌,她遗留下的那首雄浑壮丽的《囚徒歌》,却永远催人奋进:

砍头枪毙,告老还乡;
严刑拷打,便饭家常。
囚徒,新的囚徒,坚定信念,贞守立场。
掷我们的头颅,奠筑自由的金字塔,
洒我们的鲜血,染成红旗,万载飘扬!

出深闺求进步　曼文英名不朽

方晓阳

在她 20 多年的革命生涯中,不论形势如何险恶,处境如何艰难,始终对党、对革命事业充满信心。在一场黑暗与光明的较量中,她鞠躬尽瘁,死而后已。她见证了中国共产党从弱到强的全过程,她的成长史也是无数革命党人满怀激情、热血奋斗的缩影。她为了中华民族的解放事业,贡献了一切。她虽没有惊天动地的伟业,但她那对党的赤诚之心,深为同志们所敬仰,大家都称赞她为党的好女儿。

她就是——楼曼文烈士!

一、出身名门,追求进步

千百年来,每年的农历八月十五,汹涌澎湃的钱塘江大潮都会如约而至,滚滚而来,冲刷着鱼米之乡的钱塘江两岸,席卷起数十米高的浪涛。正是在这样的大浪淘沙中孕育出了"奔竞不息,勇立潮头"的钱江南岸萧山人的精气神。杭州市萧山区自古名人辈出,更有着悠久的爱国主义传统。诞生了写出"少小离家老大回"的唐朝著名诗人贺知章、为国捐躯的抗英民族英雄"定海保卫战三总兵"之首的葛云飞,在近代更是爆发了存载史册的全国农民运动的历史上最先发轫者——衙前农民运动。

地处萧山、诸暨、富阳三地交界的萧山岩山徐家店村(今楼塔镇雀山岭村),是一座山清水秀、环境优美的村庄。民风淳朴,村民们好学成风,儒家人文气息浓厚。一百一十二年前(1908)的10月,那是江南初秋桂花飘香的日子。村中一户大户人家的宅院里张灯结彩,很是喜庆热闹,男主人站在前厅迎接来道喜的亲朋好友,家里的佣人进进出出地紧张忙碌着。这位彬彬有礼、儒雅大方的中年男主人就是楼卓夫,今天是楼卓夫的原配瞿夫人生下四小姐的日子。

楼家本身就是萧山当地的大家族,楼卓夫是很有名望的乡贤。楼卓夫饱读史书,参加过清朝的科举考试,考取过举人,担任过国民党中央要员邵力子先生的老师。自清朝末期至民国初年,楼卓夫先后在黑龙江、安徽等地任县官。后辞官回乡改行经商。

楼卓夫喜得千金,也甚是开心。为新出生的女儿取名曼文,小名梅园。就是这样一位出生于官僚地主家庭,从小深得父母宠爱,生活无忧,由奶妈、丫鬟照顾的楼家四小姐,后来成长为一名为党、为人民尽忠尽力的优秀党员。

楼曼文从小天资聪明,性格爽朗活泼,深受父亲的宠爱。而楼卓夫尽管学的是四书五经,参加的是清末的科举考试,但也崇尚新学,支持洋务运动。所以小曼文是当时少有的女孩中没有裹小脚的,小时候就能和家族里的哥哥姐姐一起戏耍,听父亲讲故事,讲外面的世界。

楼曼文7岁的时候,楼家新建造的二千多平方米的新宅落成,这是一个典型的两层徽派建筑大宅,正房加东西厢房共有十多间,五米多高、八米多长的巨大木质屏风立在门口,大气典雅,有着精美的木雕。全家都搬进了大宅子,让楼曼文高兴的是,从此她就能和哥哥姐姐们一起去新家旁边的家族私塾,跟着老师读书了。

小曼文熟读《三字经》《百家姓》《千字文》,在兄弟姐妹中是学习最勤奋的。从小楼曼文就对岩山以外的广袤世界充满了无限遐想,因为她隐约觉得,在自己花木深秀的宅院之外,还有另外的一个世界,这个世界是广阔的,是大得没有边际的。

到楼曼文15岁的时候,楼卓夫举家从萧山迁往杭州城区。楼曼文进了杭州的浙江省立女子师范学校(后改名为省立女子中学)读书。作为浙江历史最悠久的女子中学,省立女子中学在女权运动的浪潮中一直昂首阔步,一马当先,最早举起了打破封建桎梏、解放妇女的大旗,历经岁月,培育出无数思想先进、自立自强的新女性。她们冲破封建礼教的枷锁,摒弃旧时"大家闺秀"的形象,走出深闺,凭自己的实际行动成就新生代女性之风范。

当时的中国政局正发生着巨大的变化:孙中山在广州成立了革命政府,改组中国国民党,提出了"联俄、联共、扶助农工"的三大政策;北方还是直系、奉系、皖系三大北洋军阀割据。孙中山为统一大业北上共商国是。

1925年注定是个不平凡的年份。3月,革命的先驱者孙中山先生在北京不幸病逝后,国民党与共产党合作准备进行北伐……就在这一年,楼曼文在学校里阅读了很多进步的书报,聆听了一些进步老师的革命思想教育。很快,她的心扉像打开了一扇天窗,虽然生长在官宦富室家中,从未受过饥寒之苦,她却越来越感到这个家庭的没落和委顿。在读书时期她就紧跟着时代的脚步,热切地追求真理,投身于轰轰烈烈的爱国学生运动之中。在进步思想的影响下,楼曼文坚决反对家庭包办自己的婚姻,对此宠爱她的父亲也感到很无奈,只得同意去与世交的亲家退婚。

5月,上海先后发生了两件大事:一是日本资本家枪杀了共产党员工人顾正红,二是上海公共租界的工人学生为追悼死难工人游行演讲时,遭到英国巡捕的开枪射击,当场死学生四人,重伤三十人,称"五卅惨案"。"五卅惨案"发生后,全国上下民意沸腾,在中国共产党的领导下,各大城市大中学生罢课、工人罢工、商人罢市,风起云涌,掀起了浩浩荡荡的全国反对帝国主义的运动热潮。

正是在这个时期楼曼文参加了进步组织——杭州学生联合会,并被推选为中学生女代表,带领同学们上街举行爱国游行示威。她经常是每天下午先组织同学们开会,会议结束后就带领同学们上街宣传、张贴标语、游行示威。楼曼文是宣传员,胆子很大,也很会讲话,经常站在街道边的石墩或者凳子上发表演讲,带头高呼"打倒日本帝国主义!""废除不平等条约!""还我胶济铁路,还我旅顺大连!""取消国耻,取消租界,抵制日货,向日本帝国主义讨还血债!"……参加捣毁日本驻杭州领事馆等爱国活动。与此同时，她还参加了杭州全市的募捐运动，常常带着同学背着募捐箱，七人一组到大街上、商店里，向有钱的人劝募，介绍"五卅惨案"经过，号召大家为死难同胞捐款。然后再把募捐到的钱统一送到上海，去救济那些在惨案中死难的同胞家属。

有一天晚上，楼曼文带着同学，又一同去张贴反抗帝国主义侵略的标语。就在经过一条小巷时，听到嘈杂的吵闹声，只见一个身穿长袍、手提皮包的男子正在打骂穿着单薄的黄包车夫。那男子大声骂道："我叫你拉快点，你不拉快，我不会给你钱的，我还是看你苦，否则一定拉你到公安局去关押几天啦！也不去打听打听我是谁！"黄包车夫只是一味地低头退让。

楼曼文见了立即就要上前，同学往后拉着她胳膊小声提醒："曼文，我们女孩子不要去管他们男人之间的闲事。"楼曼文很坚决地说："这不是闲事，我们不能眼看着老百姓受苦，今天这个闲事我管定了。"说完就快步走了过去，大声喊道："住手，你不能欺负老百姓！"

接着问车夫："大叔，这到底是怎么回事？他为什么要打骂你？"黄包车夫胆小地说："我是个拉车的，当时和这位先生讲好给我十五个铜板，我拉到了地方，他却不给我车钱，还要打骂我。说实在话，我今天一天就只吃过一顿饭，真的是拉不快了。"说着说着，车夫就委屈地蹲在地上哽咽起来。

楼曼文一听就向前一步，愤慨地指着那个男人说："喂！他已经给你出了力，把你拉到了地方，你就应该付钱，这是劳动的代价，慢一点就不给钱，全天下都没有这个道理。他是苦力，拉车度日，没钱，过不了日子；你没有人拉，自己走也快不了多少。你这种态度应该去对付敌人，对付侵略我们国家的帝国主义，而不是对我们自己的同胞。对劳苦大众，你要帮助，要去爱护，怎么可以去打人。"接着她提高嗓门，响亮地对那男人讲："付钱！你必须要付钱，不付钱我们就把你拉到公安局去讲理，让警察把你关上几天！"

这时围观的人越来越多，人声嘈杂，大家都很同情车夫，纷纷指责那男子，那人觉得理亏，没法只得从口袋里掏出几个铜板一丢，灰溜溜地落荒而去。

众人都一起蹲下来帮着车夫寻散落在地上的钱,可一数却只有八个铜板,车夫哭了,受打受骂,挨饿,还少了钱。

楼曼文在口袋里一摸,拿出五角钱给车夫,并和气地讲:"好了,这五角钱给你,凑凑去买点米烧饭吃,等将来赶走了帝国主义侵略者,打倒了官僚,打倒了土豪劣绅,我们劳苦大众就一定会有好日子的。"

一场风波就这样平息了,楼曼文就拉着同学们接着去做自己的工作了。

只听旁边的路人纷纷在说:"这个小姑娘真是与众不同啊,胆大心慈,是个好人!我们中国人都要像她一样就好了,那就一定不会亡国了。""真是个好姑娘啊!"

1926年,在大革命的暴风雨中,在俞秀松、杨之华等共产党人的影响下,楼曼文加入了中国共产主义青年团。

二、沪上入党,投身革命

1927年"四一二"反革命政变爆发后,楼曼文作为进步学生领袖的身份暴露,为躲避国民党反动派的追捕,被迫只身离开杭州,转移到了上海。到上海不久,楼曼文就结识了地下党员蔡叔厚。

蔡叔厚祖籍浙江诸暨,早年官费留学日本学习电机,后来又考取东京工业大学研究生。1924年学成回国后在上海开设"绍敦电机公司",主要修造紫光放电机、X光机、马达、电扇等,由于技术好,又为人豪放、善于交友,因此生意兴隆,收入十分可观。但蔡叔厚并不满足于就此过上安定舒适的上海资本家老板生活,脑子里一直都在思考着如何改变祖国落后现状和国家的命运。严酷的社会现实让他越来越意识到只有革命,国家才有出路;只有中国共产党,才能救中国。

1927年,蒋介石、汪精卫先后发动了反革命政变,轰轰烈烈的大革命失败了。中国革命自此转入低潮,白色恐怖十分严重,在上海的共产党活动都被迫转入地下。党的一些领导人和重要人员不得不经常转移办公场地和住处,以避开敌人的疯狂搜捕。而蔡叔厚的"绍敦电机公司"就成了绝好去处,广州起义的领导者叶剑英、廖承志、我党早期马克思主义教育理论家杨贤江夫妇、中共浙江省委书记张秋人、蔡叔厚的中学同学夏衍等重要共产党员都先后住在绍敦电机公司，还有一些地下党的同志经常利用公司场地接头、研究工作。

在白色恐怖极为严重的时候，一些意志不坚定的人退出了共产党，有的人"吓破了胆"甚至叛变投敌。而蔡叔厚就在这时，迈出了人生道路上的关键一步，毅然加入中国共产党，立志要献身于无产阶级革命事业。从此党内多了位人称"蔡老板"的"红色孟尝君"。

在蔡叔厚的培养和帮助下，1928年，楼曼文由共青团员转为中共正式党员。正是共同的志向使楼曼文和蔡叔厚建立了深厚的感情，不久他们便结成了革命伴侣。当时的蔡叔厚以资本家的身份继续立足上海，从事党的地下工作，公司成了上海地下党组织的交通联络站，也成了当时各地与党组织失去联系的共产党员流亡到上海后的集散地。蔡叔厚通过各种渠道还替中央苏区采办过军用物资。楼曼文也加入了"中共中央特科"，就在蔡叔厚的领导下从事地下工作。

1929年，全国革命形势有了新的发展，红军队伍逐渐扩大，苏区相继建立，国民党统治区党的各级地下组织也开始恢复。仅仅依靠过去的水陆交通线进行人员联络的传统方法，已经不能适应新的形势，当时在上海的党中央决定建立我们自己的无线电台，以解决同各地党组织联络困难、缓慢的问题。

遵照党中央的指示，蔡叔厚在中央特科四科（通讯科）科长李强（中华人民共和国成立后长期担任国家对外经济贸易部部长）的领导下，以自己开设的"绍敦电机公司"为掩护，开始秘密制造无线电台。蔡叔厚特意把公司搬到福煦路403号（现在的延安中路369号），专门在二楼腾出一间过街楼作为制造无线电台的秘密工厂。李强在里面安置了车、钻、铣、刨四部机床，经常和几位同志去那里搞机械加工，制作零件。

蔡叔厚开的是电机公司，在社会上又有一定的地位，又懂电器制造，就由他出面购买制造无线电台所需的零部件，买回来后自己制造。他们还将购置的无线电器材、技术资料等存放在绍敦电机公司里。在当时白色恐怖下的上海,这是一件极其危险的事,稍露破绽就会引来杀身之祸。楼曼文把生死置之度外,全力协助丈夫工作,一起在家研制无线电收发报机。

蔡叔厚夫妇平时生活很简朴,但当党组织和同志们在经济上遇到困难的时候,他们总是全力以赴,倾囊相助。为了采购制造无线电台的关键零件,蔡叔厚自掏腰包花费了不少钱。窗外刀光剑影,警车尖叫,没有线路图纸和实样,他们只能通过购买国外无线电杂志做参考,自己翻译、自己画图、自己加工制造。

七八月份的上海,正是酷暑难熬的季节,每天都是 35 摄氏度以上的高温,午后偶尔的阵雨对上海人来说是难得的凉爽时刻。但设在绍敦电机公司二楼的秘密工厂,却是在密不透光的屋里,在昏暗的灯光下,李强和一个地下党工友正大汗淋漓地在车床上打磨着零件,而蔡叔厚俯身在桌上对照着杂志,计算公式,画着图纸。

身着蓝色旗袍的楼曼文正忙着在一楼的店面熟练地招呼着店员接待客户,客户口中称呼着的"蔡太太"完全是一副资本家阔太太的样子。送走了客户,楼曼文交代店员机灵点,注意着街面上是否有来往的可疑人员,转身到里面后屋打了一脸盆水和一大杯凉茶,缓步端上了二楼。

听到是事先约定的有节奏的敲门暗号,工友从里面打开了房门。李强一看是两手端着脸盆和茶缸的楼曼文,笑着说:"哇,看不出我们娇小贤淑的蔡太太还是位大力士,更是及时雨啊,给我们大家送清凉来了。"

楼曼文的脸微微一红,说:"看你们个个满头大汗的,大家赶紧洗把脸,喝点凉茶去去暑吧。"

旁边的工友也打趣道:"这是蔡太太心疼蔡老板了啊,我们都只是沾了点光吧。"

蔡叔厚接过楼曼文递过来的毛巾,边擦着头上的汗水边笑着说:"我这个别人眼里的大老板,可惜现在口袋空空啊,银圆全成了这些零件线圈了,现在只能让大家喝点凉茶了。"

"我们自己苦点没事,只是不能给同志们吃得好一点,让大家能早点制造出发报机来。"楼曼文带着歉意说道。

蔡叔厚接过话茬："我们就是砸锅卖铁，也一定要把我们的发报机给造出来。到时候也一定要请大家去上海最好的梅陇镇餐厅吃一顿正宗的上海菜，好不好啊？"

"好！冲着我们红色孟尝君的这句话，又有曼文同志这样的贤内助，大家加把劲，何愁我们的无线发报机制造不出来，我们不但要生产出自己的发报机，还要建立我们自己的无线电台网，把党中央的声音传达到全国各地的党组织去。"李强说道。

就是在这样的条件下，经过大伙的齐心努力，到了10月份，终于成功制造出了我党的第一台无线电收发报机，不久又培训出第一批地下党的收发报员。接着，党中央在各地先后设置了无线电台，建立了上海和各地的无线电通信联系。为此，党中央对蔡叔厚他们的工作提出了表扬。

楼曼文在配合蔡叔厚工作的同时，还担任中共上海闸北区常委兼妇女部长等职务，深入上海一些纺织厂开展组织发动妇女参与反抗帝国主义和国民党反动统治斗争的活动。楼曼文也逐渐成长为一名妇女运动的骨干。

她在写给她三姐的一封家信中说："姐，什么家庭！简直是愁城，所以，我要奋斗，直到新社会出现为止。姐！为社会我可牺牲一切，因为我们亲爱的无产者的兄弟姐妹们苦已尝够了。姐！你即是被压迫的一个。姐呵！世界上不久有千万成群的热血沸腾的青年要起来解决黑暗残酷的社会，那时我们一定很快乐地携着手向乐园中徘徊了。姐呵！你切莫悲伤！静心等五六年的将来吧！"

三、远赴苏俄，遭受不公

我的母亲，她的传记，恐怕就难以成文了。不要说她去世得早，至今已经整整62年了，恐怕早已被人们丢到记忆之外了。她因为长期工作在特殊战线，她的档案从未完全解密。人们只能够从她的少数战友那儿，了解到她的一点点情况，很难为其著书和全面评说。也许，这就是隐蔽战线，我们的无名英雄们的宿命，这就是她们崇高精神的体现吧。

——楼曼文之子 方荣欣

2011 年 6 月 20 日

1932 年，楼曼文受党组织派遣去苏联莫斯科列宁学院学习特工专业，被编入中国民族党支部。由于丈夫蔡叔厚担任的是地下党特工工作，公开身份是大资本家，受当时党内极左思想的影响，大资本家的妻子怎么能去社会主义的苏联学习？为了党的利益，也为了保护蔡叔厚，楼曼文忍受了内心的极大痛苦与失去联系的蔡叔厚解除了夫妻关系。为了完成任务，她以坚强的毅力，分秒必争，不顾身带婴儿的疲劳，处处向苏联同志学习俄语，还给自己起了一个俄文名字——方娘。由于有以前学习俄语的基础，在很短的时间内，楼曼文掌握了俄语。她如饥似渴地学习革命知识，及时完成组织上交给的各项任务。

可惜的是，不久楼曼文便遭到了当时在苏联的以中共负责人王明为首的党内宗派主义的无情打击，说她已离婚的丈夫蔡叔厚有严重的"政治问题"。她被赶出了列宁学院，停止了组织生活，停止了党籍和学籍，被遣送到莫斯科远郊的工厂去当一名工人。此时遭到的打击对楼曼文来说是突然而且巨大的，一下子失去了最亲爱的党的信任，又要忍痛与刚出生的女儿别离。她忍住内心的痛苦，吻别安放在莫尼诺国际儿童院的女儿，默默地去做一个普通的、接受审查的侨工。

她一直在等待组织的重新召唤，这一等就是六年之久。身体和心理的双重打击使得她的健康每况愈下，她变得虚弱、多病起来。但她坚信党，坚信总有一天党会为她澄清事实。

全面抗日战争爆发以后，1938 年，中共中央派出任弼时同志率领的新一任驻共产国际代表团到达莫斯科。任弼时了解到楼曼文的情况后，立即派人将楼曼文接回莫斯科。任弼时向楼曼文传达了上海党组织对蔡叔厚的调查结果，查证蔡叔厚是党的同志，没有政治问题。楼曼文终于恢复了组织生活，重新回到了党的怀抱。楼曼文虽然在异国他乡蒙受了 6 年的委屈，却丝毫没有对党表示任何怨言,体现了一名共产党员的高尚品德。

1939 年,党组织派楼曼文去莫斯科共产国际党校(也称东方大学)学习。东方大学是 20 世纪 20 年代苏联共产党创办的一所专门为苏联东部地区和东方各国培养革命工作干部的政治大学。就是在东方大学,楼曼文认识了后来的丈夫方志纯。

方志纯是著名烈士方志敏的堂弟,受方志敏烈士的影响很早就参加革命,红军时代就担任过师长等职务。方志纯先在军事班和刘亚楼等红军将领同班,后来为了加强组织力量调到了政治班,任学习委员,同班的还有蔡畅、杨之华、贺子珍等。

这时,楼曼文的俄文在同班中国同学中已经是顶呱呱的,学校教材里有不少晦涩难懂的专业术语,她都能耐心为全班翻译。当时楼曼文的身体很不好,党组织安排她在莫斯科养病。但她仍然如饥似渴地学习党中央关于国内革命斗争及建立抗日民族统一战线的最新文件。身边的战友劝她不要太累了,她常常笑着回答:"我失去的时间太多了,一定要去补回来!"

四、回国抗战,身陷囹圄

1941 年 1 月,根据抗日战争发展的需要,方志纯、楼曼文等 20 多位在苏联的中共干部结束了学习工作,根据党中央安排回国参加抗战。在途经新疆迪化(今乌鲁木齐)时,接到中共中央指示,为了加强与当时表面追求进步、亲苏亲共的新疆军阀"督办"盛世才的合作,楼曼文等人留在新疆工作,受时任中共驻新疆代表、八路军驻新疆办事处负责人陈潭秋的领导。

出于保密需要,楼曼文等中共干部都以化名分散到新疆各个部门工作。楼曼文化名崔少文,分配到新疆省立迪化女子中学任俄文教员。离开祖国快 10 年了,能回来工作让楼曼文感到无比兴奋,她满怀激情地投入革命工作和教学中去。

当时迪化女子中学是在我党影响下的一个宣传阵地,1938 年,毛泽民的夫人朱旦华女士受党中央委派到迪化女中工作,成立了新疆第一个学校党支部,学校成为新疆解放运动的中心。学校"诚毅团结、勤肃紧张、敏活健壮、精勇创造"的十六字校训和号召"姐妹们,努力,努力,站到斗争的最前线"的《迪化女子中学校歌》,都是由党支部编写的。

楼曼文参与组织学校师生业余歌咏队、话剧团,利用课余时间和节假日到迪化上街宣传演出。宣传革命理论和抗日救亡运动,宣传妇女解放,介绍苏联情况。她整日忙个不停,似乎浑身有使不完的劲,充分显示了一位投身革命潮流、朝气蓬勃、奋勇向前的新女性的风采。她把学校当作传播革命思想、培养进步青年、壮大革命力量、支援抗日前线的阵地,并向学生宣传马列主义思想。

也是1941年在迪化,楼曼文与苏联共产国际党校的同班同学方志纯经过一起异国学习、工作,志同道合,经过组织批准结婚成家,这对楼曼文来说是崭新生活的开始。

但是万万没有想到,1942年,随着苏德战争局势的变化,在蒋介石的拉拢下,新疆军阀盛世才在9月撕下了曾经一度"亲苏亲共"的假面具,背叛抗日统一战线,不择手段地将我党派往新疆协助工作的全体人员连同他们的家属子女共一百三十多人全部逮捕关进了监狱。不久还丧心病狂地杀害了我党在新疆的主要负责人陈潭秋、毛泽民、林基路等人。在狱中,面对敌人的屠刀,极少数人经不起革命斗争中的特殊考验,变节、叛变出狱了。而楼曼文始终保持共产党人的崇高气节和坚定立场,没有被敌人的严刑审讯所吓倒,没有因监狱的非人生活而屈服。凭着共产党人的浩然正气,楼曼文与其他难友一起,在监狱秘密党组织的领导下,与盛世才以及国民党反动派进行了坚决而顽强的斗争,体现了共产党员坚贞不屈的革命气节。

楼曼文的丈夫、当时中共在新疆狱中秘密党支部的支部书记方志纯在回忆录中写道,"楼曼文在党的秘密组织生活中表态说:'我们浙江出了个秋瑾,是女中豪杰。我是共产党员,更要为真理坚守我们的气节,宁死不屈!'"

1943年6月,楼曼文在监狱生下了女儿方玲之,狱中地下党负责人张子意为她起名"图子"。意思就是监狱之子,这个孩子一来到人世间就没有奶水哺乳,营养又差,三岁以前是在新疆监狱度过的,直到出狱,还没有长出头发,像个小和尚。

突然有一天,女牢的看守来通知方朗(楼曼文同志当时的化名),说内地有一位姓蔡的老板派人来看她,并且要求把她保释出去。楼曼文马上意识到,蔡老板,很可能就是蔡叔厚。她立即向一起被关进监狱里的女牢秘密党组织负责人杨之华汇报该情况以及她自己的判断。楼曼文在杭州读女子师范学校的时候就认识杨之华,杨之华是楼曼文的萧山老乡,也是楼曼文走上革命道路的引路人。

杨之华说道:"我认识这个蔡叔厚,他以前在中央特科工作过。后来他与党组织失去联系后,独自在上海的工商界发展,听说在上海同行中间名气还不小。但是,蔡叔厚现在的政治面貌不清楚,也不知道他是不是代表党来联系你,现在敌我情况不明,我们决不能轻易相信。我们在这方面的教训实在是太深刻了。

"况且,我们在新疆入狱的人员是一个整体,狱中党组织提出来的口号是:抗日无罪,百子一条心,集体回延安。即使蔡叔厚是地下党员,曼文,你也不能独自先出狱啊。"

杨之华又说道:"你就答复看守,拒绝接受保释出狱。"

楼曼文说道:"之华姐,我虽然不同意被保释出狱,但是可以认了这个浙江老乡,让他想办法送些物资给我们。如何?"

杨之华笑答:"对啊,这是个好主意!"

不久,蔡叔厚通过监狱看守送来了金华火腿。女牢里的难友,都吃到了蔡老板送来的金华火腿肉,还分送给男牢里的其他共产党难友。在不违背革命原则的基础上,楼曼文帮同志们改善了一下伙食。

1945 年 8 月—10 月,在国共"重庆谈判"期间,我党提出释放"政治犯",包括新疆被关押的共产党人及其家眷的要求。重庆谈判的国民党方面代表张治中先生是周恩来的好朋友,是一位一生均为中国和平奔波的"和平将军"。周恩来亲自协调与张治中商量,他深明大义,对释放"政治犯"一事在周恩来面前打了包票。

1946 年 4 月 1 日,张治中被任命为国民政府军事委员会西北行营主任兼新疆省主席。他很快就履行了诺言,两个多月后,即 6 月 10 日,在党中央的营救、新疆人民的呼号及张治中先生的支持与协助下,被关押的一百多人包括二十多名小孩,被正式释放。他们登上八辆苏制十轮大卡车,向延安出发了。途中,他们出了吐鲁番,经过火焰山、戈壁滩,骄阳似火,有的车轮胎甚至被烤化。

7 月 9 日,他们终于实现了"百子一条心,集体回延安"的誓言,回到了党中央、毛主席身边!到达延安后,所有人员受到毛泽东、朱德、任弼时等领导人的接见,中央决定让他们休养三个月,伙食按小灶标准,外加牛奶、鸡蛋,还发保健费。楼曼文一家自此有了正常的生活。

五、忘我工作,光荣牺牲

由于多年的折磨,楼曼文的身体十分虚弱,并患上了多种疾病。党中央决定让她好好休养,但她怀着对党的赤诚之心,坚决要求分配工作。在她的再三请求下,她终于被安排到中央社会部政策研究室任研究员。

1947 年,因为国民党胡宗南部队进攻陕甘宁边区,党中央主动从延安撤退。楼曼文跟随党中央撤退时,在山西省临县的三交镇,又生下一男孩——方玲之的弟弟方荣欣,小名方荣儿。

由于产后得不到休息和足够的营养,楼曼文多病的身体更加虚弱。不幸的是,此时她已患上癌症,脖颈上发现了疑似结核病的肿瘤。疾病很快影响到她吃饭和吞咽。渐渐地,她连说话都困难起来。可她仍强忍着疾病带来的痛苦,坚持和同志们转战于晋察冀边区,又带病深入晋西北一带参加土地改革试点工作。

社会部的老领导十分关心楼曼文的病况,动员她去天津、北京等大城市,通过国统区的内线,到大医院治疗。可她坚决不同意,不愿意增加隐蔽战线上同志的风险。同时,她知道自己的病已发展到晚期,不愿在人生的最后时刻,再与组织、同志和亲人分开,孤独地离开这个她热爱的世界。

楼曼文在病重期间,常常思念鱼米之乡浙江老家——萧山和杭州,思念家中的亲人。

这天,楼曼文无力地躺在炕上,突然握着坐在炕边的丈夫方志纯的手说:"老方,你见过钱塘江的潮水吗?"

方志纯摇了摇头。楼曼文松开了手,说道:"我好像又看到那一年一度的汹涌澎湃的钱塘江大潮,听到了滚滚而来的潮水声。"

方志纯搂住楼曼文说:"曼文,中国革命,不正是处于这样一种临近胜利的壮观时刻吗?它像潮水一般涌来,已经势不可挡。我和你都是大革命时期参加党团组织的老党员,我理解你此时的心情。曼文,你是钱塘江的女儿!"身体极其虚弱的楼曼文露出了开心的笑容。

1949年2月17日,楼曼文终因病情恶化,积劳成疾,倒在了工作岗位上,在河北省平山县西柏坡的东黄泥村去世,年仅四十一岁。

楼曼文在中国革命迎来胜利的曙光的时候离去了,带着无限眷恋离开了她的亲人、同志,没有能够看到她为之奋斗的革命事业在中华大地上成功的那一刻!

党和人民没有忘记这位忠诚的女儿。中华人民共和国成立后不久,党中央追认楼曼文同志为革命烈士,她的墓地现在位于河北石家庄的华北军区烈士陵园中。家乡人民也没有忘记楼曼文,在萧山烈士陵园6米长的镌刻着246位烈士英名的牌坊中,楼曼文是唯一一名萧山籍女性。

2018年11月,楼曼文纪念馆在她的家乡杭州市萧山区楼塔镇落成开馆。

楼曼文本是出身优越的富家女,却甘愿成为"自讨苦吃",为民族解放事业奉献一切的奇女子。楼曼文的一生,铭刻着自由、爱情、革命,生死谍战、流落异乡、监狱生子、奋斗至终。这样一个跌宕起伏的真实人生,让每一个听到她故事的人都会发出感慨:那个时代的女性首先是她自己,然后才是妻子、母亲。她的家国情怀、勇于抗争、坚定信念、隐忍坚强的革命者的高贵品质,永远值得我们崇敬和弘扬。

国难惊醒学子　职妇碧雪英魂

五卅惨案惊醒懵懂学子

1925 年 5 月 30 日。

清晨的第一抹曙光照亮东边的天空时,陈虞钦就早早地起床了,匆匆洗漱一下,马不停蹄地赶到南洋公学附中操场。操场上已经聚集了不少人,大多是年轻的学子和工人;还有不少人从四面八方陆续赶来,没过多大一会儿,操场上就密密麻麻地站满了人。

陈虞钦的心中好不激动,谁说中华子民积弱成性?血性儿女就在眼前!

这些来自上海大学、同济大学等二十多所在沪学校的学生和部分工厂的工人,共计两千多人,将分成五十四个小组,分头前往公共租界,一路演讲,分发传单。

有人见陈虞钦小小的个子,脸上的稚气未脱,对她说:"这次出去演讲风险很大,巡捕房的人和洋鬼子沆瀣一气,什么疯狂的事都做得出来,你还是不要去了吧。"

陈虞钦急了,大声说:"不,我必须参加!帝国主义强盗惨杀我们的工人,残忍至极,国势不振到这种地步,作为中华儿女岂能坐视不救!"说到动情处,热泪夺眶而出。

这次由学生和工人共同发起的演讲宣传活动,是为抗议日本纱厂资本家镇压工人大罢工、打死工人顾正红而发起的,以声援工人运动。

其中一个宣讲队在南京路上演讲时,遭到巡捕房冲击,有28人被捕,8人被打伤。其他宣读队的学生和工人得知消息后,拥到南京东路公共租界老闸捕房门前请愿,双方僵持不下;英国捕头爱伏生竟下令向学生和工人开枪,四名学生当场身亡,另有三十多人重伤。

陈虞钦也在四名身亡学生之列,当时他才十六岁。

这就是震惊中外的五卅惨案。

正在启秀女子学校上初中的茅丽瑛,也被这个消息惊呆了。那时她十五岁,比陈虞钦只小了一岁。

“为什么他可以做出这么伟大的事来?”茅丽瑛询问最要好的同学蒋浚瑜(后改名:蒋学杰)。

“是啊,为什么?我也想问你,他的年纪和我们差不多大小。”

茅丽瑛也回答不出来,只觉得自己的心底有一股莫名其妙的力量在涌动。陈虞钦只比自己大一岁,就能为了民族的崛起献出宝贵的生命;自己却是两耳不闻窗外事,只知道读书奋发,自以为只要把书读好,就能创造美好人生,却从不去想读书到底是为了什么。人的一生难道只是为了活着而活着?

这十五年来,只为好好活着而不断挣扎的茅丽瑛,终于对自己发出人生中的第一声考问。

茅丽瑛生于浙江杭州市一个破落的小官吏家庭,六岁那年,她父亲因债台高筑而投河自尽,唯一的哥哥又因病过世,母亲不得不带着她背井离乡来到上海,投奔在启秀女子学校任教务主任的亲戚陈招悦。

陈招悦将她们母女安顿在启秀女校的校舍里,让茅丽瑛的母亲在学校里当勤杂工,让她可以挣些微薄的薪水养家。

在学校里,茅丽瑛第一次看到有这么多的姐妹聚在一起,一会儿操练,一会儿上课,一会儿放声唱歌,她羡慕极了,很想自己成为她们中的一员。她常常站在教室的窗外听老师讲课,学老师在黑板上写字的样子,回到家后找来纸和笔练习，能写得像模像样，久而久之，竟然就学会了不少字。在她八岁的时候，在陈招悦的帮助下，茅丽瑛终于成为启秀女校的正式学生。

启秀女校的学生大多家境富裕，茅丽瑛只是个校工的女儿，刚开始并没能引起人们的注意，但她不以自己出身贫寒而自卑，虽然粗茶淡饭，布衣布鞋，却常常自勉：人穷志不穷，穷人也能读好书。

上学不久，茅丽瑛就以优异的成绩，博得了老师们的赞赏和同学的尊敬；尤其在英语方面，她记性好，学得又认真，把一些英语单词、词组和典型的会话背得滚瓜烂熟，再加上有一口好嗓音，成为同学中的表率。

随着年级一年年地升高，茅丽瑛的各科成绩始终名列前茅。如果不是五卅惨案的枪声将她惊醒，她还沉醉在学校的宁静环境中，把读好书当成人生最大的目标。

平时活泼爽朗的茅丽瑛不见了，她每天愁眉紧锁，时常陷入沉思，除了读书学习，最关心的便是向走读生们打听外面的世界。

同样陷入焦虑状态的还有蒋浚瑜。她问："丽瑛，帝国主义强盗已经向我们学生开枪了，你说，我们该怎么办？"

茅丽瑛沉思半晌，终于大声地说："那些强盗就像疯狂的野兽，贪婪残暴，视我国人如草芥，是东洋人先杀了我们的同胞，我们就反抗不得吗？中国人命中注定只能任人欺凌残杀吗？不！中国人不能任人摆布，我们要打倒日本帝国主义！"

工人罢工、抵制洋货、示威游行等运动风起云涌，影响着一向如温室暖棚的启秀女校，也在茅丽瑛的心中种下了革命的火种。当她得知外商工厂都停工了，码头上堆满了洋货无人装运，租界里的商铺都已经打烊……她兴奋得彻夜难眠，对同学们说："我们这只东亚睡狮正在觉醒，我们每个青年都应该与国家同命运，共呼吸！"

志同道合组建乐文社

1927 年 3 月 21 日，在中国共产党周恩来等人的领导下，上海八十万工人举行总罢工,同时举行武装起义,向驻守上海的军阀部队直鲁联军发起全面进攻,地处闸北东宝兴路的启秀女校,处在激战的前沿。

茅丽瑛等学生时刻关注着战况,当武装起义灭了军阀一支主力部队,赢得全面胜利时,她激动万分地对同学们说:"我就知道,黎明必将到来,天终于要亮了!"建议同学们一起上街庆祝胜利的到来。

然而,时隔三周后的4月12日,蒋介石发动反革命政变,枪杀大批工人、学生和市民,工人阶级用鲜血夺回的大上海,又成了帝国主义和新军阀血腥统治的世界。

茅丽瑛感慨万千,常常一个人思索着:社会这么复杂,我们学生该怎么办? 她想起陈招悦以前说过的话:世事像天上的云彩变幻莫测,你们这些只会读书的女孩子哪能管得了? 不如把精力都花在读书上,多长点知识,安分守己地生活,这才是对社会、对家庭尽责。

从此,茅丽瑛两耳不闻窗外事,一心只读知识书。她又恢复了先前的平静,埋头在书堆之中。如此春去秋来,在动荡的世事中,转眼到了1929年,十九岁的茅丽瑛高中毕业,并以优异的成绩考入东吴大学法律系。

东吴大学是私立大学,学费昂贵。茅丽瑛的母亲在启秀当校工收入低微,她自己半工半读,依然无法支撑惊人的开支,无奈之下,仅仅读了一个学期,就辍学回家。在家待了一段时间后,到了1931年的3月,上海江海关招收员工,她各科成绩优良,英文又特别好,所以以高分被录取,担任江海关秘书科英文打字员。

进入海关以后,茅丽瑛才有了进一步认识,帝国主义集中力量统治着全中国最大的海关,海关内的所有要职均由英国人担任,对关内华籍员工则采取奴化、分化的手段,以麻痹职工的民族意识和阶级觉悟,在这样的环境中,工作气氛十分压抑。

但海关的工作比较稳定,薪金报酬比一般的政府机关、银行公司的员工还要高,亲朋好友们纷纷祝贺茅丽瑛捧到了金饭碗。生活逐步宽裕起来,可以有闲钱购买各种进步文学作品,如鲁迅、茅盾、巴金、郭沫若等名家的作品,也能去新世界游乐场观看田汉编写的救亡话剧,尤其是抗日救亡的话剧

《回春之曲》，表现中华民族不屈精神和战斗意志的《义勇军进行曲》，这些一直激励着茅丽瑛火一般的抗日激情。每回领薪水时，她还总要留下一些钱，托海关俱乐部的东北难民救济会捐给前方抗日义勇军。

进入江海关工作没多久，爆发了"九一八事变"，日寇大举入侵东北三省。第二年的 1 月 28 日，日军又发动对上海的进攻。淞沪会战虽然以国民党政府签订丧权辱国的《淞沪停战协议》而结束，但战士们在抗日战争中表现出来的民族气节，可歌可泣，使茅丽瑛永志难忘。

1935 年，二十五岁的茅丽瑛和好朋友蒋浚瑜，以及启秀女中、复旦大学一批有志女青年，筹组成立上海"中国职业妇女会"，经常性地举办读书会和时势座谈会。

这些受过进步思想熏陶的女青年，眼界开阔，接受能力强，彼此交流心得体会，共同成长进步。每一次座谈会上，茅丽瑛都积极发言，她的言论也总能引起大家的共鸣，久而久之，她成了大家的主心骨。

1936 年夏天，参加过"一二·九"学生运动，并经受了考验的共产党员胡实声、冯华全等从税务专科学校毕业后分配到江海关。他们通过各种机动灵活的方式，开展了一系列进步活动，为海关职工运动开创了新的天地。置身于这些活动中，茅丽瑛那颗忧郁的心逐渐舒畅起来；同年 9 月，中共江海关支部正式成立。党支部根据国内形势，决定成立"以文会友，敬业乐文"的群众团体"乐文社"，茅丽瑛有幸成为其中的一员。

1937 年，"七七"卢沟桥事变的第二天，中国共产党通电全国，号召全中国人民和军队团结起来，构筑民族统一战线，抵抗日寇的侵略。蒋介石拖延至 17 日，在全国人民的压力下，才宣布对日作战。

8 月 13 日，日本侵略军进攻上海，当地驻军在全国人民抗日运动的推动下奋起抵抗。8 月 16 日上午，乐文社紧急召集茅丽瑛、朱人秀等 17 人开会，分析三天来的战事，决定成立海关华员"战时服务团"。战时服务团的团部设在汉口路海关俱乐部内，下设秘书、救护、征募、慰劳、医药、会议、交通等小组，茅丽瑛担任慰劳组负责人。

茅丽瑛不知疲倦地终日奔走，几乎跑遍了江海关每一个部门进行劝募，逢人便说："我们在愤怒中忍受了六年,这一次我们不能再退让,抗日烽火已经燃起,战士们在火线上与敌人浴血奋战,在国家危难的当口,我们也理应做出贡献,以物力支援抗战。"在她的带动下,现金、金银器、纱布、药棉……劝募品一件件一批批地涌向团部。

钱捐到了,还得购买布匹,天气就要转凉,前线部队急需要寒衣,得抓紧缝制衣服给战士们送过去。

8月23日中午,茅丽瑛来到南京路上,准备购买一些缝制战士棉衣裤的布匹。突然听到头顶响起飞机的轰鸣声,日军的飞机出现在南京路上空,疯狂扫射市中心街区,子弹像雨点一样洒落下来,街上的行人哭喊着四处逃命,有的躲闪不及倒在血泊之中。

"轰——"

几枚炸弹在南京路上爆炸,火光冲天,顿时血肉横飞,当场炸死七百多人。正在营业的商店纷纷关门避险。茅丽瑛只得挨家去敲布店的门,边敲边喊:"老板,请开一下门,我是来买布的,有急用,行一下好吧!"

布店的老板和伙计早已吓得全躲在柜台下,哪里敢出来开门?有的还以为是趁火打劫的强盗。好不容易敲开一家布店,伙计探出头来,看着茅丽瑛像见到怪物似的,说:"你不要命了吗?也不看看现在是什么时候,是在打仗,命都快没了,你还买什么布啊?等明天再说吧!"说着又要关门。

茅丽瑛急了,拼命挡着门不让店伙计关上,说:"您就发发善心,帮帮忙吧,我买布是为了支援前线的战士,他们正在流血受冻,急需要棉衣,我们后方群众只能尽最大努力支援他们,希望能早日打败东洋鬼子,大家过上太平日子!"

布店的伙计终于被感动了,打开门让茅丽瑛进去,并帮她挑选布匹。等她买好布出来,南京路上早已空无一人,连黄包车也叫不到,她只能双手抱着,走走停停,等她回到战时服务团的团部,早已累得汗流浃背,两腿发软,瘫倒在地板上,连站也站不起来了。

参加救亡长征团

1937年"八一三"上海抗战爆发,在轰轰烈烈的抗日救亡热潮中,参加职业妇女会的姐妹自是不甘落后,大家借用文爱义路(现北京西路)上的允中女校,组织救护训练班,缝制军棉衣、士兵慰劳袋,还做慰问伤兵、救济难民等工作。茅丽瑛和蒋浚瑜等骨干四处奔波,筹集物资,同时宣传发动广大群众,前来参加活动的群众十分踊跃,出现了许多积极分子。她们加班加点赶制出来的棉衣等急需物品,源源不断地运往前线。

11月,国民党军队撤离上海,形势急转直下,上海沦为孤岛。一大批热血青年为了寻求出路,丢弃家庭和安定的职业、舒服的生活,奔向内地,奔赴延安。

江海关支部认为,海关华员战时服务团的工作已不适应当下环境,乐文社慰劳伤兵救济难民工作也在相应地缩小规模。其中的几位积极分子反复商议后,决定组织"江海关同仁救亡长征团",前往广州宣传抗日。告示发出后,短短几天就有十一人报名参加。茅丽瑛认为爱国救亡义不容辞,也决心加入。

当她回家把想法告诉年迈的母亲时,母亲惊呆了,问:"你这么好的工作,为什么要辞职?别人求都求不到,你还要离开家去广州,那么远的地方,到底是为了什么?"

"妈,我这个时候离开您确实很不孝,可是您看看我们的国家支离破碎,多少同胞死在日本人的枪炮之下?我实在不忍心啊!"

"我不懂国家大事,只知道我需要你在身边。丽瑛,妈妈年纪这么大了,你忍心把我一个人留在这里吗?你不要走啊!"母亲反复恳求,声音都在颤抖。

茅丽瑛看着母亲花白的头发,布满皱纹的脸上满是泪水,不禁悲从中来,心想:是啊,妈妈老了,这些年来为我操碎了心,现在需要我的陪伴,我怎么能一走了之呢?

母亲担心茅丽瑛任性悄悄地离去，又请人来劝说。那个时候茅丽瑛在江海关工作即将满七年，按照海关的制度可以得到一笔奖励，相当于一年薪水近千元。大家都劝说她不要放弃。

对于这近千元的酬劳金茅丽瑛没放在心上，主要是对母亲的牵挂，让她左右为难。

11月26日晚上，战时服务团在同益里海关华员俱乐部为"长征团"举行盛大欢送会，前来欢送的职工代表都发表了激情洋溢的讲话，令人热血沸腾。

茅丽瑛感到一股不可遏制的力量在心底汹涌澎湃，驱使她做出新的抉择。回到家后，对母亲说："妈，为了民族的解放，我还是决定去广州，等赶走东洋鬼子后，我们就可以过上安宁的日子，请您宽恕我吧！"

母亲太了解女儿的个性了，她一旦决定，就不会回头。这一次母亲没有阻拦，只是无声地流着泪。

27日下午，长征团一行十九人将乘坐法国邮轮离开上海。当茅丽瑛提着行李箱，行色匆匆地赶到吴淞码头，两眼哭得通红，同事们都惊愕地问她："昨天你还在为大家送行，今天自己都成了长征团的成员，这是怎么回事啊？"

茅丽瑛的脸上露出微笑，说："我是突然决定走的。昨晚回家后想了一夜，也难过了一夜，长征团的勇气，太令我感动。他们说的那句话'祖国需要我们，我们要奋身投进战斗'在我的耳边回响了一晚上，他们说得太对了，我也应该去！"

好友蒋浚瑜接到茅丽瑛的电话，匆匆赶来为她送行，问："你真的决定走了吗？"

"我决定了，上海已经沦为孤岛，再待下去我会受不了。"

"那你妈怎么办？"

"我妈是我唯一的牵挂，她哭了一夜，几乎动摇我的决心。但我想到日本侵略者在我中华大地上犯下的滔天罪行，我又坚定了下来。"泪珠又从她的眼角滑落，但她马上用手抹掉，并把一串钥匙放在蒋浚瑜的手中。

"妈妈的生活我已有了安排，这是国华银行一只保险箱的钥匙，里面有我所有的积蓄，万一我妈有病，你帮我去那儿取钱。"

长征团到达广东后，活跃在广州市内和郊县，和粤海关同仁一起座谈讨论抗日方案，编辑出版墙报，介绍各地群众轰轰烈烈的救亡运动，并教粤海关职工和他们的家属唱救亡歌曲等。

尽管长征团工作繁忙，生活艰苦，但茅丽瑛感到生活从未如此充实。

一个月后，广州八路军办事处的同志告诉长征团：延安抗大、陕北公学正在招生，如果有谁想去，办事处可以帮做推荐。

延安是革命者的摇篮，全国成千上万的青年都向往延安，跋山涉水去延安寻求救国道路。

茅丽瑛觉得自己的眼前亮起一道光，她的人还在广州，心早已经飞到延安，她仿佛看到了巍峨的宝塔、奔流的延河……

偏偏这时，上海传来一份电报，说她母亲病危。

尽孝？报国？

茅丽瑛左右为难。她问长征团团长殷之钺："是不是只有去了延安，才能参加共产党？"

"这个……不能确定，但我个人认为不一定，你怎么会想到这个问题？"

"因为我越来越觉得，共产党才是真正抗日救国的。"

"我们想到一块了，一起去延安吧！"

茅丽瑛长叹一口气，把家中母亲病危的事说了，说："我妈就我一个女儿，她历经千辛万苦才把我养大，我不能丢下她不管；所以，我可能去不了延安。"脸上露出无比遗憾的神色。

"不必难过，只要有这个心，无论在哪里都能做有意义的事；回到上海以后，你可以去找共产党组织。"

殷之钺的话让茅丽瑛的心情明显好转。几天后，她拜访当时在广州主持《救亡日报》工作的夏衍。

夏衍介绍了全国的抗战形势后，鼓励她说："全国的抗战局面已经形成，我们终将取得胜利，上海虽然是沦陷区，但也可以开展抗日救亡运动，争取到更多志同道合的人，这个工作更重要！"

茅丽瑛被鼓舞得热血沸腾，马上给好友蒋浚瑜写信，告诉她自己返沪的日期，并在信中说：母亲的爱是伟大的，然而也是自私的，她不能将爱我之心仪爱到全国无父无母的孤儿，这我并不怪她，因为她是另一代人。长征团要到更远的地方去，我决定回沪，否则将无从弥补对母亲的缺憾。

1938年的春天，茅丽瑛回到上海，她在码头上见到来迎接自己的蒋浚瑜，第一句话就说："假如我有兄妹的话，我决计不回来！"

收到子弹恐吓信

茅丽瑛回到上海以后，她母亲精神上有了寄托，病情有所好转。

上海江海关的同事建议茅丽瑛回去复职。但她再三考虑以后，决定回母校启秀女校任教，担任英语老师，每天只需要上半天课。这样，既可以维持一家的生活，又有空余的时间从事社会活动。

原来的上海职业妇女会所开展的抗日救亡活动，已不能适应当前的形势，为了保存职业妇女中的骨干力量，团结更广泛的妇女群众，上海职业妇女会决定改组为上海中国职业妇女俱乐部，会员们推选茅丽瑛、蒋浚瑜等人为负责人。

中共地下党十分关心"职妇"的工作，专门派左英、应仁珍加入职业妇女俱乐部，以会员的身份进行公开活动。并暗中向思想上求进步的妇女姐妹，宣传共产党的先进理念。不久，茅丽瑛等一批"职妇"会员先后加入中国共产党。中共"职妇"支部建成，董琼南任书记，茅丽瑛、郑玉颜等任支委，茅丽瑛分管党团工作。

这样，上海中国职业妇女俱乐部在共产党的领导下，蓬勃地发展起来。

"职妇"俱乐部根据党的指示，开展发展新会员工作。茅丽瑛带着会员们走亲访友，宣传动员，在很短的时间内，会员就增加到了五百多人。

新会员的大量加入，要求"职妇"领导机构有更强的指导核心，党支部决定选举新的领导机构，通过选举，茅丽瑛为"职妇"俱乐部主席，蒋浚瑜为副主席。

在选举大会上，茅丽瑛动情地对大家说："姐妹们，伟大而艰苦的工作已经落在我们的身上，希望大家拿出力量爱护、培植我们这个小小的园地，使之开花结果，我们还要欢迎无业的姐妹们加入'职妇'，帮助她们从家庭的束缚中摆脱出来，让我们紧紧地拉起手，相信我们的力量是巨大的！"

新四军建立后，向大江南北推进，开展抗日游击斗争。新编部队条件差，底子薄，武器不足，粮饷不济；而物资归国民党第三战区管。国民党在国共合作后仍然坚持反共立场，对新四军横加限制，在经费上、物资上处处克扣，还时常拖欠不给，使新四军的生存受到威胁。

1939年，慰问皖南新四军的各界代表回沪后，向各救亡协会代表做汇报，茅丽瑛和支部书记董琼南都去听了，当茅丽瑛听到前方战士在受苦时，竟难以自制，当场站起来说："兄弟姐妹们，救国救民如救火，我们要马上行动起来，支援新四军把敌人的后方变为前方，欢迎新四军打到上海来！"

这话得到了大家的热烈赞同，一致表示要用实际行动援助新四军。

几天后，支部书记董琼南找到茅丽瑛说："上级党组织交给我们一项光荣而艰巨的任务，要我们想办法为新四军解决一批棉衣，同时募集一笔救济难民的款子；我们可以利用孤岛这个特殊环境，展开行动；你帮忙想一想该用什么名义进行募捐。"

"这个工作很有意义，我早就在考虑，至于开展哪些工作来支援新四军，我们可以一起商议一下。"

党内研究后，决定发动会员向社会广泛募捐物品，然后进行推销；推销的方式为买主认购代价券，以代价券购物，定名"物品慈善义卖会"。

茅丽瑛根据党组织的指示，立刻组织了义卖筹备委员会，为了扩大社会影响，她还邀请上海帮会中的几个头面人物作为义卖赞助人，同时通过广播台播音，在报纸刊登义卖广告来扩大宣传，并制定各工厂、商号参加义卖的商场简则。

筹备工作紧锣密鼓，茅丽瑛昼夜操劳，偏偏在这个时候，她的母亲病情恶化，住进了医院。

看着母亲憔悴苍白的面容,茅丽瑛的心都要碎了,可是义卖筹备箭在弦上,姐妹们都在等着她。

一天,茅丽瑛在外面接洽厂方募捐的事情,回到俱乐部后,姐妹们告诉她母亲病危。她匆匆赶到医院,可惜母亲已经撒手人寰。

她号啕大哭,扑倒在老人的身上,边哭边说:"妈妈,请您宽恕我吧,女儿没能好好地伺候您,没能给您送终。不是女儿不孝,实在是为了祖国和人民分身无术,求您在九泉之下原谅我吧!"

义卖会如火如荼地筹备着,茅丽瑛亲自赶到大陆广播电台,通过电波做动员,并邀请名伶名票联合广播宣传,希望各界踊跃捐助义卖物品,预购买物代价券。

中国国货公司、永安公司、先施公司、世界书局、商务印书馆、中欧荣记大药房、马利工艺厂等五十六家公司厂方捐赠了大量的食品、药品、玩具、文具、日用品等;还有市民捐献了首饰、钱款、古董字画;有一位老太太甚至把她收藏多年,价值三百多元的玉如意捐献出来。

就在这时,广播电台收到一封信,信封上写着:中国职业妇女俱乐部主席茅丽瑛亲启,下边没有落款。

有位员工捏了一下信封,里面有硬邦邦的硬物,开心地说:"戒指,肯定是戒指,沉甸甸的!"

茅丽瑛打开信封,"咣当"一声,"戒指"落地。

"子弹！是子弹!"在场所有人都惊呆了。

信中还有一张字条,上面写着:立即停止,否则将于你们不利!!!

"卑鄙!"茅丽瑛秀眉一皱,面不改色。其实就在当天下午,她在会所中也收到过一封同样的恐吓信。

"我不怕,我也不会屈服,艰难的环境正是对我们最好的磨炼,一切照旧,继续播音!"

雷打不动的义卖会

义卖会原定于 7 月 14 日在宁波同乡会开幕，谁知到了开幕前夕，宁波同乡会突然通知：请另觅场地，我们有难处。

"难处？肯定又是敌人搞了名堂！"

"临时变卦，代价券都发出去了，我们的义卖怎么办？"

会员们面对困境，忧心忡忡。

茅丽瑛说："大家别泄气，我们正在想办法，义卖会必须如期进行，雷打不动！"

她和蒋浚瑜四处联系场地，新新公司四楼、美国妇女总会、逸园跑狗场等，联系时都满口答应，仅仅过去一天，就又一一回绝。

到了 13 日下午，职妇会所内的一包包物品，依然整齐地堆放着，万事俱备，只欠场地，大家都急坏了，还有一夜，就是 14 日，时间紧迫到了极点。

茅丽瑛饿着肚子，再加上着急，老胃病又发作了，她忍着疼痛，猛地站起身来说："环境越是艰险，我们越动摇不得，为义卖而生，为义卖而死！商场就在这里！"

短短几句话，感人肺腑，定人心旌。大家一边唱着职妇会的会歌，一边动手抢在天亮之前布置好义卖会场。茅丽瑛亲自设计的"一切为义卖"的大幅标语，横挂在会场正中，特别引人注目。

经过一夜的紧张工作，小小职妇会所内已陈列得琳琅满目，俨然像个百货商场。

14 日的上午 9 点，人群从四面八方涌来购物。茅丽瑛怕场地太小不够用，又临时借了隔壁的海关俱乐部用房，腰门一拉开，就成了第二商场。

顾客们一边挑选着商品，一边赞不绝口："如今妇女也能办大事了，你们真是了不起！"

"难为你们了，辛苦你们了！"

义卖的第一个上午，拥挤加上热闹，场面十分火爆。姐妹们都兴奋得不得了,有人说:就是三天三夜不吃饭,也心甘情愿。

到了中午,有记者找到茅丽瑛,要求做个专访。茅丽瑛介绍了义卖会的组织筹备过程后,说:"首先应该向热诚的购券者表示万分歉意,由于本会选的场地一改再改,使不少人走了冤枉路,但这实在是迫不得已的事,请大家体谅我们在孤岛所逢的遭遇。其次,希望沪上的公司、商号能本着爱人即是爱己,救难即是救国……"

正说着,忽然听到会场上秩序大乱,货架被推倒的声音随之响起。

"茅丽瑛呢?叫她出来!"

两个穿西装的男子在第二商场中,一边砸着商品,一边气势汹汹地叫嚷着。玩具、玻璃品、瓷器等物被砸碎了不少。

"大家不要慌张,暴徒的捣乱是没有用的,我们赶快收拾好物品,继续营业!"茅丽瑛大声稳定着人心,并指挥几名男青年将两名暴徒擒获,押送工部局巡捕房。

暴徒被扭送工部局后,中央巡捕房通知职妇会要派负责人出庭。

"我去!"茅丽瑛挺身而出。

"不行,敌人已经注意你了,有危险!"

"工部局洋人多,我那点英语便于应付,不必为我担心!"

到了工部局后,茅丽瑛出示被暴徒毁坏的物品,并对中央捕房的洋帮办说:"我们的义卖事先登记过,经过你们捕房批准的,是合法的。你们西方文化也讲爱国的吧,我们这次救济苦难同胞的物品义卖,完全出于民族的同情心,没有别的意图。"

茅丽瑛要的是继续举行义卖,不能把事情闹大,随即缓和声调,又说:"义卖现场挤满了顾客,各大报纸不日将做新闻披露,听说事情还会扩大,因为上海滩收容所内的十六万难民都要来巡捕房请愿,抗议义卖被禁止。"

帮办怕事情闹大了不好收拾,只得说:"义卖可以继续进行,可社会秩序一定要保证。"

捣乱义卖现场的两名暴徒,在物证人证面前哑口无言,只得招认是奉"76 号"之命前来捣乱。

义卖连着举办了两天，市民空前踊跃，顺利闭幕。所得款项除二千三百元交难民救济协会外，其余秘密送交第 18 集团军驻沪办事处，由办事处秘密送达新四军，作为购买前方将士过冬棉衣的经费。

义卖的成功，让大家看到了妇女的力量，"我们妇女要工作"的正义呼声一时传遍浦江两岸，影响遍及全国大中城市。

碧血英魂照长夜

在旧上海，只要一提起沪西"歹土"上的极司斐尔路 76 号（今万航渡路 435 号），会令不少人悚然色变，作为汪伪"国民党中央执行委员会特务委员会特工总部"所在地，这里成了罪恶的堡垒。

在日本人直接操纵下，"76 号"成为侵略者的鹰犬，破坏抗战，残害人民，干下无数罪恶的勾当。"职妇"自从开展一系列抗日爱国活动后，早已引起敌人的注意。茅丽瑛收到的两封子弹信，就是他们寄出的。

义卖取得巨大成功以后，"76 号"发出了对茅丽瑛的格杀令，行刺任务交由女流氓黄鸥的"侦行小组"执行。

黄鸥在沪西黑社会被称为"双枪皇后"，枪法高超，心狠手辣。她的手下有陈勇、魏宝宝、王彪和劳鹏四个亡命之徒。侦行小组接受任务后，暗中盯梢茅丽瑛，掌握她的行动规律，伺机下手行刺。

11 月 17 日，汪伪汉奸的《新申报》在一篇题为《上海共党企图再举在文化界积极活跃，日方已加严密监视中》的报道中说：上海中国共产党之地下活动，日渐活泼，开始显露独特之动向，尤其共产党最重视之文化部门之活跃，显著表面化，乃应重视对象。据最近之情报……实际以第二史良之中国共产党激烈分子茅丽瑛为中心，集合陈章英、朱立波等中坚分子，为新编新四军文化工作组，担任重大任务……

地下党组织已经发觉茅丽瑛被敌人盯上了，不宜继续留在上海，要她转移到苏北新四军根据地。

茅丽瑛十分感动地说："要我行动小心，这是对的，但我绝不因此而逃避责任,除了革命工作,我的生命中已经没有什么值得留恋的东西。"

经过党的再三动员和说服,茅丽瑛答应尽量减少公开的政治活动,隐蔽居住在启秀女校的校舍中。

1939 年的 12 月 12 日,因为职妇要召开音乐义卖会筹备会,沉寂了二十天的茅丽瑛,觉得有必要去会所商议一些事情,给大家鼓鼓劲。

她到达位于南京路上的会所时,已经是下午四点多钟。众姐妹久别重逢,别提有多高兴。

茅丽瑛了解了音乐义卖会的筹备情况后,说:"我们名为职妇俱乐部,当以职业为前提。尽最大努力帮每一位会员解决职业问题,得尽快办理会员的失业登记和职业介绍。"

"这项工作,我们已经在负责起草制表,争取月底前完成调查。"

"好,尽快把调查表格制好,再做一个职业分类统计……"

不知不觉中,时间到了晚上七点半,茅丽瑛想起还有别的事要做,拉了同路的龚冰若和石粼,一起走出职妇会所。

茅丽瑛和龚冰若、石粼三人,有说有笑地离开职妇会所,刚走到底楼的楼梯转角处,冷不防窜出两个人来,都手持手枪,凶神恶煞地扑向茅丽瑛。

这两人就是侦行小组中的陈勇和劳鹏。

侦行小组得到茅丽瑛出现在职妇会所的消息后,黄鸥马上带着四名手下,埋伏在职妇会所的四周伺机而动。

劳鹏先将龚冰若和石粼隔开,企图绑架茅丽瑛。

"强盗! 抓强盗啊!"茅丽瑛大声呼叫,转身后退,手中紧紧地捏着一只黑色的小公文包。龚冰若和石粼也跟着大声呼救。

"砰砰砰!"三声枪响。陈勇向茅丽瑛连开三枪。

茅丽瑛腹部和腿上中枪,倒在冰冷的南京路上。犹自怒喝:"你们这些刽子手,打死我一个茅丽瑛有什么用,后面还有无数的人!"

特务们见行动已经得手,仓皇而逃。

还在会所里的蒋浚瑜等人得到消息,连忙冲下来,并打电话呼叫救护车。龚冰若和石粼见茅丽瑛浑身是血,放声痛哭。

茅丽瑛说:"别悲伤,也不要难过,这没什么,我是时刻准备牺牲的。"说着把手中的黑色小公文包交给蒋浚瑜,"你把这个拿好,很重要!"

事后大家才知道,包里是职妇会员的名单和地址。

救护车把茅丽瑛送到附近的仁济医院,职妇的姐妹们闻讯后纷纷赶来。

茅丽瑛忍着剧痛,向姐妹们做最后的叮咛:"我……是一个人……对于死毫无关系的,只是……你们决不能因为我的死……而有所害怕,希望大家……继续努力……"

特务机关向院方施加压力,院方慑于威胁,只得屈服,把茅丽瑛列为"政治病人",禁止任何人入内探视,并且只能送普通病房诊治。

第二天,《申报》《新闻报》《大美报》《中华日报》等多家报纸刊登了茅丽瑛突遭枪击的消息,引起社会的震动。各界人士尤其是广大妇女表示出极大的愤慨,不少人捧着鲜花和各种慰问品前往仁济医院探视,却被院方拒之门外。

由于得不到有效医治,引发严重感染,1939年12月15日的14点12分,年仅二十九岁的茅丽瑛,永远地闭上了眼睛。

茅丽瑛不幸逝世的消息,在申城引起巨大的震动。《申报》等全市各大报刊均用显著标题发布了消息,正义舆论激起上海市民对汉奸特务的极大愤慨。

"76号"为了掩饰自己的罪行,分别给《申报》报馆、万国殡仪馆以及一些进步人士投递恐吓信,威胁报馆停止登载有关茅丽瑛的消息,不准殡仪馆停放茅丽瑛的灵柩……

党决定为茅丽瑛举行隆重的公祭仪式。

17日下午两点,胶州路万国殡仪馆礼堂的大门口,高悬"精神不死"的匾额,公祭准时进行。

参加大殓的共有八百多人,其中大多是女性。职妇的会员占了一半,其他多为茅丽瑛在启秀的师生和生前好友。

来宾们瞻仰遗容后,职妇会的一些会员合唱会歌。音调由初始的高而清脆,而后悲哀转低弱,终于汇成一片哭声,凄楚至极。

中共江苏省委职员工作委员会,八路军、新四军驻沪办事处都派代表参加。何香凝等爱国人士、地方协会负责人黄炎培、王晓籁等派专员专程来沪致祭。据上海媒体次日报道,自发前往致祭者达两千人,仪式严壮、肃穆,备极哀荣,其情绪为鲁迅先生逝世后所未有。

"76号"派来几个女特务想在公祭搞捣乱,结果被这种场面所震慑,灰溜溜地走了。

敌人自以为刺杀茅丽瑛,能杀一儆百,把孤岛的抗日运动镇压下去,结果错误地估计了人民群众的决心,反而把抗日运动推向高潮。

上海解放后,1949 年 12 月 11 日,上海隆重召开纪念茅丽瑛烈士殉难十周年追悼大会,上海第一任市长陈毅同志题了挽词:丽瑛同志被难十周年纪念,为人民利益而牺牲是最光荣的,人民永远纪念她!

纵使至暗微光　不改负重前行

拙　兀

"世界广大,寒若冰潭;烛光微弱,但却温暖。"

徐青趴在已有道道裂纹的木质书桌前,借助眼前微弱的烛光将屋内周边的黑暗缓慢却坚定地驱散开,为她留住眼前那一点光明。

徐青手中泛黄的铅笔头在纸上划出一句这样的话后,悄然将笔放下,用手揉了揉已经哭干了的眼角,只感到一股涩涩的疼痛,一如屋外的争吵声。

"上什么大学?还要去南京那么远的地方,还什么金陵女子大学,听都没听过。家里供她这么大了,也该嫁出去了,不知道现在家里什么情况吗?"门外,一道低沉中带有怒气的中年男子嗓音格外刺耳。

"女儿学习那么刻苦,为了上大学,她这几个月都是半夜才睡。"一旁,身上系着碎花围裙的王兰放下手中刚洗完的碗筷,双手在围裙上抹了抹。春水冷冽,将她那原本就因长年累月做家务活而变得粗糙的双手泡得关节发红,发胀,"要不我们就让她试试,要真考不上再让她嫁人也不迟啊。"

厅中老式木质座椅上,一位婆婆抬起那刻满岁月的双手,缓缓端起一个表面花纹已经褪色的搪瓷茶缸,时不时地喝上一口,"都是你这个当娘的给惯的,家里能供她读完高中就很不错了,你看看街坊邻居,能送女孩去读书的有几个?"

婆婆在老式座椅上说得口干舌燥,随手拿起搪瓷茶缸又抿了一口后道:"我们这一支本就人丁单薄,当初要不是我儿子坚持要你,早就休了你了。

生个女娃能干什么？"你看看你，家务活家务活干得一塌糊涂，慢慢腾腾的，钱钱又挣不了几个，生个孩子都不是男的。要是男娃的话我们铁定支持他去读大学，将来说不定还能光宗耀祖，要是男娃，哪怕他什么都不会也还能传宗接代呢。"

婆婆眼皮半抬，看着眼前这个有些委屈的儿媳，心底也是叹息。

她知道当媳妇的难处与苦楚，当年她也是这么委委屈屈过来的。可是让她不解的是这儿媳不太安分的心态。

女子持家，重在一个稳妥与和谐，若不是因为家里实在缺钱，又没有男娃，而自己也久病缠身需要经常服药，又怎会让一个女子外出工作？这根本就违背了女子持家的本意。

婆婆那浑浊的双眼透出些许迷离，想起当年自己年轻的时候也曾有过这样的想法，现在虽然世态动荡难安，但她相信祖宗几千年传下来的这种女子的规矩是不会变的。

她们做再多挣扎都是无用，也是毫无意义的，都不如把这个家庭给维持好。安安稳稳才是真。

她不想看到自己已经尝试过但走不通的路让自己的儿媳、孙女再走一遍，自己现在要狠下心把这个还略显稚嫩的儿媳给骂醒，哪怕他们说自己心狠也无所谓，只要为了这个家好。

"好了，娘，越说越偏了，天也晚了，您还是早些去歇息吧。"旁边中年男子听到后来，皱着眉说道。

婆婆摇摇头，叹了口气，"你呀，就护着你媳妇吧，说她几句怎么了，人都是我们徐家的还不让说了？还有你，跟你说了多少次你就是不听，趁着还没老，赶紧生个男娃才最重要。"而后婆婆拿起身旁的拐杖，在中年男子的搀扶下，一高一低地向里屋走去。

"是，是，您说得都对，等我这边攒够钱，生个男娃。"中年男子一边扶着老婆婆，一边应和道。

随着声音逐渐减弱，老婆婆与中年男子的身影逐渐消失，王兰提着的心和一直低着的头才渐渐放松下来，而后又好似想到了什么，向着女儿徐青的房间走去。

"吱呀。"门闩已经松动的木门,发出年久失修的声音,被缓缓推开。

发现屋内一片昏暗的王兰,随手将灯的开关拉开。

"别开,太亮了,亮得发冷。"徐青此时已经在床上,身体蜷缩在被子里,像极了还未出生的胎儿。

王兰听到这句话,手微微颤了下,没有去开灯,而是凭着记忆走到女儿床边,缓缓坐了下来。

"今天怎么睡得这么早,是不是学得太累了? 要是太累的话……就……"王兰话到嘴边,却怎么也说不出口。

感受着女儿床上的微微抖动,王兰轻轻一叹。

"太累的话,就不要学了,不要去上大学了是吗?"这时,女儿停止啜泣,声音很轻,但却明显能让人感觉到声音中的抖动。

王兰听到女儿这么说,心中像是被陨石狠狠砸中一般,她能够很清晰地感受到女儿声音中的无力与绝望。

那不是对她这个母亲的无力和绝望,也不是对于这个家庭的,而是一个怀揣梦想的少女对于整个世界的无力和绝望。

曾几何时,自己也如同女儿一样,只不过她那个时候选择了顺从,选择了对这个世界低头。

而自己到头来活到现在,已然麻木,如果再给她一次选择的机会,自己一定不会选择屈服,顺从。

看向女儿所在的方位,她仿佛看到了年轻时的自己。

自己年轻时的影子和女儿的身影重叠到了一起,她不想让自己的女儿像自己一般活着。

当初她选择了跟自己母亲一样的道路,却活得并不自由,以前自己没有能力去选择自己想走的路。而今,女儿一如自己当初一样。

不,不一样,现在女儿的母亲是我,我这一生也就这样了,但一定不能让女儿再做跟我当初一样的选择,无论为此付出什么,我这个做母亲的都心甘情愿。

王兰的眼神渐渐坚定,心中仿佛有了一股莫名强大的力量,这股力量叫母爱,它还有另一个称呼——女性光辉!

但此时的王兰并不懂得这些,她只觉得心中有一股火苗在缓慢而微弱地摇晃着,仿佛整个人重新活了一次。

"青青,你放心,无论如何,娘一定供你上大学。"王兰坚定地说出这句话后,起身离开,轻缓地带上了门。

王兰走到厅中,发现丈夫已经坐在厅中,缓缓吐着烟,眉头紧皱。

"青青怎么样了,刚才没吵到她吧?"丈夫看见王兰回来,疲惫地问道。

王兰瞪了一眼丈夫,语气中满是埋怨,"孩子都听到了,还说没吵到她?"

"这不是刚才着急了嘛,自己家是什么情况她不知道,你应该很清楚啊。"丈夫摇头苦笑道。

王兰默默摇了摇头,叹了口气道:"唉,我知道。但看到女儿那样,心疼啊。"

"现如今这世道,不太平啊,能像我们这样有一个安稳的住所,稳定的工作,还能供女儿上学,已经是太少了。"丈夫从老旧木桌上拿起一根烟,缓缓点燃,"她现在已经很幸福了,也到了该嫁人的年龄了,等过两年就不好嫁了,尽快一个稳定的家,对于她来说也是好的。"丈夫语重心长道,"而且要是供她上大学的话,又要一笔钱,家里现在本就存不下什么钱,你的工资连我一半都不到,还要时常给我娘花钱抓药,真的也是供不起啊。"

"我明白,但是女儿这样,实在是不忍心啊。"王兰说着,随后眼睛一亮,好像想起了什么,"我们厂子里最近有提要涨女工工资的消息,等明天我再去问问。"

"是吗?这倒是好事,但是现在世道这么乱,政策一天三变的,谁又能拿得准呢?"丈夫眉头紧锁,对如今的世道也感到了一股深深的无力,随后手放在一块老旧的铁盒上,掸了掸烟灰,"近两年各种运动越来越频繁了,还有去年那个什么运动,也是搞得轰轰烈烈,但最后也死了不少人。"

"那个好像是叫什么五卅运动,听说是上海那边先搞起来的,咱们这边去声援支持的有好几万人,说是要维护工人阶级,好像还有关于我们女工的权利,当时青青也去了,幸好活着回来了,下次可不能再让她那么到处晃。"王兰盯着眼前旧得发黑的木桌回忆道。

"对,好像是那个什么共产党搞起来的,当时闹得挺大,我们厂那个时候也都停工了,但那之后我们这边待遇也好了不少,要不然去年就供不起青青了。"丈夫感慨一声,"现在各种党派、各种政府立得那么多,倒下的又那么多,也就这个共产党能干些实事,没像他们那样都飘在天上,一个个云里雾里的,实事没干什么,好处没少拿。希望这个共产党能长久些吧,我们这些个小老百姓也好过几年安稳日子。"

王兰看着自己粗糙的双手,颇有感触道:"是啊,我们厂经过那次五卅运动,之后对我们员工也好了很多,尤其是我们这些女工,只要有劳动就有工钱,不像以前总算那些糊涂账。"

丈夫抽烟的手在抖,仿佛是在极力承担着这混乱世道带给这个家的动荡与压力,缓缓出声道:"嗯,再看看吧,你明天再去打听打听,要是真的可以涨女工的工资,我们就送青青去读大学,娘那边我去说,自己的女儿,要不是真的没办法,谁又忍心让她难过。"

"好,你也别太累了,这个家是我们共同的家,有什么问题,我也可以分担分担。"王兰望着丈夫那颤抖的手,柔声道。

"好了,睡觉去吧,明天还要早起呢。"说罢,丈夫将已经燃烧到尽头的烟头伸进铁盒内碾灭。

青青子衿,悠悠我心

杭州三月雨季阴天居多,而今天却是难得的晴天,微风和煦,路边的红梅也星星点点地挂在枝头,昂扬着动人的春意。

伴随着浓浓的春意,身穿国中校服的学生在这片校园里逐渐多了起来,熙熙攘攘,好不热闹。

"铃……"

上课铃声响起,学生们蜂拥进了课堂。

课堂上老师在前面讲得精彩,课堂下,是一张张残破老旧的书桌板凳,以及一张张渴求知识的年轻面孔,其中就有徐青。

虽然老师在前面讲课,但是徐青的心思却难得的没有在老师这里。

思索着昨天母亲说的话语以及厅里的对话,徐青的心里喜忧参半,五味杂陈。

看了看周围同学那充满希望的眼神,徐青心里复杂的滋味又重了些。

她非常渴望上大学,但是她同样也清楚自己家里的条件不足以支持她上大学,临近毕业,看着班里的同学大都有自己的规划和目标,她却异常茫然,不知道自己该何去何从。

去上大学,会给家里带来沉重的负担,但是不上却又违背了自己的心愿,她此时只恨自己为什么不是男儿身,这样最起码自己还可以边上学边打工,现在只凭她一个女生自己去打工根本就不会有什么工钱,难道自己真的就没有办法了吗?难道就真的只能够嫁人了此余生?

想到嫁人,她感到自己的未来就如同泥沼一般,浑浊不堪,一片灰暗。

低下头,她看到了那个泛黄的《青年杂志》,这本《青年杂志》并不是最近的一期,而是1915年陈独秀先生在上海创办时的那一期,那个时候《青年杂志》还没有改名为现在的《新青年》。

徐青右手轻轻摩挲着这本泛黄的杂志,心中不由一阵感慨:现在《新青年》杂志已经变为不定期发行了,很难再买到,这本《青年杂志》还是去年去声援五卅运动时一位学姐送给她的。

徐青不由想起了《青年杂志》中《敬告青年》的一句话,"自主的而非奴隶的",脑海中想着,徐青不禁轻声念了出来。

现如今面临毕业,即将面对混乱的现实,这本《青年杂志》算是她为数不多的能够让她感到温暖和光亮的东西了。

时间随着徐青的感慨缓缓流淌,不知不觉间已经到了下课的时候。

"铃……"

随着下课铃响,课堂内的学生们,有些同学出了教室,有些同学还在消化上一节课老师所讲的知识,有些同学在教室里三五成群地聊了起来。

阳光此时洒进教室，化作点点金光，映得教室内明亮了起来，一片生机勃勃，徐青因这光的映照，眼睛有一瞬间泛起了亮光，但紧接着又是一片灰暗，纠结。

　　"徐青，怎么了？在课上就看你打不起精神来。"此时一道清丽的女声从徐青的身后传来。

　　徐青回头看去，自己平时的好友此时正在向自己走来，她收拾了下心情回道："没什么，快要毕业了，还不知道接下来怎么走呢。"

　　"对了李晓梅，你家里有什么打算？毕业之后。"徐青转过身来看着站在自己面前的好友。

　　李晓梅神态自若，啃着自己手中的水果，含混不清道："我下个月就嫁人了，昨天刚说定的亲，跟张婶家的老二。"

　　"什么？去年我们可是一起去声援的五卅运动，你也知道现在我们有专门为女子设立的大学了，就在今年你不是还说要考大学吗？"徐青瞪圆眼睛，有些难以置信地问道。

　　李晓梅啃苹果的动作一顿，看着自己手中已经啃了一半的苹果叹道："唉，我家什么情况你也清楚，这些年供我念书就花了不少钱了，我现在成绩也不是太好，就算去了也未必就能达到标准，而且就算能上又有什么用呢？有那么多知识也没有用处，挣不了几个钱，风险又大，身为小老百姓就要有身为小老百姓的自觉，安安稳稳地过日子才是本分，平平淡淡才是福。"

　　徐青座前的一位女同学听闻李晓梅说的话，也转过身来，略带些疑惑问道："可是，可是这不像你啊，你是我们几个人里最积极向上的啊，就在去年，还是你带我们几个去声援五卅运动的呢，我们才对现在的女性尊严、工人光荣这些理念有了深刻的认识。怎么突然……突然就像是变了个人一样？"

　　"年少轻狂的岁月谁没有，但这个世界是现实的，就算我有那么积极的态度想法又能如何，最后不还是需要靠吃饭才能活下去？"李晓梅摇摇头，看着面前这两位好友，目光中透出同情和些许无奈，"你们两个也是，别说我没告诉你们，千万别被这些热血的东西给冲昏了头脑，偶尔看看就行了，别当真，那离我们太远了，我们这些小老百姓从中根本起不到什么作用的。"

徐青与那位女同学听着从李晓梅口中说出的话,有些怅然,看着这位以前充满活力与希望的好友,一时间竟不知该说些什么。

空气在这三位好友之间仿佛凝固,令人有些透不过气。

坐在徐青前面的那位女同学,看着李晓梅,心中恍惚看到了以前的自己。

那个时候的她学习并不好,经常沉默寡言,因为看不到希望和未来的出路,活得黯淡无光,毫无自信。正是那个时候,充满活力的李晓梅带着徐青走进了她那静默的生命,给了她关怀与帮助。

上次李晓梅带她和徐青几个人一起去声援五卅运动,当看到那么多志同道合的人一起声援的浩大声势,她心中被积压很久的某种愿望仿佛被大家一起用行动呐喊了出来,形成共鸣。

而她内心的某种东西好像被这共鸣给唤醒了,生根破土发芽,仿佛周围的世界都明亮了,有生机了许多。

当时她就被这样一束充满希望的光点燃了心底那毫无生气的世界,她看到了光明,有了前进的动力和方向。之后才能凭借这个方向夜以继日地刻苦学习,性格也因此变得开朗了许多。

也是自那时起,她决定要考大学,不论家里支不支持,哪怕因此受再多的苦和累,就算是一边打工一边上学,她也要去,她觉得那样生命才有光芒,有意义,有了她还活着的感觉。

也只有这样,只有掌握更多的知识,才有办法和能力让更多像她一样本来黯淡无光的人,被点燃,发出璀璨多姿的光芒。

看着还在沉默的两人,她眼眸渐渐明亮,缓慢而坚定道:"我不这么认为,如果我们每一个人都觉得自己势单力薄,起不到什么作用,那就真的不会有什么作用。相反,如果我们每一个人都能为一个有理想、有光明的目标去相信,去努力,那就算会有困难,也终究会被我们所克服,人民的力量一人势小,众人势大,就像我们女性的权利一样,也是要靠大家团结起来,才能争取到我们想要的光明。"

徐青看向那充满光明的眼睛,心中好像某根弦被拨动了一般,口中不禁念出了一段话："自主的而非奴隶的,科学的而非想象的。"

那位女同学也跟着念道："自主的而非奴隶的,科学的而非想象的。"

李晓梅被那位女同学说得有些怔然,呆了很久,张了张口,又不知该说些什么,怅然一叹,回到了自己的座位,一阵出神。

徐青看李晓梅有些失落,想要过去安慰安慰,被前座女同学拉住了,那位女同学向徐青缓缓摇了摇头道："这个时候最好让晓梅姐一个人静静,每个人都有自己选择道路的权利,我们只能提出建议,但决定权还是在她自己手里,我们此时过去反而会伤了她的自尊心,让她一个人想想吧,想通了自然好,想不通我们也要尊重她的选择,大家的情谊没有变。"

"好吧,也只能这样了。"徐青缓缓坐回了自己的座位,轻叹道。

"对了徐青,那你这边是怎么打算的?"座前女生问道。

徐青眼神坚定地道："我想遵从自己的内心,去追寻光明,哪怕那光明现在还只是一道微弱的烛光,但那是这个混乱世界中唯一能让我感到温暖的东西了。"

"铃……"

继续上课。

此时,徐青再看向这洒进教室的阳光,心底有了一丝暖意,嘴角泛起一丝微笑。

女本柔弱,为母则刚

中午,阳光逐渐浓郁,照得这片厂房的空地上颇为温暖。

午饭后休息,王兰与几名女同事一起坐在外面的台阶上晒太阳,这是她们难得的休息舒适区,能暂且离开满是浮尘的昏暗厂房内部,出来呼吸呼吸新鲜空气,晒晒三月少见的太阳,放松一小会儿。

"王兰,你今天工件几点做完?"旁边,一位身穿工装,脑后系着一个白色布料工帽的女同事问道。

王兰此时正盯着地面发呆,听到问话,抬头回道："今天工件有点多,可能要比平时晚些时候，怎么了，周琴？"

"我是想，要是不算太晚的话，我们几个可以晚上的时候一起去一家新开的菜市场，听说他们家的菜都更便宜一些。"周琴指了指外面道。

"行啊，等我到时候做完工件，一起去看看。"王兰笑着回道，而后想起了什么，随即问道，"对了，之前不是说要搞个什么运动吗？提升女工工资的那个。"

周琴闻声，轻声叹道："现在这世道哪说得准啊，我们女工现在能工作都是这么多年才逐渐发展起来的，以前这儿的工厂可不收女工的。"

"可不是嘛，这才刚同意女工工作没多久，怎么就突然能涨我们的工资？还是老老实实地攒钱过日子吧。"旁边，另一位双手袖子挽起的女同事也参与进来。

手中拿着工帽的女同事看着自己手中被汗水浸得发黄的工帽，口吻不太确定，"其实也不一定，赵姐，最近这段时间确实是有这类传闻，说是要搞什么男女工资平等，好像还是地委提出来的呢。"

"对，许丽丽看来也听到过，那个什么运动就叫男女工资平等，最近好像还闹得挺大呢，不少人都听说了，要是真能男女工资平等就好了，就算不能，好歹往上提提也行啊。"王兰颇有些期待地说。

周琴看向王兰问道："怎么了？你最近急需用钱吗？"

"有这方面原因，这不是我女儿快毕业了嘛，我想让她上大学，要是工资能涨的话，她在大学也能过得更好些不是。而且就算不急着用钱，涨工资在哪不是个好事啊？大家肯定都盼着。"王兰承认道。

赵组看着王兰，语重心长地开解道："你还打算供她上大学啊，我家女儿再过两个月都准备嫁人了，还是务实些好，也不至于活得那么累不是。女人嘛，就应该安安稳稳的，找个还不错的人嫁了，平稳过日子，剩下的那都是男人们的事，我们就把家里的活干明白了，要是还能再打份工就更好了，也能存下些钱，以后养老什么，都能用得着。"

"这样过确实安稳，如果就我自己的话那怎么样都可以，但是我的孩子不想这么过，她渐渐长大了，有自己的想法，可以自己选择自己的路，我这个做母亲的就是尽可能地去让她实现自己的想法,而且,我们祖祖辈辈都这么活,真的从来都没有感受过,那个叫……叫什么来着？就是那个,那个感觉。"王兰话说到一半,突然有些卡住了。

"自由。"许丽丽接道。

"啊,对,对对,叫自由,我活这么大也不知道什么叫自由,但我知道一直缺少这种东西,我不想我的孩子也像我这样,其实这个运动、那个运动的我不是太关心,也没有那么高的思想觉悟,我想的就是怎么能够让自己一家安稳过下去,怎么能够让自己的孩子更幸福。"

王兰说着说着,神色开始有了几分色彩:"就像以前的五四运动,去年的那个什么五卅运动,虽然都有人牺牲,但是他们的牺牲是值得的,有了他们的牺牲才会有那么大的影响,才会有最后越来越好的结果。其他什么这个那个的各种政府,话说得都挺好,干实事的却一个都没有,也就是这个什么什么产党的他们发起的运动是真正能为我们带来好处的,什么大道理我也不懂,就是能够给我们这些小老百姓带来实际东西的,能够让我们的家庭活得更好,活得更自由,这就够了。虽然我不懂什么大道理,但我知道老理,老理就是说话得算数。"

"王兰,你别激动啊,我也就那么一说,你说这能给我们带来好处,大家谁不乐意啊,这不是以前都没有过这种提议嘛,我也是谨慎考虑些嘛,也不至于最后空欢喜一场。"赵姐连忙解释道。

"我明白,所以这才问问大家,看有没有一些其他渠道的消息,也好心里有个准数。"王兰点了点头,表示理解道。

许丽丽眉头紧皱道:"这个其实也没有太好的确定办法,只能等厂子里下通知。"

"中午好,午休时间快结束了,还是进去吧,一会儿又该开工了。"此时,路过几位男工,其中一个对还在讨论的几位女工提醒道。

"啊,好,等会我们就进去了。"周琴笑着回了一声。

"刚才那几个想什么呢,女的能有工作就不错,还挑三拣四,嫌这嫌那的,这还没天黑呢,就开始做梦了,真是。"那几位男工走过,其中一人略微撇嘴。

"行了,别说了,人家也是凭自己劳动挣钱,说这些有意思吗?"同行的另外一位男工打断道。

声音随风飘到了几位还在台阶上休息的女工耳边。

大家都沉默了一阵,而后赵姐摇头苦笑道:"这就是我们女工现在的处境,就算是凭借自己的辛苦劳动,也不能让有些自大的男人平等地看待我们,而且我们的工资连他们的一半都不到。"

许丽丽见状连忙安慰道:"别泄气,只要是我们女性自己努力、争气就好,我们用现实中的成果去击溃那些人的流言,现在在共产党的推动下,社会越来越重视我们女性的权利了,要向好的一面看。"

"我想好了。"旁边,王兰看向大家缓慢说道。

周琴侧目道:"想好什么了?"

王兰站起身,活动了下身体道:"我去找厂房的领导问关于男女工资平等的事。"

"你不想干了? 这个时候去找厂长,万一这个事情是假的,厂长再拿这个当借口,给你安个煽动的帽子,你这月的工资可就没了,说不好以后都不能再在这工作了。"赵组惊讶且不解地看见王兰。

王兰看着大家,声音轻缓却坚定地道:"我本来就挣得不多,这点钱都不够给家里婆婆抓药的,青青她现在又面临马上要上大学的这种大事,必须要提前就做好规划,心里有底才行,不然青青她上个学都心神不宁的,就不能继续学习了,要是最后开除我,我再去找工作,找不到我就打零工,无论如何,我不能让青青像我一样,就这么过一辈子。"

"虽然希望能让大家跟我一起,但是大家都有自己的生活和打算,我也不是非要让大家都跟我一起去,就算只有我一个人,我也要去问个清楚。"说完,王兰转身向工厂另一处小楼走去。

"兰姐,等等我,我跟你一起去。"后面传来许丽丽的声音。

周琴和赵姐互相看了一眼,摇了摇头,叹了口气,转身向工厂里走去,她们对于这些新出现的女性权利没有太多的感触,只想安安稳稳地过自己的日子。

　　与此同时，王兰与许丽丽也到了厂长所在楼层，互相整理了自己的衣服，王兰帮她把帽子戴正后，问道："许丽丽，你确定跟我一起进去吗？去问了之后也不一定能有什么好结果。"

　　"兰姐你放心吧，我早就想去问问了，而且这个事一开始就是我说出来的，也应该我来问，再说就算被开除了，我儿子也开始挣钱了，大不了就在家干活呗。"许丽丽在一旁宽慰王兰道。

　　王兰点了点头，没有再说什么，与许丽丽两人走到门前，敲起了厂长办公室的门。

　　"咚，咚，咚。"

　　"请进。"门内传来一道略微浑厚的声音。

　　推门进去，王兰两人看到有些昏暗的办公室，以及坐在那里奋笔处理文件的厂长。

　　"什么事？"厂长抬头看了一眼站在自己面前有些不知所措的两人，而后又接着低头处理文件。

　　"额……那个，厂长，我有个问题想问一下。"一旁，王兰虽然已经做好了心理准备，但是真到了提问的时候，又有些紧张。

　　厂长头也不抬地回道："有事就问，我这边还有工作没做完呢。"

　　"那个，听说过段时间要男女工资平等，这个事，是……是真的吗？"王兰小心翼翼问道。

　　厂长听到王兰的问话，突然停下了手中正在处理的文件，缓缓抬头，注视着王兰道："谁说的？"

　　"我……我说的。"边上，许丽丽开口回道。

　　"你又是怎么知道的？"厂长语气低沉地问道。

　　"我听别人说的，说我们杭州市地委提出男女工资平等的事情。"许丽丽经过第一轮谈话，说话明显顺畅了许多。

　　厂长注视了两人良久，才道："是有这么回事，不过现在想实行下来还是有一定难度的，就算最后实行下来了，也只是能涨女工的工资，还达不到跟男工工资完全平等的情况。"

王兰神色一喜，紧接着问道："那什么时候我们厂可以推行？涨大概能涨多少？"

"按照现在这个情况，最晚两个月之内吧，这个事情你们先不要说，不然到时候就开除你们。这种事情是要协调各方的，急不来，而且涨也不可能涨太多，也就跟男工工资一半差不多吧，而且你们原本的工量要再增加两个小时。"厂长缓缓道。

"谢谢厂长，谢谢厂长。"王兰此时的喜悦溢于言表，兴奋不已，完全没有去关心增加工量的事情，在她看来，只要能涨工资，就说明女儿的大学梦有出路了，至于自己，苦点累点都没什么，一切为了孩子。

小楼外，王兰的脸上依旧挂着兴奋的笑容。

一旁的许丽丽忍不住提醒道："兰姐，等会儿回到厂子里可不要说出去，也别有太多表情，别人问起来就说没拿到结果。"

"哎，哎，明白了。"王兰这时才逐渐收敛了笑意。

"对了，兰姐，厂长刚才说的你都听清楚了吗，涨工资就涨工资，还要我们增加工量，这不是变相的压榨吗？"许丽丽有些愤愤不平道。

"这就已经不错了，能给咱们涨工资就行，辛苦点怕什么，而且现在比以前可好多了，以前哪有听过女人工作还涨工资的事？人要知足。"王兰不在乎地说道。

"也是，现在我们女性的权利越来越多了，这说明现在社会上的趋势是我们女性在逐渐奋起，只要有这个奔头，有这点光亮在，现在苦点累点的，确实不算什么。"许丽丽喃喃道。

说着，两人并排向工厂里走去，午后阳光洒在二人身上，一阵暖意。

一个月后，徐青望着面前已经穿上传统婚服的李晓梅，一阵发愣。

李晓梅终于还是选择了上一辈的活法，与一位并不相熟，也不相知的男子结婚，生儿育女，勤恳持家，安稳生活。

这没有什么不好，只是徐青每每想到之前那个阳光活泼，眼中充满光芒的李晓梅以及现在虽然也满是笑容，却有一种掩饰不住的疲惫感且眼光黯淡的晓梅时，眼眶总是一下就湿润起来。

她觉得这一切不该如此，此时她口中喃喃地念起了那句话："自主的而非奴隶的，科学的而非想象的。"

而后她眼中的光芒逐渐坚定，她一定要努力，为了以后这样让人心疼的"李晓梅"能少一些，为了自己母亲的苦和累没有平白付出。

三个月后，妇女运动前夕。

徐青在屋子里写好最后一张传单，伸了个懒腰。

此时她已经不怕开灯太亮了，但依然喜欢自己一个人的时候点一支蜡烛。

她清楚地知道，新世界的未来，还有很长一段路要走，自己只是无数期待新世界，渴望新世界的同志之一。

此时，他们要在一次次不断的运动与声援中，通过唤醒工人，唤醒民众，唤醒千年来一直被封建制度压抑的女性的权利，自主的权利，民族的权利，去唤醒像自己一样的更多人。

他们的事业，是伟大的，是光明的，是能够让无数人自由的事业。

而他们此时就像黑夜中的蜡烛，虽然发出的光亮还很微弱，虽然世界依然混乱，虽然前路依旧艰难险阻众多，但却在异常坚定且温暖地负重前行！

因为他们相信，他们努力，他们争取！

巾帼不让须眉　机智护送渡江

风少羽

浙江省杭州市龙门古镇,在这里有一幢马头墙高耸、楼屋参差的民居。

人们从睡梦中醒来,开始一天的忙碌。

"哎,生了吗?"

"生了,生了!"

"生了个少爷?"

"生了个女公子!"

对于添丁加口、生男生女的事,孙氏族人及左邻右舍极为关注。但对于这个女公子,他们似乎都不太在意,甚至有些嫌弃。

这个不太受家人和族人欢迎的女婴,其母亲陆琰把她唤作"小妹",因此,"小妹"便成了她的乳名。小妹这一辈为东吴大帝孙权第六十一世孙。小妹家为世代不穿草鞋的书香门第。

小妹活泼好动,外公陆庆祥格外喜欢聪颖的小妹。随后便按照谐音给她起了"小蛮"的谐音,还引经据典地找来了白居易的"樱桃樊素口,杨柳小蛮腰"。

只是,后来,她偶然读到了这句诗,弄清了"樊素""小蛮"乃是白居易歌姬和舞姬的名字的时候,她警告同学以后不得再叫她小蛮。

孙晓梅的祖父一辈子崇尚读书,撰有"祖有遗言,莫纵樗蒲莫纵酒;家无长物，半藏农器半藏书"的楹联，并亲自书写挂于正堂，旨在告诫子孙切勿玩物丧志，而应秉承耕读世家的传统。希望子孙后代勤于读书勤于劳作，切忌赌博以伤祖传家风。

孙氏家中有珍贵藏书千余册，然而，祖父却觉得女人没有读书的必要，女人只要做到"三从四德"就可以了。不允许女性进学堂已是约定俗成的规矩。1923 年，在母亲陆琰的坚持下，十岁的孙晓梅才跨进学校大门。

为此，祖父大发雷霆。小小年纪的孙晓梅对于此事有深刻的印象。她不明白，祖父为何会因为她读书如此大发雷霆？

在进校读书之前，孙晓梅在母亲的辅导下，已经有了一定的识字基础，所以她跳了两级，别人需读六年的高小而她只读了四年。1927 年，十四岁的孙晓梅高小毕业，成绩为全年级总分第一。

尽管孙晓梅学习成绩突出，但是，家里已经决定不再让她继续上学读书。

因为她是个女孩儿，所以家里决定由她留在家中帮衬母亲料理家务及做些力所能及的体力劳动。孙晓梅不得不暂时告别了在她看来高于家庭的学校，牺牲自己的学业为母亲分担一些辛劳。每到夜晚，她总有一种说不出的失落感，一种莫名的难过。此时，她总会倚在窗口，望着天空的一轮明月，望着远处模糊隐约的山峰感叹：我的人生难道就这样定局了吗？

这一刻，孙晓梅忽然间意识到，男人和女人之间那巨大的差距。

为什么，男人和女人就不可以平等呢？

一直到了 1928 年，常安李宝濂先生在社会各界爱心人士的帮助下建立了"富阳第三区立景山小学"，孙晓梅才得以重返课堂。

1929 年年底，孙晓梅放假回家，就看到了祖父因为自己读书的事情，痛骂母亲："女人无才便是德。"

如此，深深地刺痛了孙晓梅。

"我不读书了，我去找工作！"孙晓梅丢下了一句话，直接离开，她要证明自己，女人不比男人差劲。

随后，孙晓梅在景山小学老师们的帮助下，前往驯稚小学教书。十六岁的孙晓梅接触到了这个社会。

1930年4月，中共中央巡视员卓兰芳，随带第70号《中央通告》来到杭州，将杭州市的党团组织合并建立了中共杭州市行动委员会，任命中共中央原巡视员郑撼山为书记。计划发动诸暨、富阳、萧山、杭县等杭州周边十几个县的农民暴动。

根据这一部署，中共杭州市行动委员会书记郑撼山前来富阳，帮助中共富阳县委发动组织农民暴动。根据第70号《中央通告》精神，4月26日，中共富阳县委在富春江洋浦口段江面船上，举行了全县党的活动分子大会，八十余人出席会议。中共杭州市行动委员会书记郑撼山向与会同志传达了中共中央第70号《中央通告》精神。县委在会上发放了《暴动问题》小册子，准备在4月30日夜至5月1日晨进攻富阳城，简称富阳农民"五一"暴动。

暴动有三天的准备过程。早在1928年10月，驯雉小学和惠民小学已经建立了中共驯雉小学党支部和中共惠民小学党支部，这是富阳县学校中最早的共产党组织。恰巧，这次暴动的组织者和指挥者金达如、程仕根均为教师当中的共产党员。

驯雉小学党支部承担不少准备工作，如发放说明暴动具体事项的小册子及秘密联络等工作。

学校领导见孙晓梅有文化、有思想，说话干脆，行动果敢，党支部安排陆承洪找孙晓梅谈话，动员她积极参与这次农民武装暴动。此时的孙晓梅，虽然还不能完全理解暴动的含义，但她感觉到这正是自己想要争取的，和男性一样，投身于大集体当中，做大多数人共同想要做的事情，于是欣然同意。刻蜡纸，油印，装订，发放，跑腿，她干得不亦乐乎。

她第一次意识到了自己原来是如此有力量。

富阳农民"五一"暴动，最终因没有做好保密工作而失败了。5月2日，此次暴动组织者蔡九华被枪杀，年仅二十九岁。由于叛徒出卖，10月中共富阳县委书记傅潮判被捕。孙晓梅虽然只是参与了"五一"暴动的准备工作，但是，她发现帮她介绍工作的孙京良也参加了"五一"暴动，而后又和大多数人一样，不知隐蔽到哪里去了。她没法多问，只是感觉自己有了力量，可以像男性一样任教于学校，当一名受人尊敬的老师。

冥冥之中，她觉得对于一些不合理的束缚，可以起来推翻它！

1938年10月，孙晓梅带领几位进步青年步行到皖南新四军军部，加入新四军，进入教导总队第8队（女生队）学习。

当时教导总队设在云岭中村，全体学员分散住在东西长约十里范围的村子里。女子八队在离中村约十里路的一个小山村——章村。

队长于晶带着几位年纪稍长、经验丰富的老学员和自己一起来布置教室和寝室。

章村贫穷，在这里只有一间空荡荡的泥瓦房，睡觉没有床铺，上课没有黑板，于是女兵们向老乡借来柴刀镰刀，去山坡上砍树枝割茅草。

她们用树枝茅草扎成草扇，用石灰浆粉刷泥墙，用茅草扎成的草扇当隔板，把通间隔成小间。这么一来，教室、宿舍都有了，并且，干部和教员也有了相对安静的小单间。

她们把简陋的农家土房变成了特别的营房，散发出文化的气息，军营的味道。

或许是女同志天生做事认真细心，队长于晶拿出她的抗大毕业证书，对大家说："姐妹们，勇敢、坚定、沉着，向斗争学习，为民族解放事业随时准备牺牲自己的一切！这是毛主席为抗大题写的词，我们用它来作为我们女子八队的座右铭，好不好？"

好！

大家呼地一下拥到于晶的周围，于晶再一次解读着座右铭，勇敢坚定沉着，向斗争学习，到斗争中去锻炼，为民族解放事业随时准备牺牲自己的一切！

孙晓梅静静地听着队长的讲解，默默地看着队长手中的那本红色的毕业证书，此时她感到一股神圣的力量迅速传遍全身，"为民族解放事业随时准备牺牲自己的一切！"

孙晓梅的心中默念着。

"队长，标语就让我来写！"

孙晓梅主动要求由她来书写布置教室、宿舍、营房的大幅标语。

"哦,你来写?"队长于晶见此,心中窃喜,看来八队女兵藏龙卧虎啊!

"笔墨伺候!"于晶一挥手却是摆出了一副指挥家的派头。

一群女兵叽叽喳喳地裁纸、磨墨。

深吸了一口气,孙晓梅在八仙来前,握笔蘸墨,提起笔端,款款落笔,书写动作娴熟犹如行云流水,字体潇洒遒劲大气,不是亲眼所见,很难想象这字是出自女人之手。

"晓梅,女中丈夫!"

"晓梅,巾帼不让须眉!"众学员赞叹不已。于晶更是对孙晓梅刮目相看。

"孙晓梅,不错,今后我们女子八队刷写的标语可以和男队比赛了!"众人高兴不已。

随后,队长于晶还从毛泽东的《论持久战》《反对自由主义》等篇章中摘录了经典句子,由孙晓梅用毛笔书写后张贴。

教导总队的课程安排,和延安抗大基本相同,《中国革命史》《大众哲学》《民运工作》等课程全部开设。

孙晓梅之前从未有过如此系统的学习,此时此刻,自然是学得如饥似渴废寝忘食。

虽然出身封建大家庭,可是,她也只是高小毕业。因为酷爱读书,阅读丰富,所以,这些课程对她来讲学起来不算太吃力。

在女子八队学习期间,孙晓梅只要有机会到军部去,必定要到军部图书馆借一些自己喜欢的图书。政治、经济、军事、文化方面的书籍无所不读。在上军事课之前,她已经阅读了相关的军事书籍,对手枪、手榴弹等武器的机械知识已经有了初步了解和认识,所以上课时,她一听就懂、一学就会。

当时,女子八队每个班只有两支长枪和几颗手榴弹,达不到人手一枪。

每到上军事课,姑娘们总要因摸不着枪而叽叽喳喳一番,这让教官很头痛。有一次,又是军事课时间,姑娘们又为枪的事叽喳开了。

教官二话不说,一声口令:"全体都有,面朝我一列横队,立正,稍息。"

"立——正。"

教官拿起一支七八斤重的汉阳造,"啪"一下甩向队长于晶。

"接枪!"

"啪!"

于晶稳稳地接住了,动作潇洒利落。

"啪!"

教官又将枪甩向陆迅行、高敏、沈爱萍、孙晓梅、朱明、杨勤、尹惠君、孙从耳、许可、林苹。

"啪! 啪! 啪!",教官将枪甩向每一位女兵……她们有的像队长、指导员一样,潇洒地接住了枪,有的则差点把枪掉到地上。

教官不客气地对这次接枪训练做了点评,孙晓梅得到了教官的表扬。在接下来的持枪跑步、卧姿射击、立姿射击的军事训练中,孙晓梅依然表现出色。

实弹射击那天,每人三发子弹,孙晓梅发发命中,打出了二十九环的好成绩,被称为"女兵神枪手"。

因此,在教导总队学习期满后,孙晓梅又获得了一次专门的军事训练机会。那是为期一周的"紧急军事训练"。

这更加激发了她学习掌握军事知识的强烈愿望。在教导总队的救亡室里,不论军事教员是在讲解步枪、驳壳枪、手榴弹的构造原理和使用方法,还是在教授侦查工作反汉奸等散兵线科目,她总是听得津津有味、如痴如醉。

在结业典礼上,她把一支步枪的各个零部件从全部拆卸,到重新安装,用不了一袋烟的工夫。

1942 年 5 月下旬,孙晓梅在高资活动时,正碰上新四军六师师长谭震林要经高资渡江去江北,茅山地区的汪大铭、朱春苑、樊绪经、洪天寿等几位地、县领导干部也随同渡江,去淮南华中局学习。为保证领导渡江的绝对安全,她就主动参加护送的准备工作。

他们从丹阳延陵驻地出发,在各地联络员的掩护下,不日抵达长江附近的村庄。

由于一时没法落实船工与渡船,谭震林一行由洪天寿安排转移到离高资镇十多里远的小裔庄附近暂时隐蔽。

几天过去了,渡江船只与船工尚未落实。5月的天气变化无常,有时白天艳阳高照,晚上却下起雷雨。大家隐蔽在一个小茅舍里。

为保证渡江安全,应对渡江过程中可能发生的一切不测,师长谭震林召集开了一个短会,将渡江人员编成临时支部,由汪大铭任临时支部书记,行政上组成一个苏南地区参观团,朱春苑任团长,洪天寿任副团长。

谭震林师长强调了到达江北后要注意的事项。会上讨论了如何打探落实渡江路线的具体事项。讨论决定,洪天寿写个条子,由汪大铭前往句容县高镇厚固村找开明士绅吴忠肃,此人有上层社会关系,请他设法落实渡江的船只与船工。

由长江工委委员、长江南北政治交通员孙晓梅及负责长江沿岸交通的负责人杨小鲁,联系落实沿路接应的联络点和江北上岸后的接应点及具体护送办法。

晚上,外面下着大雨,茅舍内滴滴答答地下着小雨。5月的夜晚还是寒气逼人,没有床铺没有棉被,大家只能脱下衣服当被子盖。十七个人挤在一间低矮狭小的茅棚里,地上铺一层稻草,大家排成鱼一样躺下睡觉,挤得不能动弹。待到天亮,盖在身上的衣服全都湿透了。

5月18日,汪大铭在当地治安人员的带领下,来到离高资镇十多里的吴忠肃所在村庄——厚固村,这里已经是伪化区。

吴忠肃是当地的士绅,与高资镇上的伪自卫团及长江沿线的青、红帮头目都有广泛的联系。吴忠肃与洪天寿是换帖弟兄,关系甚好。所以洪天寿写了个条子,希望吴忠肃帮助落实渡江的船只与船工。

这天,汪大铭好不容易找到吴忠肃家,却被告知吴忠肃外出,要晚上才能回来。汪大铭虽然着急,但也只能乖乖坐等。天黑时,吴忠肃总算回来了。

"老大,这位是洪天寿介绍来的,具体你们谈。"治安员把汪大铭介绍给吴忠肃。

吴忠肃看了洪天寿写的字条,立刻明白汪大铭是什么人了。

"船已经联系好,可乘二十人,船主是张福礼,渔民,高资镇营江马桥人,六十出头,靠得住。"吴忠肃对汪大铭说。

5月19日,一位挑着担子的换糖佬来到汪大铭处,他不是别人,是以小商人的身份隐蔽在高资附近农村里的长江沿岸秘密联络站负责人杨小鲁,"汪书记,这位是长江工委委员兼长江南北政治交通员孙晓梅同志!"

"晓梅同志,可是个能文能武机智勇敢的女中丈夫,是新四军女兵的骄傲,是我们新四军的精英!"汪大铭见了孙晓梅开口便夸。

"原来你们都认识!"

"我们在云岭新四军军部教导总队学习时就认识了,在章家渡、三里店我们还一起做过民运工作,一起做过农村经济调查!汪书记对我可是多有指教啊。"孙晓梅随口插上几句。

汪大铭,1919年出生,小孙晓梅五岁。

"晓梅,这次渡江的可是我们的师长谭震林,任务艰巨。吴忠肃已经落实了一条渡江线路,为确保谭震林师长一行渡江的万无一失,我想再落实一条渡江线路,以防吴忠肃落实的线路万一不能实行,可做第二步打算。你们的任务是在江这边再落实一条渡江线路,还有江那边的接应及上岸后的行走线路。"

"好,我们即刻行动。江书记,我认为,局势千变万化,我们应做好最坏的打算,我建议再在下蜀—龙潭布置第三条线路,以做备用。"孙晓梅接受任务的同时提出了她的建议。

"晓梅,你想得可真周到,与我想到一块去了。"

"哈哈,英雄所见略同嘛!"说完,孙晓梅发出爽朗的笑声。

"汪书记,备用线路的落实,必须去找高资伪自卫团团长徐载禄。

"晓梅!"汪大铭向孙晓梅跷起大拇指。

5月20日,船主张福礼前来接头。

大家初步商定从高资起渡到江北仪征大河口登陆。该线路江上水路八十里,如顺风顺水需八小时,如遇逆风,时间会更长。出港及登陆地点都较安全,就是在江上行船时间太长,怕遇到日军汽艇检查。大家回到裔庄附近驻地,对此条线路做了分析,认为这样比较冒险。洪天寿提议另找一条过江路线,由高资直接过江,这样渡江时间只需两个钟头,但登陆后要经过二三十里的伪化区。

傍晚,孙晓梅回到斋庄,联系落实了走西边的备用线路——从句容下蜀—龙潭之间过铁路,经几里圩田到江边过渡。渡口只有两个收税的伪职人员,但铁路两侧,也就是铁路至长江之间,有十里左右的伪化区。紧接着孙晓梅带着一名交通员又去江北联系落实登陆路线。

经过十来天的联络,5 月 23 日,大家再次碰头,最后决定 24 日晚渡江,还是一起走八十里水路,上半夜靠江南岸航行,下半夜靠江北岸航行,如江中发生情况,就靠岸登陆。

为了隐蔽,当夜大家分散住宿。

5 月 24 日,船主张福礼带着他的嫡堂兄弟张福洪、张福堂如约而至。张福礼是高资秘密交通线上最可信赖的人。他接受任务后,为保证渡江人员的安全,做了精心准备。

从高资小唐庄码头上船至桥口,七里的内河航线上要经过两个哨卡。一是高资铁路哨卡,二是马桥口驻有一个连的日伪军。虽然这两个哨卡已通过中共地下党打通了关系,但张福礼依然用三天三夜的时间反复运船试航,基本掌握了日寇巡逻规律,确定了靠芦苇航行的路线。一旦遇到敌情,可以随时进入比人高的芦苇丛。

5 月 24 日,张福礼一早过来,约定下午把船开到江边,等天一黑就上船与敌周旋。

大家正在江边焦急地等待着,突然狂风骤起,下起倾盆大雨。一直到船起航。

等到天黑,也不见张福礼船的影子,大家只好又冒着雨摸黑回到较为隐蔽的小斋庄。大家重新讨论渡江路线,认为找条小船,分两路过江比较稳妥。

谭震林师长点名汪大铭与他化装成百姓,经句北走由孙晓梅联系的备用线路,走长江南北交通线句北西渡线过江,指名孙晓梅随同。其余人员由洪天寿负责,从高资起渡。

5月25日，大雨不止。中午，出去联络的洪天寿、孙晓梅、杨小鲁都回来了，一切就绪，今天晚上无论如何都要动身。

谭震林师长决定大家一起由高资上船。

孙晓梅和杨小鲁吩咐大家每人准备一担马草，护运人员化装成送马草的。吃过午饭，大家冒雨出发，在吴忠肃家附近一小茅棚里等待。

夜幕终于降临，大家迅速上船。张福礼熟练地摇着橹，孙晓梅与汪大铭在船舱观察情况。

很快，船通过了高资铁路桥。快出江时，小河港口停满了大小船只，孙晓梅他们的船一时无法通行。江面上风紧水急，船不下锚就停不住，一不小心撞到了旁边的船，对方船上的人就吵骂起来。

附近码头上有一个伪军哨所，大家怕引起骚动被伪军发现，于是洪天寿走出船舱用地方方言与对方船家讲话，但是人声嘈杂说不清楚。这时，孙晓梅一个箭步跳到对方船上，她经过观察知道，这只是一艘普通的渔船，船上二男一女，还有几个小孩，听口音是江北人。她便信心十足地对船老大说："我们有公事，请你们帮个忙，把船让一让。"

船老大看见孙晓梅腰里的枪，略微一惊。孙晓梅连忙伸出四个手指向他摆摆。

船大老立刻露出笑容："好说好说。"于是就招呼另外两个人把船让开。

水道疏通，孙晓梅他们的船就像离弦的箭，"嗖嗖"直入长江中央。这时，大家方才舒了一口气。

大雨一直下个不停，逆风行船很吃力，速度上不去，张氏三兄弟轮番摇橹，沿着芦苇顶风破浪冒雨航行。不久风向转了，张福礼嘱咐赶快升帆，这样船就行驶得快多了。

因为天气恶劣，江面没有出现日寇的巡逻艇。张氏三兄弟整整一夜没合眼，终于将八十里水路抛在了后面。

第二天黎明时分，终于安全到达江北仪征大河口。大家登岸后，向张氏兄弟挥手致谢。

孙晓梅靠着自己的机智和勇敢，成功地护送了谭振林师长渡江。

女兵勇破长空　姐妹同心援朝

长河熠

1952 年夏　杭州市妇联

1952 年仲夏的杭州,艳阳高照,火伞高张。此时正是农历七月,一年之中最为炎热的时刻。由于酷暑难耐,大多数的人都在中午时分躲回家中纳凉,故此街道显得极为空旷,唯有树上的蝉儿还在不知疲倦地鸣叫着。

这一天因为一个陌生人的突然来访,给妇联工作人员带来了很大的震动。

这天中午,妇联接待处的薛干事像往常一样,在食堂吃过午饭早早地前往位于三楼的办公室。虽说距离上班时间还有半个多小时,但因为这段时间经常会有很多年龄不同、身份不一的来访者提前在门口等着,为了方便更好地开展工作,服务大众,党委经过开会研究决定,特意将下午的工作时间从原来的一点半提前到了一点,并且有时在人多的情况下还采取了轮流制,给每个职工十五分钟的时间吃饭,然后再替换其他的同事休息。

虽是如此,每一位同事的干劲儿却比以前更足。即便是有时要加班到深夜,第二天却也都是精神头十足,毫无疲累之感。不仅如此,他们每个人的心中都美滋滋的,有着强烈的满足感。之所以会这样,是因为他们坚信,只要自己多出一份力,祖国就会早一天赢得胜利。而也正是因为怀着同样的信念,中国的四万万同胞才会心往一处想,劲儿往一处使,齐心协力地奋斗下去。

彼时正是抗美援朝战事最焦灼之时,自两年前的秋天,美国应韩国求援向朝鲜发起了凌厉进攻,随着朝鲜连连失利败退,得胜的美军不但公然在仁川强行登陆,而且还目中无人地越过了三八线,严重威胁中国的领土安全。

同时,美国飞机多次强行入侵中国领空,轰炸丹东地区,战火即刻便蔓延到鸭绿江边。

面对如此来势汹汹的危机,为了不让唇亡齿寒的事情出现,中国应朝鲜政府的请求,迅速做出了"抗美援朝、保家卫国"的决策,并且组成了中国人民志愿军入朝参战,轰轰烈烈地拉开了抗美援朝战争的序幕。

然而虽然志愿军将士在前线作战十分英勇,但由于国家刚刚成立,尚且处在一穷二白的阶段。所以在军事实力方面,我军根本无法与拥有世界最先进军事武器的美军抗衡。也正因为是这样,随着战争的持续,我军渐渐陷入不利的境地。

前方英勇抗敌,后方八方支援。为了能够给浴血奋战杀敌的将士们提供更加强有力的支援,各地组织积极发动群众自发捐款购置飞机大炮,以最大的能力为前线提供武器保障。百姓虽说自己的温饱问题尚未完全解决,但在政府的号召下,却也同仇敌忾、慷慨解囊,尽自己最大的能力为前方的将士们提供着帮助。就这样,在相关领导的大力推动和人民群众的积极参与下,捐款额不断攀升。

少顷,薛干事来到办公室门前,他一眼就看到了一个穿着鹅黄色连衣裙的姑娘正焦急地站在那里。这个姑娘年二十岁上下,皮肤白皙、面容清秀、身材苗条、举止文静。虽然只是简单地站着,但其眉宇之间却散发着浓浓的书卷气。尽管还未同对方交谈,但观其外表,薛干事已然可以确定,对方一定是位有涵养的知识分子。

姑娘看到薛干事向自己走来,连忙迎上前去,微笑地打招呼道:"同志,请问您是妇联的工作人员吗?我叫戚璐璐,是西湖小学的教师,这次是来捐款的。"

薛干事听戚璐璐这么说,连忙热情地笑着回应道:"哦,你是来捐款的?欢迎,欢迎!来,到办公室再细谈吧。"

薛干事边说着边带戚璐璐走进办公室,此时屋里已有另一位同事在办公,跟其简单地打了声招呼后,他指着摆放在自己办公桌侧面的木制凳子,客套说道:"来,坐吧。"

戚璐璐看了一眼薛干事,略有不安地坐在了沙发上。她低着头,双眼直直地盯视着地面,两手紧张地反复揉搓着一角。

薛干事见她这样,唇边遂泛起了一丝微笑。他先拿起了桌上的茶壶倒了杯水,递给了戚璐璐。继而坐下身来,从黄色的牛皮纸文件袋里拿出了一份捐赠书放到了戚璐璐的面前,笑着介绍道:"戚璐璐同志,我想你应该已经看过《爱国公约》了吧?"

戚璐璐将杯子放到了桌子上,向薛干事点头说道:"看过了,是我们单位领导组织大家一块儿学习的。他跟我们说,现在国家有需要,每一位同志都应该与组织保持一致,积极捐款捐物,共渡难关。"

薛干事从桌上的笔筒里拿出了一支棕褐色的英雄牌钢笔,他将笔递给了戚璐璐,肯定地说道:"你们领导说得一点都没错,戚璐璐同志,我相信只要咱们全都行动起来,祖国就一定会取得最终的胜利。"

"嗯,"戚璐璐自信地笑道,"我也是这么想的。毛主席在抗日战争时期就说过,大生产运动就是把群众组织起来,把一切老百姓的力量、一切部队机关学校的力量、一切男女老少的全劳动力半劳动力,只要是可能的,就要毫无例外地动员起来,组织起来,使之成为一支劳动大军。现在大家的热情再一次空前高涨,就连我们学校的娃娃们也被老师们组织起来了,利用课余时间到田里捡豆子、搜集废铜烂铁和废牙膏皮卖钱,然后进行捐款。虽然这钱不多,但也是孩子们的一番心意。我想,对咱们国家购买飞机也应该是有所帮助的。"

薛干事听戚璐璐这么说,不禁想起了这几天确实有一些小学生来妇联捐款。他们的钱都很少,面对着工作人员的询问,怎样也不肯留下姓名。有的孩子甚至在被"抓到"后,飞也似的逃跑了。当时薛干事他们都觉得很奇怪,现在看来,他们或许就是西湖小学的学生。

"你总不会像那些学生一样,再逃跑了吧?"想到这里,薛干事做出了个似笑非笑的表情,半开玩笑地说道。

"逃跑?"戚璐璐先是一怔,随即爽快地笑道,"当然不会。"

说完后,二人相视大笑。经过这一番短暂的攀谈,戚璐璐心中的紧张完全消失,竟对薛干事生出了莫名的熟悉。

"那好,你先看看这份捐赠书有没有什么问题。如果没有,就在这儿签个字。"薛干事翻开文件,指着签名的地方,说道。

戚璐璐的目光慢慢地在文件上游移着,少顷,她情不自禁地皱起了眉头,神情变得有些为难。

"我不能签这个文件。"戚璐璐迟疑地说道。

"嗯? 为什么?"薛干事讶异地说道。

"我这次来是替我姐姐捐款的,所以这个字得由她签才对。"戚璐璐显得有些纠结。

"你姐姐?"薛干事诧异地说道,"那她为什么不亲自来,而是让你来了呢?"

"我姐姐来不了,她现在正在朝鲜战场与美国人作战,这次捐款是她在信里特意叮嘱我做的。"

"你姐姐是志愿军? 那她是什么军种? 叫什么名字?"薛干事好奇地问道。

虽说自古就有花木兰、梁红玉等驰骋疆场、为国杀敌的巾帼英雄,但面对着如此残酷的战争,敢当天下之先,勇敢走上战场的女子却仍不多见。也正因为是这样,当得知捐赠者竟然是一名女战士的时候,薛干事的内心充满了强烈的震动。

"我姐姐叫戚木木,是空军飞行大队的女飞行员。"当听到对方的询问后,戚璐璐心中满是自豪,顿时骄傲地回答道。

"戚木木。"薛干事小声地念了一遍,随后提议道,"那你能不能将她的故事跟我说说,等了解了情况,我跟你一起想办法解决。"

"好。"戚璐璐点头答应了薛干事的要求。

很快,通过她的讲述,薛干事获悉了戚木木的事情。

1947 年 3 月　义乌大成中学

　　戚璐璐对于姐姐戚木木的崇拜,不是没有来由的。在她的心中,长相甜美、性格豁达的姐姐,天生就有着旁的女子所没有的男儿气概。尽管身为女子,但姐姐一向是洒脱自信的,只要是被其认准的目标,即便过程再艰难坎坷,她也会尽自己最大的努力去实现。当年考取省立女中是这样,成为女飞行员亦是如此。

　　戚木木,1932 年 12 月出生,浙江省杭州人,原籍浙江浦江。她小的时候正值抗战时期,由于日军长驱直入,犯我中华,以致生灵涂炭、民不聊生,百姓备受战乱流离之苦。而正是因为身处在这样特殊的环境之中,聪明早慧的她对报效祖国有了更加深刻的认知。

　　戚家是书香世家,世代为官。即便是戚家姐妹的父母,也都是毕业于北平著名学府的高才生。她的父亲戚维翰毕业于北平师范大学,母亲是燕京大学的肄业生,并在中华人民共和国成立前夕报考了华东军政大学。也正是在父母的言传身教之下,戚木木自小便立志长大后要像那些古代豪杰名将般驰骋沙场、快意恩仇,成就一番轰轰烈烈的大事。

　　为了激励自己,品学兼优的她效仿鲁迅先生于绍兴三昧书屋求学时的经历,用钢笔在自己随身携带的日记本上写下了“志”字。而她之所以这样做,就是为了要时时刻刻提醒自己,千万不要忘记了最初的志向。

　　那个时候纯真的戚木木并不知道,为了实现最初的抱负,她要付出旁人所难以想象的艰苦努力。

　　1947 年,因为父亲突然在车祸中丧生,家道中落一贫如洗,原本在杭州的浙江省立严州中学初中部就读的戚木木,只得被迫跟随母亲转到义乌大成中学就读。一夜之间,环境的改变,亲朋的远去,让她对人世间的世态炎凉有了更加清醒的认知。

　　对于任何人来说,这个世界都没有真正的救世主,唯有靠自身不懈的努力来改变命运。

　　到了义乌后,为了能够赚更多的钱贴补家用,她的母亲除了在白天完成正常的工作外,每天晚上还要借着微弱的光亮替别人写大量的信件,有时甚至忙到半夜都不能休息。

每当这个时候,善解人意的戚木木便会懂事地在一旁帮着母亲一起抄写,有时太晚的话,母亲便会催促她早点休息,她不但不肯,相反,还调皮地笑着劝慰母亲,要她放心,自己没事。

母亲虽然有万般舍不得,但看到女儿这样坚持,也只能默默地将担心藏在心里。当然,在她的心中也有些许小小的期待。女儿向来各科成绩都很好,尤其是写作方面,更是同龄人中的佼佼者,这样,等她中学毕业就做个文员好了。一来容易找工作,二来生活也相对稳定。这样的话,等到自己老了也可以有所依靠。

母亲没有想到的是,一向乖巧听话的女儿,竟然没有按照自己的想法行事,而是选择了另外一条不同寻常的人生之路。

一年后,国内的形势变得愈发严峻。当时正是解放战争时期战事最为吃紧的时候,共产党尽管没有国民党的武器装备强大,却在人民的帮助下连连获胜,而与此相对应的是国民党的颓然败北。

当时,国民党内部早已黑暗腐败到了极点,然而对外却仍只是一味用强硬的手段进行残酷镇压。在浓浓的白色恐怖笼罩之下,人们为求自保不惜伤害旁人,以致社会动荡,经济衰退,综合国力下滑到了极点。

作为一名爱国的热血学生,戚木木也曾跟同学们一同参加学生游行,抗议国民党政府的种种暴行。然而到头来他们的努力却根本无济于事,外界仍是一片混乱。

戚木木在亲身经历了这种种是非之事后,不禁对中国的命运忧心忡忡。一次与妹妹戚璐璐在家里聊天时,无意中提到了当前的形势,她担忧地说道:"璐璐,无论到什么时候你都一定要记得,咱们是中国人。咱们今生的使命就是要用尽全力将自己的国家建设好。因为只有中国强大了,咱们才能过上好日子。"

"姐,你很快就要毕业了,有什么打算啊?"戚璐璐关切地说道。

"我?"戚木木的唇边泛起了一丝莫测的笑容。对于未来,她早已做好了打算。但因为形势过于复杂，她没有办法将自己的想法全盘托出，只得故意卖了个关子道："秘密。"

与戚璐璐谈话不久后，戚木木经过深思熟虑，正式向学校提交了休学手续，应征参加了中国人民解放军。后来，由于她表现优秀，经过组织推荐进入华东军政大学学习。

1951 年 4 月　牡丹江第七航空学校

1949 年 10 月，经过漫长的艰苦斗争，中国共产党击败了国民党政权，获得了最后的胜利，建立了中华人民共和国，广大普通百姓从此当家做主，成为自己命运的主人。

虽说表面看似平静，实则某些居心叵测的国外势力却仍是虎视眈眈、暗潮涌动，时时刻刻在暗中寻找机会，以便给予刚刚诞生不久的新国家以最为沉重的致命一击。

面对着一穷二白的经济现状和极其落后的军事装备，中央领导经过开会研究讨论，决定带领全国人民走上一条凭借自己的努力尽快脱贫致富的攻坚之路。同时，以最大的可能扩充部队的军事实力，抓紧时间练成一支无往不胜的强军。

1951 年初，党中央为了充分发挥中国妇女建设社会主义祖国的作用，决定培养新中国的第一批女飞行员。

1951 年 4 月，遵照党中央的指示，在空军司令员刘亚楼同志的亲自指挥下，空军部队着手从华东军政大学和航空预科总队选调五十五名女学员，送到驻牡丹江的第七航空学校学习，戚木木有幸被选中。

经过层层严密的体检、政审，五十五名女同志被编入各个空军大队。其中包括六名空中领航员、五名空中通信员、三十名空中机械员以及十四名飞行员，而戚木木因为从小在空军小学读书，许多飞行员的素养早已在身上潜移默化地表现了出来，所以很快便从这些女战士中脱颖而出，光荣地成为中华人民共和国首批空军女飞行员中的一员。而她也终于在多年后以自身不懈的奋斗，实现了心中的报国之志。

在队伍整编前往航校的途中,女空军战士们在北京受到了刘亚楼同志的盛情接待。

那天,在详细了解了女同志们的训练和工作情况后,这位头发花白的老人家满怀激情地鼓励大家道:"你们虽然是女娃娃,但是自古巾帼不让须眉,你们只要努力训练一定都会成为最优秀的空军战士。"

老人家热情洋溢的话深深地打动了在场的每一个人,大家全都眼含热泪,纷纷表示,会严格要求自己,争做军中花木兰。

然而也正因这次的接见,这些风华正茂、对人生满怀美好憧憬的姑娘们却也收到了一个意想不到的消息。那就是部队规定,五年内不准谈恋爱,在谈的也要断掉。

大家得知消息后,不禁有些犹豫。毕竟年纪都不小了,这样会不会影响终身大事啊? 正在姑娘们拿不定主意的时候,年仅十八岁的队长秦桂芳率先表态:"为了飞行事业,我们可以一辈子不谈恋爱,不结婚。"

随即,在她的带动下,大家纷纷附和,并且郑重地在保证书下方签上了自己的名字。

就这样,姑娘们怀着对信仰的忠诚和热情来到航校,开始了她们崭新的人生。

当时中国百废待兴,物资紧缺,航空学校的学习条件和生活环境非常艰苦,营房破旧,飞机紧缺,就连飞行必备的航空材料和油料的保障都相当困难。在这种极其困苦的条件下,空军女战士们以"为妇女争气,为祖国争光"的坚强意志,睡大通铺,吃高粱米,自制地球仪,以顽强的毅力克服了重重的困难。

空军飞行员的工作表面看似风光,实则却藏着无比的辛酸,需要强大的心理素质、超常的体力和扎实的理论功底。因为只有做到三者兼顾,才能在执行空中任务时面对突如其来的棘手问题,保持冷静的头脑和稳定的心态。

戚木木中学肄业,知识储备相对薄弱。最初在面对空气动力学、气象学、领航学、发动机原理等复杂难懂的理论知识时很是头痛,有好几次甚至跟不上学习进度。为此,她特地恳求教员私下再教她学习。为了不影响战友们的休息,晚上她还会偷偷跑到厕所外面,借着清冷的月光学习。也正是凭借这样的毅力,她很快便过了理论关,进入试飞的阶段。

戚木木原以为试飞是很简单的,她当过兵,又曾经是学校的长跑健将,体能方面是绝对不会差的。

初次试飞,戚木木怀着复杂的心情坐在了驾驶室里。此时,她直视着操纵台的按键,目光中满是火一般的兴奋。

"戚木木同志,咱们今天开始进行正式试飞训练。你是第一次试飞,可能会出现头晕恶心的现象,如果支撑不住了,可以随时告诉我。"试飞前,坐在戚木木身旁的教练员提醒道。

戚木木撇了撇嘴,对教练员不服气地说道:"哎呀,教练,你就放心吧。我身体好,绝对不会出现你说的那种情况的。你就不要再小瞧人了。"

教练员见戚木木这么说,只是笑了笑,不再继续说下去了。很快,随着塔台上的工作人员轻轻摇动手中的蓝色信号旗,戚木木驾驶着飞机腾空而起,直冲天际。

少顷,待飞机飞行平稳后,她原本提着的心渐渐松弛了下来,唇边也泛起了欣喜的笑容。然而还没有来得及高兴太久,机身就在突然来袭的强气流的作用下,出现了剧烈的颠簸。

戚木木只觉得自己被飞机机身紧紧地包裹着,根本动弹不得。而飞机的全部重量齐齐压在了她的身上,一时间甚至有种骨头断裂的感觉。

"教练,我头痛得难受,真的不行了。"戚木木面色惨白地向教练员求救。

在迅速与地面工作人员取得了联络后,教练员向她做出了归航的指令,初次试飞也就这样以失败的结果宣告结束。

回到宿舍后,戚木木因为剧烈的眩晕出现了强烈的副作用,头痛欲裂,呕吐不止。即便如此,她仍陷入深深的自责当中。

"戚木木,你是一名空军战士。无论怎样,你都必须要尽快飞起来!"

为了提高抵抗能力,戚木木默默地加强了自己的运动量。她每天都坚持着跑步、滚转轮、打秋千、滚旋梯,以此来训练自己的肢体力量。为了适应飞机难闻的汽油味,她甚至将汽油洒在毛巾上随身携带,以便让自己的嗅觉麻木,不再有呕吐的感觉。因为目测不准,她就在卡车开动时练习判断运动速度。不仅白天努力,甚至晚上她也不肯有丝毫的放松,就连睡觉前也还要握住手指头蹭着床头进行飞行练习。

"男人能做到的,我们妇女也一定能做到。我一定要加油,绝不能放弃,更不能认输!"

每每在坚持不住的时候,戚木木就会在心里暗暗鼓励自己。

宝剑锋从磨砺出,梅花香自苦寒来。正是凭借这豪迈的气魄和勇往直前的勇气,戚木木和同志们只用了短短七个月的时间便完成了飞行学业,一起驾驶着银鹰直冲云霄,用实际行动书写着自己心中的报国壮志情怀。

随后,经过部队领导协商决定,戚木木等女空军战士被全部编入空军第十三师,负责驾驶刚刚从苏联进口的里-2运输机,执行具有高难度挑战的转机护送任务。

1952 年 3 月 8 日下午一点十分　北京西郊机场

1951 年年末,从北京传来了振奋人心的消息,中央军委决定,中华人民共和国首批女飞行员即将在三八妇女节这天,驾驶里-2 飞机飞过天安门城楼,接受中央领导和人民的检阅。

对于女飞行员来说,这既是莫大的喜讯,也是极大的挑战。此时,她们的人平均飞行时间还不足七十八个小时。而且还要在这么短的时间里完成编队、穿云,能否顺利完成任务呢?

正所谓,机会是留给有准备的人的。元旦刚过,十四名女飞行员就开始了紧张的训练。为了能够在那天发挥得更加出色,她们每天的训练强度甚至超过了队里的男同志,而且就连春节也不例外。

不仅如此,因为当时队里的里-2 飞机只有六架,每架飞机上只能坐两名飞行员,所以注定有两名队员不能参加检阅。而这也在无形之中使竞争变得愈发激烈,每个队员都铆足了劲,拼了命地练习,就是为了到那天可以得偿所愿。

经过一段时间的训练,领导在二月份对女飞行员们的飞行表现进行了慎重的评估。经过反复斟酌,戚木木等十二名女飞行员脱颖而出,参加了此次的空中阅兵。而对于另外两名没有入选的队员,领导也特批她们坐在受阅的飞机上,一同飞过天安门城楼。

领导的决定让戚木木等人感到非常温暖,她们纷纷表示,今后一定还将更加努力地训练,将自己真正锻炼成为一支真正无往不胜的"铁军"。

1952 年"三八"国际妇女节,天气晴朗、万里无云,天安门广场两侧的花坛中花团锦簇、绿草如茵。清风拂过,幽香沁人心脾,处处洋溢着清新与活力。

下午一点十分,在七千名首都各界妇女代表和五十多位各国驻华使节的夫人的见证下,受阅的六架里-2 飞机依次腾空而起,以整齐的队形接受了党和人民的检阅。

空中,白云如丝丝棉絮般轻盈地飘荡在蔚蓝天际的深处,灿烂的阳光斜洒在机翼上,生出点点耀眼光斑,很是炫目。

驾驶室里,戚木木透过玻璃舷窗向下看着,此时山峰、河流、房屋都变成一个个漂亮的微缩模型,井然有序地排列在地面上。

尽管看不到地面欢呼的人群,但她的心中却是满满的自豪。作为中华人民共和国的首批女飞行员,她们今天终于以实际行动向全世界庄严宣告,中国再也不是任人宰割、懦弱到只能被动挨打的"东亚病夫",它将以崭新的面貌屹立于世界的东方,成为真正的超级强国。

1952 年 3 月 8 日下午五点　中南海颐年堂

飞行表演结束后,毛泽东主席、周恩来总理、刘少奇副主席等党和国家领导人在中南海颐年堂亲切接见了全体女飞行员。五点整,当毛主席等领导准时出现在门口时,队伍里立刻爆发出了热烈的掌声和欢呼声。在工作人员的陪同下,毛主席神采奕奕,带着慈祥的笑容向女兵们走来,与她们依次握手。

随后,他看向身旁的刘亚楼同志,笑着说道:"亚楼啊,你看咱们的女兵可都成器了吗?"

刘亚楼的目光在女兵们的身上一一扫过,见她们正满怀期待地看着自己,便也笑着给出了肯定的答复。

"报告主席,都成器了,能够独立执行任务了。"

毛主席满意地点了点头,对女兵们微笑着赞许道:"你们这些女同志可真是太不简单了,古代的花木兰替父从军,那是当之无愧的女中豪杰,可是她不会飞。你们是咱们新中国的第一批女飞行员,代表的是祖国和人民,你们比她更厉害!"

戚木木等人原本心中还有些许忐忑,此时见主席这般平易近人,全都放下心来,不约而同地露出舒心的微笑。

"大家要是有什么问题也可以提问,我们一定会知无不言言无不尽的。"毛主席幽默地说道,"我不喜欢搞一言堂,更喜欢跟你们聊家常。"

戚木木听主席这么说,先是看了一眼左右两侧,随即将手举得高高的。见刘亚楼同志示意要她说话,便急切地问道:"主席,我们想问一下,什么时候可以去参加抗美援朝的战争?"

听到戚木木这么说,屋子里顿时发出了一阵窃窃私语的议论声。

毛主席听戚木木这么说,不觉有些意外,快速与周恩来总理交换了一个眼神,他疑惑地问道:"你们想去前线?"

在得到了女兵们肯定的答复后,毛主席侧头对周恩来总理笑着说道:"恩来,这帮女兵真是好样的,她们为全国的妇女树立了好的榜样。"

周总理笑着附和道:"是啊,主席,依我看既然她们想去战场,那咱们就应该支持,我相信她们一定会有非常突出的表现。"

"嗯。"毛主席点了点头,随即看向刘亚楼,征询意见道:"亚楼,你看呢?"

刘亚楼微笑着干脆说道:"我没意见,全听主席安排。"

"好,那这件事就这么决定了吧。你们回去稍做休整,三天后出发去朝鲜。"

戚木木等人见毛主席答应了她们的请求,纷纷露出兴奋的表情。作为空军战士,自从抗美援朝战争爆发,她们便无时无刻不在期待着能够和男兵们一起走上战场,驾驶飞机在朝鲜的上空执行运输任务。甚至为了达成所愿,她们还曾向组织上递交了志愿书。而今梦想成真,她们又怎能不雀跃欢欣?

"主席、各位同志,请看这里。"当毛主席等领导人与女兵们亲切合影时,摄影师这样说道。

戚木木站在第二排正中的位置,离毛主席是最近的。当她无意中低下头去,她看到了主席头上那夹杂在黑发之间若隐若现的银发,不禁生出一阵莫名的心酸。

戚木木早就听部队的首长说过毛主席的工作非常辛苦,常常要通宵达旦地办公处理国事,只有在早晨天蒙蒙亮的时候才能稍做休憩。有时候事情紧急,甚至会一连几天都不合眼睛,现在看来这一切都是真的。

若不是亲身经历,在此之前,她怎么也不会相信毛主席在日理万机之余,竟然会特意抽出时间与普通的女兵见面,更没想到他的态度是这样的平和、好相处,或许这虚怀若谷便是伟人特有的胸襟与气度吧。想到这里,她的鼻子顿时一酸,眼泪险些落了下来。

"好了,请大家看这里。"摄影师笑着提醒大家道。

"咱们一起冲镜头笑。"毛主席微笑着接口道,"1、2、3……"

在毛主席的带领下,大家一同大声地数数。随着镁光灯一闪,温馨的画面被永远定格在了相纸上,永远完美地尘封在每一个人的记忆之中。

回到宿舍,戚木木先跟战友们一起将行李收拾好,随后又就着昏黄的灯光给妹妹戚璐璐写去了一封家书。

信中,她满怀深情地对妹妹诉说着深藏在心里的爱国热忱与凌云壮志,希望能够得到母亲与弟妹的同意与支持,并且将自己积攒了多年的津贴随信一同寄去,叮咛妹妹抽空将钱送到妇联去,按照上级要求,捐款给国家购买飞机,以便更好地支持前方作战。

"咱们的国家现在还处在起步阶段,但只要四万万同胞众志成城,齐心协力,排除万难,一心一意搞建设。终有一天,中国一定会成为世界上的超级强国。经济腾飞、国富民强,再也不会让人看不起,也再也没有战乱流离之苦。"

在信的结尾,戚木木如是说道。

1952 年夏　杭州市妇联

"这就是我姐姐的故事。"戚璐璐在讲述完戚木木的事情后,对薛干事郑重地说道,"薛同志,你现在明白为什么我说自己不能签字了吧?"

薛干事点了点头,因为心中强烈的震撼,他甚至说不出一句话来。须臾,待抚平悸动的心情,他才说道:"戚木木同志她是一个真正的英雄,是我们杭州杰出妇女的代表,咱们都应该向她学习才对。"

"是啊。"戚璐璐挺直了胸膛,骄傲地说道,"姐姐她从小到大一直都是我的偶像,所以我也跟妈妈商量过了,将这些年自己的积蓄拿来,连同姐姐的津贴一同捐赠给国家,购买飞机大炮。我坚信,只要咱们每个中国人都能够竭尽所能为国家做贡献,祖国就一定会越变越好,越变越美!"

"戚璐璐同志,你说得很对。"薛干事赞许地说道,"咱们妇联的工作就是要将广大的妇女联合起来,让大家更紧密地团结在一起,一同为国家做贡献。这样吧,既然这个钱是你和你姐姐一同捐的,那你就把你俩的名字全都写上吧。也好让后人们记住你们曾经无怨无悔的付出。"

"好。"戚璐璐应了一声,与薛干事相视而笑。

妇运先驱出山　呕心筹备妇联

大　靖

"我最后一次见到贺子珍同志是在上海,我还记得那一天,天很蓝,阳光很暖,小楼边上的爬山虎很绿,她的脸上依旧挂着那一抹熟悉的微笑。"

—— 钟雯娟

妇联筹备紧锣鼓,妇运先驱请出山

上海的一栋小楼里,时任浙江省人民政府主席的谭震林正在看着眼前的姐妹两个,他明白,自己的到访无疑是给眼前的这两姐妹出了难题。

"子珍啊,你看咱们也是老相识了,这次如果不是老哥哥我实在没有办法,也不会想到找你帮忙了。浙江省刚刚解放不久,各地的剿匪反霸工作还得我来主持。眼看组建妇联的工作一天比一天紧迫,可我实在没有工夫来管妇女这块的工作了。"谭震林说道,"你是女同志,老革命了,又在苏联待了那么长的时间,老哥哥我实在是想不到有别的人比你更适合这个工作了。"

听到谭震林提起苏联,妹妹贺怡想要说些什么,但是却被姐姐拦了下来。

"老谭啊,最近有娇娇的消息吗?"沉默了许久,贺子珍问道。

谭震林一愣,随即回答:"娇娇现在很好啊,自从回到北平之后,娇娇每天都在用功读书,听说最近还在读《资本论》呢。"谭震林回答着,但是心里却暗叹,这当娘的心里,永远都牵挂着自己的骨血啊。

"那就好,那就好……"贺子珍喃喃说道,脸上写满了欣慰。

陈设简单的小房间内一阵沉默,只有屋内的座钟在滴答滴答地摆动。

"好吧,老谭,我答应你,过两天我就到杭州去。"贺子珍终于下定了决心。

"姐!"贺怡惊讶道。

"好! 太好了! 子珍啊,太谢谢你了,那你收拾收拾,过两天啊,我派人来接你。"谭震林严肃的脸上终于露出了笑容,贺子珍能够答应他的请求来杭州主持民主妇女联合会的工作,这无疑给了他很大的助力,也能让他将工作的重心放到剿匪除霸上去。

"我也要去!"在一旁的贺怡说道。

"贺怡同志啊,组织上对你有其他的安排。江西方面的领导说了,希望你能回到江西老家,担任吉安地委组织部部长。"

"这……"贺怡还想说什么,却被贺子珍拦了下来。

"明白了,我们服从组织的安排。"

谭震林离开了,小楼里只留下了姐妹两个。

看着略显沧桑的姐姐,贺怡终于忍不住开口了。

"姐,让我跟你一起去吧,大夫说了……"

"贺怡同志。"贺子珍郑重地看向自己的妹妹,"你还记得我们是什么身份吗?"

贺怡被姐姐的问题打断,一时不知姐姐是什么意思。

"我们是中国共产党员,我们要服从组织上的安排,且不说老谭跟我是老相识了,就算今天来的是一个素不相识的人,我也不会拒绝他的请求,这是我们作为党员应该做的事。"

"可是你的身体……"

"个人的问题想想办法总能克服,不能因为自己的问题而把组织的工作耽误了。你也是老党员了,可不能还是小孩子脾气啊。"贺子珍语重心长地说道。

　　贺怡沉默了，虽然她还是很担心姐姐的身体状况，但是却不得不承认，姐姐说得对。

　　"好了，不说这个了。"贺子珍的语气缓和了下来，"小妹，这次回老家，姐还有事需要你帮忙。"

　　上海的街头下起了淅淅沥沥的小雨，姐妹两个的对话一直持续到深夜。

妇运先驱初抵杭，身先士卒备妇联

　　"哎，你们听说了吗？上头要给我们派一个女同志来组织我们杭州的妇女联合会。"

　　"我也听说了，听说这次派来的还是个大人物，是咱们谭主席专门去上海请来的。"

　　"你那消息都过时了，我可听给谭主席开车的小刘说了，这次请来的啊，是曾经参加过长征的老资历党员——贺子珍同志。"

　　"真的吗？"

　　九月，夏季的余热还没有散去，杭州市某大院里，几个妇女围坐在一起闲聊着，有大人物要来杭州筹备妇女联合会在这个院子里早就不是秘密了，所有的人都对这位即将到来的大人物充满了好奇。

　　"主任，这没有搞错吧？我……我能行吗？"钟雯娟不敢相信自己的耳朵，她没有想到，自己作为一个刚刚被调到杭州市政府工作的小年轻居然会被安排这样艰巨的任务。

　　"小钟啊，你的心情我可以理解，你才刚刚调杭州来工作，一上来就让你负责这么重要的事情确实有点难为你了，但是你也得理解，现在全省各地区的政府部门都在加强建设，人手确定不够啊，把这个工作交给你那也是没有办法的事。"领导安慰道，"妇联筹备是很重要的工作，一定要好好配合贺主任的工作啊。"

　　板上钉钉的事情钟雯娟没有办法再推托，虽然不知道自己能否胜任，但是既然领导话都说到这里，就算是硬着头皮也要上了。

1949 年 10 月 1 日，中华人民共和国正式成立，举国欢腾的日子，天安门的开国大典象征着历史翻开了新的篇章，也是在这同一天里，杭州市妇联的故事，正式拉开了序幕。

钟雯娟是第一次见到贺子珍这样级别的大人物，在她的想象中，能从二万五千里长征中扛过来的，应该是像戏里挂帅的穆桂英那样，英姿勃发，不怒自威，浑身散发着威严与庄重的气息，可当她看到眼前这个淳朴妇女的时候，她发现，自己错了。

"小同志，妇联筹建委员会的办公室在哪?"贺子珍问眼前的钟雯娟。

"您……您就是新来的贺主任吧？我……我是您的助手，我……我叫钟雯娟，我这就带您去办公室。"

说着，钟雯娟伸出了自己僵硬的手，机械地接过了贺子珍身上的大包裹，包裹沉甸甸的，里面似乎还有一些硬邦邦的木制物件，钟雯娟不知道，贺子珍那样瘦小的一双肩膀是如何能在一路上扛起这沉重的大包的。

妇联的办公室在二楼走廊的最尽头，从窗外望去就能看到广场上还在欢庆新中国成立的人们。屋内的陈设虽然简陋，但还算齐全，两张桌子，四条板凳，再加一台沾着些灰尘的收音机，这便是杭州市妇联筹备组最开始的样子。

"贺主任，这就是咱们的办公室了，现在还比较简陋，如果缺什么，您随时跟我说。"钟雯娟擦擦头上的汗。

"没什么缺的，挺好的。"

贺子珍简单看了看并不大的房间，打开了自己随身携带的背包。

几套朴素的单衣，几本笔记本，印着俄文的搪瓷水杯已经磕掉了漆，几本厚厚的书籍书页已经泛黄，显然是被反复翻阅的。将这些东西取出后随手放到一旁的板凳上，随后贺子珍小心翼翼地从自己的包中抱出了几个精心装订好的相框，仔细确认过没有损坏之后，贺子珍长舒了一口气，在自己的办公桌上精心挑选了一个光照充足的角度，将几张相片摆在了那里。

"这些都是主任的亲人吗?"钟雯娟问。

"是啊，这是我的女儿，娇娇，今年十三岁了。"说到自己的女儿，贺子珍脸上写满了幸福。"这个，这个是我妹妹，从小和我一起长大的。还有这个，这是我大哥……"

钟雯娟在自己的回忆录中写道："虽然我跟贺主任相处的时间并不长，但当时贺主任的表情却给我留下了很深的印象，无论之后的工作有多辛苦与复杂，只要看到桌上摆放着的几张老照片，她就好像得到了最大的安慰，有更充足的动力继续工作下去。"

从零开始的工作总是无比艰辛，自1949年3月中国共产党成立"中华全国民主妇女联合会"以来，各地政府纷纷开始进行妇联组织的筹措活动，但大多都收效甚微。1949年3月24日—4月3日，中国妇女第一次全国代表大会在北平召开，成立了中国统一的妇女组织：中华全国民主妇女联合会。大会规定其宗旨是：团结全国各阶层各民族妇女大众，和全国人民一起，为彻底反对帝国主义、摧毁封建主义及官僚资本主义，为建设统一的人民民主共和国而奋斗，并努力争取废除对妇女的一切封建传统习俗，保护妇女权益及儿童福利，积极组织妇女参加各种建设事业，以实现男女平等、妇女解放。但长年累月的压迫生活禁锢了妇女们的思想，传统的观念就像一座座大山压在妇女们的头顶，绝非一朝一夕所能改变。

十月份的杭州总是阴雨绵绵，初秋的凉风已经开始有些寒意，尤其是入夜之后，冷风吹在身上，让人不经意打一个冷战。

这天夜里，钟雯娟终于忙完了一天的工作，在座位上伸了个懒腰，扭动着微微发僵的脖子。

"贺主任，昨天的文件我都已经整理好了。还有什么需要我做的吗?"钟雯娟问。

可是过了许久，却是听不到贺子珍的回复。

"贺主任?"钟雯娟急忙向贺子珍的位置上看去，只见贺子珍靠在椅子的靠背上，面如纸色，额头上豆大的汗珠顺着脸庞滑落，浑身发抖。

钟雯娟还从未见过贺子珍这个样子，连忙取来热水喂贺子珍喝下，又弄了条热毛巾为贺子珍拭去了头上的汗珠，这才让贺子珍的脸色稍微有了好转。

"谢谢。"贺子珍疲惫地说。

"贺主任,您这是怎么了?"

"不碍事的,都是老毛病了……"贺子珍笑笑,跟钟雯娟讲起了以前的事情。

那是 1935 年 4 月 23 日,贺子珍所在的红军总卫生部休养连来到盘县一个普通的小山村。中午时分,天空响起了嗡嗡的飞机声,警卫员急忙让贺子珍隐蔽,但她不顾个人安危,组织伤员隐蔽。

正在此时,已经隐蔽起来的贺子珍发现还有受伤的战士正暴露在敌机的威胁之下。她奋不顾身地跳出小沟,朝着担架冲去,用毛巾利索地包扎好伤员的伤口,并扶他在担架上躺好,将他向隐蔽处拖去。然而,就在快要靠近隐蔽处的时候,敌机又一次俯冲下来,机枪猛射,并扔下了炸弹。在这危急关头,贺子珍毫不犹豫地扑在了伤员的身上。一阵震耳欲聋的爆炸声过后,贺子珍感到浑身剧烈疼痛,她用自己的身体挡住了飞来的弹片。伤员没有再受伤,而贺子珍却伤痕累累地倒在了血泊中昏迷不醒。炸弹碎片嵌入了她的头部和背部,殷红的鲜血不断地流着,染红了土地。

警卫员迅速跑了过去,颤抖着双手,躬身背起贺子珍,奔向担架,接着骑马去总卫生部请来医生。医生为贺子珍做了全身检查,发现在她的头部、上身、四肢共有 17 块大小不一、深浅不同的弹片。当时缺乏麻醉药,医生和战友狠了狠心,咬着牙,几个人按住她,用夹子把身体浅表的弹片一块块地取了出来,而深入体内的弹片却难以取出,成为战争留给她的一份永久的纪念。贺子珍疼得浑身大汗淋漓,眼里噙满了泪花,却坚持着一声不吭。

经过几天的抢救,贺子珍才从昏迷中醒来。而她醒过来后的第一件事,便是询问伤员的情况。

行军的团长听说贺子珍为了掩护战友而自己身负重伤,便立即把自己的担架和警卫员派给了她。但贺子珍不同意,一再说不要因为自己而影响大家行军,主动向组织提出把自己寄放在老百姓家中。可是大家哪里肯丢下她呢,大家轮流抬着她前进,山坡高,担架上不去,同志们就背着她爬过去。后来等伤势稍好一点,她就再也不肯让大家抬了,坚持自己走,最终以顽强的毅力走完了艰苦的漫漫征程。严重的伤势再加上旅途的颠簸劳累,也让她从此留下了后遗症,每逢阴雨天气,当年的伤就会隐隐作痛,搞得贺子珍苦不堪言。

听了贺子珍的经历,年轻的钟雯娟无比震撼,她怎么也想不到,那一具瘦弱的身躯承载了多大的力量,才能在敌人来袭的那一刻不顾自己的安危转而扑向伤员。

"那贺主任你为什么愿意独自一人来这里呢?"钟雯娟问,"你的身体不好,待在亲人的身边安享太平不是更好吗?"

贺子珍看着钟雯娟年轻的脸庞,没有说话。

"请……请问这里是妇女联合会吗?"

办公室的门被推开,一个声音打断了二人的对话。那是一名三十岁左右的妇女,浑身湿漉漉的,鞋子还跑掉了一只,雨水正顺着她的头发往下缓缓滴落。

钟雯娟连忙给妇女找了把凳子坐下,为她倒了杯热茶,又拿来干毛巾帮她擦干了身上的雨水。

"我叫英子,是浦塘村人,我家那口子……他……他……"妇女越说越激动,眼泪吧嗒吧嗒地往下掉。

"别着急,慢慢说,我们会想办法帮你解决的。"贺子珍的话犹如一只温暖的大手抚在英子的心上。

英子从小是个苦命的孩子,爸妈一共生了六个儿子,只有英子这么一个女儿,为了供养六个弟弟,爸妈早早就把英子卖给了村内的地主家当童养媳。十多年来,英子受到了各种非人的虐待,她不止一次想要逃跑,但都被地主抓了回去,继续当作家庭的奴隶和生孩子的机器。新中国成立以来,地主家的日子一天不如一天好过,英子的丈夫整天就是喝酒赌博无所事事,喝多了之后还常对英子大打出手。英子实在是无法忍受这样的生活,终于抓住了丈夫醉酒的机会从家中溜了出来,无处可去的她只好向妇联发出求助。

"求求你们,救救我!如果再这样下去,我迟早会死在他手里的。"英子无助地说道。

贺子珍握住了英子颤抖的双手，说："放心吧，所有的女同志都不应该受到这样的对待，我们会给你讨个公道的。"

第二天一大早，贺子珍就带着钟雯娟和英子来到英子所在的浦塘村，在村支书和村委会的帮助下，几人很快就在村委会见到了英子的丈夫。附近的乡亲们都来看热闹，村委会门口很快被围了个水泄不通。

看到出逃的妻子出现在眼前，地主出身的黄三顿时气不打一处来，抬手抓向英子，却被贺子珍拦了下来。

"黄先生，请你住手，英子虽然是你的老婆，但是你却没有权利对她这样大打出手。你要是再这样无理取闹的话，英子是有权利跟你离婚的。"贺子珍喝道。

"离婚？就她？我可是花大价钱买来的，买来的就是我的东西，凭什么我不能打她？"

"女人可不是随意买卖的货物，新中国的女性都应该是独立的存在，不应该再沦为附属品，封建主义的那一套，在新中国可行不通。"

"听不懂你在说什么！"黄三有点恼了，"我没工夫跟你胡扯，快滚过来，还嫌不够丢人吗？"

说着，黄三又一次伸手向英子抓去。

"我看你敢！"贺子珍一把拍开了黄三的手，站在了英子的身前，两只大眼瞪得黄三心里头毛毛的，"你给我听好了，只要有我贺子珍在，你就休想再动英子一根头发。"

"好！"人群中发出了呼喊。

有了第一声，就有第二声，再然后，所有的村民都被贺子珍的气魄深深地吸引，纷纷鼓掌叫好。而对于平日里就嚣张跋扈欺压他们的黄三，村民们自然没什么好感，哄笑着要他赶紧滚回家去。

"你……你们……你们给我等着！"黄三色厉内荏地说完，灰溜溜地跑了。

掌声在人群中响起，贺子珍为女性发声，为妇女做主的一幕已经深深印刻在了在场人的心中。

看到乡亲们群情激奋,贺子珍干脆趁热打铁。

"各位乡亲们,你们也看到了,我们创建妇联,为的就是团结全国各阶层各民族妇女大众,和全国人民一起,并努力争取废除对妇女的一切封建传统习俗,保护妇女权益及儿童福利,积极组织妇女参加各种建设事业,以实现男女平等、妇女解放。我自己就是一名妇女,所以我更能深刻地认识到,我们妇女的潜力是巨大的。我们不应该成为社会发展的附属品,而应该集中我们的力量,用我们妇女的方式让自己成为社会发展进步过程中的力量!"

贺子珍此话一出,在场无论男女老幼无不喝彩叫好。而她的这一番话也一传十十传百,在短短的几天时间里传遍了杭州市的各个乡镇村庄。一时之间,杭州市妇联筹备处的楼梯几乎要被人踏平了。每天都有不同的人来到这里,要为妇联的建设贡献自己的一分力量,贺子珍作为杭州市妇联筹备委员会的主任,也奔波于各个乡镇村落,为那里的妇女同志演讲与教学,哪里有需要她就会第一时间出现在哪里,每天都忙得不可开交,而只有钟雯娟知道,每天晚上主任回到住处的时候几乎都是虚脱的状态,十月份的阴湿天气几乎每天都在摧残着贺子珍瘦弱的身体。即使这样,贺子珍的脸上也依旧挂着清爽的笑容,在她看来,这些天忙碌的成果远比身体上的疼痛要多得多。

苏联代表访华行,中外妇女建友谊

新中国的成立带给全世界的影响都是巨大的,一个强大的国家正式向世界问好。世界各国对于这个焕然一新的国家也都充满好奇。

10月份的一天,正在为杭州市妇联筹建工作忙得焦头烂额的贺子珍突然接到了浙江省主席谭震林的电话。

为了祝贺中华人民共和国的正式成立,苏联方面派出了多支代表团来访中国,这当中,苏联的妇女代表团将会到访杭州,与杭州的妇女代表们进行亲切友好的交流。而组建杭州市的妇女代表团这个工作,自然就落到了贺子珍的身上。

得知这一消息,全杭州的妇女都活跃起来了。能够和来自苏联的妇女见面交流,这对于杭州的妇女来说可是一件充满新鲜感的大事。一时间,杭州市妇联被前来毛遂自荐的妇女挤满了,钟雯娟不得不在院子里摆了一张小桌,接受来自杭州各地的妇女报名。

1949 年 10 月底,一支由 30 名苏联妇女组成的代表团抵达杭州,这些人高马大的欧洲姑娘对这个国家的一切都充满好奇,蓝色的眼睛四处张望,想要将这个城市的一切全都收入眼中。

在妇联的大院里,由贺子珍精挑细选的 20 名妇女代表正翘首以盼着,能够一睹苏联优秀妇女的风采,这可是多少人祈求不来的。

在妇联主任贺子珍的领导下,两国共 50 名妇女代表欢聚一堂,虽然语言并不相通,但是双方真挚的情感是无法掩盖的。

贺子珍曾经在苏联生活过很长一段时间,她的俄语水平已经不妨碍她与苏联的代表们正常地交流,但是杭州市的妇女代表却并没有她这样的好条件,虽然面对的是苏联的共产主义妇女代表,但是却苦于交流不便。贺子珍考虑到了妇女们的问题,带着杭州市妇联少数几个俄语还算不错的工作人员,来到了妇女们的身边,主动为她们担负起了翻译的工作。

在贺子珍的领导与帮助下,双方的交流活动十分顺利。虽然大家来自不同的国度不同的民族,但在这里,大家都只是全心全意为了共产主义而付出的精英女性,在这一点上,大家都是相同的,只通过不长时间的接触,双方便构建了深厚的友谊。

接下来的几天里,贺子珍带领苏联的妇女朋友造访了杭州各地的工厂、农村,与苏联的代表交流着关于共产主义建设的看法与建议,苏联同志们的宝贵经验也给了杭州市的妇女同志极大的帮助。

在苏联妇女代表团即将返回之前,代表团的团长阿杰莉娜向贺子珍表达了谢意,这次的访问活动不仅让二人建立了深厚的友谊,也进一步加深了中国与苏联两个国家妇女群体的深深情谊。阿杰莉娜向以贺子珍为代表的杭州妇联发出了邀请,期待着双方能有再次见面的一天。

杭州市妇联的筹建工作一天天完满了起来，一切似乎都已经步入了正轨，可就在这时，一个不幸的消息传来了。

天降横祸胞妹逝，妇女主任离杭州

1949 年 11 月 21 日，一通电话打到了妇联的办公室里。

贺子珍的胞妹贺怡，在赣南返回吉安的路上不幸发生了车祸，当场遇难。

听到这个消息的时候，贺子珍所有的精气神仿佛在一瞬间全都被抽走了，几乎是瞬间瘫坐在了自己的座位上，只是大口地喘着粗气，眼睛里的泪珠如决堤般流出。

钟雯娟本想帮贺子珍推掉当天的工作，但却被贺子珍制止了。她揉了揉眼睛，不让泪水掉下来，强撑精神，将一整天的工作有条不紊地处理掉。

当夜幕降临，办公室内只留下了贺子珍和钟雯娟两个人。贺子珍看着桌上那张与妹妹的合影，再也控制不住自己的情绪，哭了起来。

一旁的钟雯娟默默地安慰着贺子珍的情绪，失去亲人的痛苦让平日里坚强如铁的贺子珍也黯然神伤。

第二天一早，贺子珍就向上级领导上报了想要调回上海的愿望，而她的理由也很明确，贺怡的孩子还在上海，现在贺怡去世，她要肩负起照顾贺怡孩子的责任。而上级也没有太多的异议，通过了贺子珍的请求，将贺子珍调到中共上海市委组织部工作。

就这样，贺子珍轻轻地来，又轻轻地走，在一个月左右的时间里，她用尽自己的全力将杭州市的妇联筹备工作带到正轨上，又在一切可以平稳运行的时候选择离开。

贺子珍的离去惊动了杭州各地的老百姓前来送行，在她离去的当天，杭州市妇联筹备处的门前围满了前来送行的百姓，其中不少都是受过贺子珍帮助的女同志，对于贺子珍的离开，大家都表示出了深深的不舍。

钟雯娟紧握着贺子珍的双手，舍不得放开，眼里噙满泪花。虽然相处的时间不长,但是钟雯娟在贺子珍的身上学到的东西却是她一生受用的。

贺子珍走了,可是杭州市妇联的工作却还在有条不紊地展开着,有了她的铺垫,之后的工作便都顺利了许多。

1953年1月,杭州市妇女联合会正式建立,并组建了第一届的执委会,为此,身在上海的贺子珍还专门发来贺电,表达了自己的祝贺,虽然因为特殊情况离开了杭州,但是贺子珍的心却从未离开过。每当妇联的工作遇到瓶颈的时候,她总能给予精心的指导,让工作能够顺利进行。

1959年的夏天,已经成为杭州市妇联副主任的钟雯娟出差至上海,循着贺子珍留给自己的地址见到了已经五十岁的贺子珍,这也是两人自1949年一别之后第一次见面。虽然已经阔别十年,但是当钟雯娟看到伏案工作的贺子珍第一眼时,那种熟悉的感觉又回来了。她依旧是那个满面笑容,一心为民,身先士卒的贺子珍。

后　记

1984年4月19日17时17分,身体不好,一直在上海医治的贺子珍与世长辞,享年75岁。后葬于八宝山革命公墓。中央给贺子珍做了历史公正的评价:贺子珍同志是坚强的共产主义战士,中国共产党优秀党员,她的一生是革命的一生,艰苦奋斗的一生。

发动妇女生产　彰显千鹤精神

夜　摩

1949 年 11 月 29 日晚八时许

"我志愿加入中国共产党,拥护党纲党章,执行党的决议,遵守党的纪律,保守党的秘密,随时准备牺牲个人的一切,为全人类彻底解放奋斗终身!"

声音低沉、庄严,每个字都咬得分外清楚,念出这段誓言的是一名年轻女性,梳着中分短发,两边压着黑色发卡,在白皙皮肤的映衬下,显得格外清秀。

宣誓的地方很简陋,是在一处阁楼,约莫十平方米,墙上挂着一面鲜红的党旗,除此之外,就没有太多装饰物,灯光有点昏黄,却意外让整个环境庄严肃穆。

胡采薇,金华永康人,时年二十四岁,就这么高举右手,完成了她人生中最重要的一个仪式。

"此后,我虽然在革命道路上经历风风雨雨,坎坎坷坷,有辉煌也有黑暗,有成功也有挫折,但在时过半个多世纪的今天,当年入党宣誓时的情景依然鲜明生动,历历如在眼前。那面绣着镰刀斧头的红旗,那铿锵激昂的誓言,都永生永世印在我的脑海里,融进我的血液中,只要一息尚存,我就永远不会忘记它,违背它!我一定要为实现当年庄严许下的终身奋斗誓言,生命不息,奋斗不止,无怨无悔,不离不弃!"胡采薇在回忆录中记录当时情景。

此时的她,还并不知道,在以后的岁月里,她如何践行了这段誓言,并成为一个传奇的开端。

1953 年 10 月　建德梅城

建德县妇联召开第一次妇女代表大会,胡采薇当选为首任妇联主任。

此时的她已经参加工作数年,早已脱去了早年青涩,依然留着短发的她,脸上已经有了一副别样的干练。

一当选妇女副主任,就受到了建德县委书记解信秋的会见。

解信秋是山东人,属于南下干部,1949 年从山东出发,最早到达义乌,担任中共义乌县委民运部长,1952 年 11 月才担任建德县委书记,担任县委一把手时间并不长。

解信秋人长得并不高大,还显得有点清瘦,眉毛很浓,眼睛有点深邃,皮肤也特别白皙,让他在一众建德本地人中显得特别突出。

不过他的工作也一如北方人一样,雷厉风行,而且特别喜欢压担子。

"胡主任,建德县这半边天,你要下决心撑起来!"一见到胡采薇,解信秋就笑眯眯说道。

解信秋一到任,第一时间了解了县里的主要干事成员,对于这个二十八岁的大姑娘还是印象深刻的。

胡采薇在 1949 年 9 月就到建德工作,当时的建德匪患严重,匪首徐国辉带领千余土匪袭击区、乡、村政权,残杀革命同志,形势非常严峻。就是在这么严峻的形势下,胡采薇,这个当时才二十四岁的年轻姑娘,揣着两颗手榴弹就下到了姜山乡,配合姜占宝和几个本地干部,发动群众,组织民兵,展开清匪工作,很是了得。

如果说建德的妇女工作要有建树,那么解信秋认为,胡采薇是能够发挥重要作用的。

胡采薇扬了扬眉毛,并没有太多的推托,毅然道:"我会撑起的,看我的实际行动吧!"

解信秋点了点头,他的内心十分清楚,这个要求说说简单,实践起来会非常困难。

1953 年是一个特殊的年份,这一年的 1 月 1 日,《人民日报》发表题为《迎接一九五三年的伟大任务》的社论,指出"1953 年将是我国进入大规模建设的第一年",也就是第一个五年计划的开始。

同时在 4 月,毛泽东同志专门起草了学习《当前农村工作指南》的通知。

可以说,整个农村工作真正开始于 1953 年,很多工作都需要摸着石头过河,毫无借鉴可言。而难处却实打实存在,放在头一个的就是合作社劳动力严重不足。

建德县是一个小县,1953 年人口普查的时候,只有二十六万余人,去掉老人小孩,适龄的青壮年劳力刚过十万,而且建德县素来封建迷信思想严重,"妇女下田,无米过年""妇女踩过的田不长庄稼"这种奇谈怪论在农村大有市场,自行去掉了适龄劳力的一半;加上刚刚结束的朝鲜战争,建德县先后有三千零九十八人报名参军,基本是青壮年男性。

结合上面情况,即便建德"八山一水一分田",田间劳动力紧张的情况,也显得特别严重。如何进一步推动破除封建迷信,解放妇女劳力已经是一个迫在眉睫的工作。

不过,解信秋也知道,在这个时候,不适宜追问胡采薇工作重点、工作步骤,再渲染下工作困难,以此来追求自己心里的安稳,他有山东人的大度,既然胡采薇点头答应,就要充分相信她的能动性。

接下来的话题就随意轻松了很多,解信秋还顺路祝福了一下胡采薇,因为他知道,胡采薇马上要结婚了。

"结婚定在什么时候?"

"明年 7 月。"大方如胡采薇也罕见地脸红了一下。

"徐宝珊是个好同志,空军的批准下来了?"胡采薇的丈夫是一名军人,军人结婚是需要部队上同意的。

"空军预科总队的批准已经下来了!"

"好,那你要去徐州了,记得到时来开介绍信。"解信秋微微点头,做出了自己的承诺。

胡采薇点点头，表达了自己的感谢。

"地方上的工作，你准备从哪里入手？"还是忍不住，解信秋问了一句。

"庵口乡千鹤村！"胡采薇没有犹豫，报出了自己思虑很久的名字。

"千鹤……"解信秋脑海里回荡着这个名字，突然对胡采薇能顶起这半边天，又多了几分自信！

千鹤村

千鹤村是由千家、鹤皋两村合并而成，取了两个首字，《诗经》云："鹤鸣于九皋，声闻于野"，这里是县产粮区之一，主要种植水稻、油料，山林产茶叶、桑蚕、柑橘等，是庵口乡的重点村，各项工作都跑在全县前面。

土改后，农民分到土地，有的家庭劳动力不足，妇女就开始自发地参加劳动，主要是割麦、割油菜、车水、积肥、除虫等方面的工作。

在建德县第一次妇女代表大会上，胡采薇就主持了工作，专门开了一个"发动妇女积极参加工农业生产，积极参加合作化，搞好爱国增产节约"的主题会议，千鹤村的报告就让她留下深刻印象。

1951年8月，千鹤村就出现了八户人家组成的范水根临时互助组，男整劳动力十个，半劳动力一个，女整劳动力五个，半劳动力六个；到1953年7月，全村七十八户中有五十六户按自愿互利原则结为互助组，全村一百零七个妇女劳力有七十多个参加了互助组。

胡采薇手上就有一份名单，在苏连珠为代表的妇女带动下，涌现了一批如吴梅莲、廖三号、廖梅花、苏翠娇这样的劳动积极分子。

所以，胡采薇带着工作队下乡蹲点，第一站就放在了苏连珠家里。

苏连珠很年轻，1953年的时候才二十三岁，身体也较一般女性健硕，脸圆圆的，看上去分外讨喜。

胡采薇带队过去的时候，苏连珠正蹲在自家屋子前，捧着一个苞芦馃在吃。

抬头看到胡采薇的时候，苏连珠"哎呀"一声叫，忙不迭地把吃了一半的苞芦馃放回碗里,置在台阶上,双手在衣服上来回擦了几下,又顺带把脸抹了一把,站起身,红着脸迎了上来。

胡采薇瞅了瞅苞芦馃,笑道:"手捧苞芦馃,脚踩一炉火,除脱神仙就是我!"

这是建德的俗语,这苞芦馃就是将玉米粉揉成粉团,做成薄饼,包上猪油馅心,放入铁锅中,以文火烙至色泽微黄。农忙季节,农民多带苞芦馃上山下田,十分耐饥。

"胡主任,你笑话我!"苏连珠脸又红了。

胡采薇对苏连珠了解得很,知道她脸红绝对不是因为羞涩,主要心里藏不住事,啥想法第一时间都露在脸上。

说到这里,胡采薇也不再打趣,就找了一块干净的石头,坐了下来,道:"还有苞芦馃不,看着有点馋。"

苏连珠瞅了瞅吃了一半的苞芦馃,抓抓头发不好意思道:"苞芦馃没了,临时做时间有点久,我这里有点现成盐豆,要不?"

这盐豆是好东西,熟黄豆油炒,并撒上盐,香喷喷的,好吃得紧。

"来一点!"胡采薇眼睛一亮,说道。

胡采薇倒不是来讨吃食的,长期在乡村工作,她深深了解,要和老百姓打成一片,千万不要端着,就是要吃住在一起,老百姓吃啥她吃啥,才能更深入了解老百姓想法,老百姓也会把她当成自己人,无话不说。

今天吃了苏连珠的盐豆,过两天就能从县城带点东西给她,胡采薇心中默默道。

接下来,胡采薇就仔细询问起情况。

苏连珠家属于极度缺劳力的困难家庭,奶奶和母亲都是小脚女人,根本走不出家门,姐弟四个她是老大,下面几个都还小,连半个劳动力都不算,干活的人少,家里就不够吃,所以她只能早早地承担起养家的责任。

就这样,村里也还是有很多人在说闲话。

"好多户人家,都说我爹没出息,让女娃下了田,还说我……"说到这里,苏连珠眼睛一红,就觉得分外委屈,"不守妇道,不待在家里照顾弟弟妹妹,抛头露面的,难怪现在还没找好婆家……"

胡采薇安慰道:"没说你踩过的田不长庄稼?"

苏连珠扑哧一声笑了出来:"那他们不敢,我参加过县里举办的冬学,知道耘田次数要多、犁田深度要深、耕耙次数要加的道理,我家的田可比他们的能产粮食。"

胡采薇还是很高兴,冬学的事,是 1949 年下半年开始搞的,县里提出"群众工作开展到哪里,冬学开办到哪里"的口号,把扫除文盲作为根本决策,到 1952 年的时候已有 8994 名妇女进冬学、上民校,占学员总数的 34%。

如今看来,这个举措非常合适而且极其必要!

想到这里,胡采薇对接下来的工作又多了一点信心,群众工作最怕什么?就是怕一群文盲,你说的他不理解,也不愿意理解,整天打着自己的算盘珠子,那做再多的工作,也是鸡同鸭讲,没用处。

至少不用和老百姓讲,妇女踩过的田也是能长粮食的……胡采薇如此安慰自己,感觉工作又前进了一步。

"那村里还有谁在田里干活,特别突出的?"

"苏翠姣挺不错的!"苏连珠毫不犹豫报了一个名字。

胡采薇此时心里已经有数,看报告是一回事情,看群众的真实反映是另一回事情,从现在看来,千鹤村确实如她所料,有着很好的群众基础,像苏连珠这样的不是个案,而是有一定的普遍性。

胡采薇盘算了一下,知道接下来的工作重点有哪些。

"连珠,现在农闲,有没有空陪着我到处走下?"胡采薇还是很喜欢苏连珠这个大姑娘的,感觉她有着很好的妇女干部底子,顿时起了带带她的想法。

苏连珠眼睛一亮,答应道:"好!"

这个时候,苏连珠并不知道,这个"好",让她走上了截然不同的一条道路。

1972 年,入党不久的苏连珠成为大队党支部书记,一直干了十四年。

1976 年至 1983 年,她作为农业战线的代表,担任了不脱产的省妇联副主席,参加每年的妇代会。1986 年,她参加了全国妇代会……

1954 年 10 月　建德梅城

建德县第二次妇女代表大会,胡采薇端坐在位置上,此时的她已经有点黑瘦,常年在地方上蹲点,行走在田边,让她少了白皙多了干练,由于她的突出工作,经过民主选举,她当选了建德妇联的主任。

刚刚她召开了"教育妇女积极参加超额增产运动,提高对统购统销的认识"的主题会议,现在的会议更像是小范围的妇联内部会议,参与会议的有副主任杨美娟,以及部分妇女干部。

开会的地方很小,十几平方米,一张小圆桌子,几张凳子,从窗口洒进的秋日阳光,让整个会场染上了一层薄薄的金黄,显得暖洋洋的。

"去年的这个时候,解书记和我说,让我担起建德妇女的半边天,我说好,让实际行动证明。其实呀,那时的我觉得肩头上千斤担子,心里怯得很!"胡采薇慢慢道。

下面一片笑声。

"到今天,解书记都调任了,我都没个交代,也不敢写信给他,就怕他问起,这半边天有没有撑起来?"

笑声更烈。

"但是,我已经有信心,经过一年的蹲点,我已经充分了解了建德各地的情况,也开展了很多工作。今天算闭门会议,不做会议记录,讲完,我就做工作部署,大家要有心理准备,能不能证明我们撑起了这半边天,完全看我们接下来的工作!"

胡采薇轻轻咳了一声,拿起水杯润了一口水,她知道,接下来会有很长一段讲话。

胡采薇在千鹤蹲点的时候,面临的最主要问题,就是思想斗争问题,而且随着妇女参加工作的面越来越广,思想斗争越来越激烈。

当时建德农村普遍重男轻女,认为妇女只能生儿育女,洗衣烧饭,服侍好老公,伺候好公婆,而田间劳动是男人的事。

发动妇女参加农业生产阻力相当大,不仅妇女本身自卑思想相当严重,而且男人也认为妇女下田会让别人看不起,说自己无能。公婆更是想不通,说媳妇下田抛头露面,破坏祖宗古训,败坏门风。未出嫁的女儿下田,父母就会担心她以后嫁不出去。

妇女的自卑,男人对妇女的歧视,封建礼教观念的根深蒂固,发动妇女参加农业劳动困难重重。

这个情况,胡采薇向县里做过一次汇报,在取得县委书记的认可后,县委工作组派驻村干部朱水弟、刘如望,试办千鹤初级农业合作社,首批三十二户农户加入合作社。

农业社除组织运输队搞副业,农忙时还动员男半劳力和单身妇女参加田间生产,挖掘劳动潜力。

1954年水稻生产,准备充分,适时播种,早插秧、早培育、生长好,社员收入增加,开了一个好头。

"县里决定,明年,千鹤高级社扩大到七十七户!"胡采薇道。

妇联干部立刻意识到问题,之前的三十二户农户,都是胡采薇做了大量思想工作,亲自到农户家里摸排情况,精心挑选出来的。不是家里缺劳动力女人本来就要干农活,就是相对开明,封建思想不浓郁的。

就是这样,也就只能在农忙时发动单身妇女参与田间劳动,大量妇女根本没有发动起来。而高级社土地入社,取消土地分红,社员按劳分配,多劳多得,如果不能充分发动妇女工作,明年的农活就会有大的问题。

"所以,明年的工作尤为关键,妇女能不能顶起半边天,就看我们在工作中的表现。同志们,农民同志的生活,是靠一锄头一锄头干出来的,这种实在,让他们只能重视眼前。所以,和农民同志打交道,千万要记得会算账,不要空谈理想!"

胡采薇做了最后总结发言,同时布置了明年的重点工作。她有一种强烈的预感,1955年,将会成为她生命中最重要的一年!

1955 年　千鹤村

建德县试办了千鹤高级农业生产合作社。

千鹤社共有七十七户,有男整劳动力八十七个,半劳动力二十八个,女整半劳动力八十八个。该社在半山区,作物以水稻、玉米为主,番薯、小麦次之,有水稻田三百二十亩、旱地三百零二亩、山地二百亩。

胡采薇站在田垄旁,身边则站着新任千鹤高级社的副社长苏连珠。

苏连珠一直陪着胡采薇到处走动,做农民思想工作,虽然不善言语,但是干活却冲在前面,这种朴实的一线精神,获得了社里大部分人的认可,所以在这次民主选举中,苏连珠被推选为副社长。

"这秧苗普遍有点发黄,你看那边,有些秧苗已经翻根了。"胡采薇指着一片病恹恹的秧苗,对苏连珠道。

"秧苗翻根,得赶紧补水补土!"苏连珠是庄稼好手,一眼就看出问题。

两人说话间,正好一名汉子从远处走来。

汉子黑黝黝的,壮实,就是眼睛有点细小,眯成了一条缝,正是驻村干部刘如望。

刘如望,胡采薇是非常了解的,1953 年冬种以后就蹲点千鹤村,说起情况来比她还了解,办初级社的时候,他是出了大力的。

"胡主任,你亲自下田头呀!"刘如望看到胡采薇,大笑道。

"你还笑得出来,你看这田,这秧子,啥情况呀?"

"唉,胡主任,你又不是不了解情况,立夏前定的目标,土肥原计划积十三万公斤,只积了四万五千公斤;春花田的草百分之八十没有铲;水利没有修好;早熟作物没有种;烧饭柴火准备不足……"刘如望一拍腿,立刻吐起苦水来。

"得得,刘干部,别报账,得想办法!"胡采薇连忙止住刘如望的诉苦。

刘如望一摊手:"我是定了小段半月生产计划,需要一千六百六十七个工,男劳力全用上了,也只能做那么多活,按我说,还是得靠你们妇女同志。"

胡采薇转了转眼睛,道:"行,我们得开会,合开男女社员大会。"

说完,转过头对苏连珠道:"连珠,你去做好会议通知和会议安排!"

"这个会,刘干部你得一起!"

刘如望被胡采薇盯着心里发毛,这妇女主任,强势得很,惹不起,惹不起。

"行,行,都听你的。"

当天晚上,村里就召开了男女社员大会。

在公社会堂里,黑压压坐了一片人。

开场就是刘如望的工作汇报,介绍了情况。

刘如望还是一个精细人,在做好总结,说明严峻问题后说:"这开春以来呀,社里都觉得今年春花生产良好,闰三月季节还早,可慢慢来。我们呀,那是乐观过头了!"

下面一片哄笑。

胡采薇清了清嗓子:"我讲个事,对了,骆光头在不?"

一个光头汉子举起手,轻轻应了一声。

"去年,骆光头没入社,同片田少施了三次焦泥灰,你说说,每亩少了多少斤粮食?"

骆光头憨声道:"得,得有六十斤吧……"

下面一片嗡嗡声,有些会算数的人都不自禁算了起来,不少人露出肉疼的神色。

"所以增积土肥有多必要,家里妇女可以多开动脑筋,寻找肥源,这个总是好办法吧!"胡采薇心知事情要从易而难,很多群众有思想包袱,不愿意家里女人抛头露面,先算个经济账,把心防打开。

"还有呀,这社里的事都是大伙的事,现在缺工这么多,光靠男人,不得累死!"

下面立刻有人响应:"对,农活这样多,光靠男人做死也做不完!"

胡采薇眼尖,立刻认出说话的人:"吴德成同志说得特别好! 这生产劳力账一算就知道,光靠男人不行,还得靠我们女人!"

说完这话,胡采薇举起拳头,奋力一挥。

在村里,不要讲大道理,就要直白直接。

下面一片嘁嘁声，胡采薇立时知道，火候差不多了，再添一把火就行："姐妹们，可别看不起自己，你们看连珠，多能干，现在都成为副社长了，谁能说她不行！男人能干的活，我们女人一样能干，有些还干得比他们好呢！"

"我们不光是烧饭、洗碗、饲猪老三步了。"一个细小的声音从角落里传了出来，还没等胡采薇找到那个发言人，平时最积极的骆巧珍腾地站了起来。

"春天多积一担灰，秋收多打粮！"声音洪亮，有力，整个会堂里沉寂片刻后，立刻响起如雷的掌声。

胡采薇知道，这事，成了！

一旁的刘如望张大了嘴巴，全程观看胡采薇鼓动的他一时间不知道该说啥，只是在心里想，胡采薇这个女人呀，真是了不起，惹不起，惹不起！

而另一边的苏连珠偷偷给胡采薇比了一个大拇指。

稍微晚点，几个社干部又开了一个小会，胡采薇主持。

胡采薇心里清楚，今天的大会只是把大家伙的积极性调动起来，如果没有确实的保障，过个几天，各种问题上来，这事还得黄。

根据她这一年多的调研，其实心里早有了方案，这个事她琢磨了不止一天两天了。

"妇女工作还是和男人有点区别，我们可不能真把女人当男人用！"胡采薇开了白，几个男干部都讪笑了一下。

接下来，大家就情况都做了梳理，对整个社的工作进行了统筹安排。

首先，帮助妇女合理安排时间和分工，在男女劳动力之间、女劳动力之间、家庭成员之间都进行了合理分工。帮助妇女合理安排时间，并根据妇女的生理特点，分配适合她们的劳动，全社八十八个女整半劳力，三十二个割油菜，其他积肥和种早熟作物。安排哺乳的妇女做离家近的屋边活，力气好的青壮年妇女做离家远的活；女半劳力割油菜、积肥、拔猪草；老年妇女烧饭、洗衣、喂猪、带小孩。

其次，执行男女同工同酬，合理评工计分。该社原来妇女一般只能评4—6分，而且记男人的名字，妇女认为不合理，影响劳动积极性。后经调整,改为按件、按质记工分,而且记妇女自己的名字。妇女廖三号、骆樟梅、方洪珍、廖梅花身体好,劳动能力强,工分由原来的 6 分 7 分,评到 10 分。

有重点地在一、二、三小队中试办托儿组,解决妇女参加生产的特殊困难。在需要带的十六个小孩中,除四个家里有人带外,其余十二个由托儿组寄托,给保姆合理的劳动报酬。

会开到天蒙蒙亮才结束,看着写了密密麻麻字的草纸,以及一帮睡眼蒙眬的村干部,胡采薇突然觉得,她对未来妇女撑起半边天有着无比的信心!

通过广泛宣传发动和采取各种措施,广大妇女参加农业社劳动的比例大大提高。

效果是非常明显的,妇女吴树英本来不愿意订积肥,工资调整后,第二天天不亮就去挑草皮烧灰。

妇女洪水花,五口之家,媳妇二十二岁,经常参加小队生产活动;女儿十七岁,除了负责拔猪草外,还参加割油菜、积肥;自己五十多岁,在家烧饭、洗衣、喂猪,有时放牛,并替别人带一个小孩。

妇女们加入集体劳动,增加了交往的机会,开阔了眼界,再也不是那些只待在家里的大姑娘、小媳妇。她们几乎天天出勤,而且白天劳动,晚上学习,发挥了前所未有的积极性、主动性,战胜了一个又一个的困难。

1955 年,妇女参加夏收夏种,仅四天时间,就收割油菜一百零五亩,还在十五亩自留地上种下苋菜、南瓜一千六百多棵,屋边地种下向日葵五十五株。

除了参加一般的田间劳动之外,千鹤妇女还先后参与修筑万家坞水库和樟家坞水库,七十多名妇女与男社员一起挑泥、垒石、筑坝,使水利工程如期完工,两个水库的蓄水量分别达到一万两千万方和两万四千万方,使农田抗旱能力达到七十至八十天。另外参加积焦泥灰劳动。妇女们提出了"积焦泥灰,就是积稻谷"的口号,仅几天时间就积了一千零七十担。

廖梅花计划积肥二担,实际完成十担。由于千鹤妇女参加劳动,改变了过去男社员"爬了山头,荒了田头;顾了田头,丢了山头"的被动局面,生产有了新的发展。

千鹤生产农业合作社 1954 年粮食总产量为 113.2 吨，1955 年在遇到特大洪涝灾害的情况下，粮食总产量仍然达到 133.88 吨，较上年增产 18.27%。

全社有六个妇女到县里开过会，一个当上了县妇女代表，六个妇女选上了管理委员会生产小队长，五个参加了青年团，三个被选为劳动模范，得到奖励。

千鹤的妇女，真正地站了起来，并撑起了半边天！

后　记

之后，胡采薇觉得要记录下这个情况，亲自撰写了庵口乡千鹤村农业生产合作社妇女参加农业生产情况的总结报告，上报建德县委，题为《建德县千鹤农业生产合作社发动妇女投入生产，解决了劳动力不足的困难》。

县委对此非常重视，立即通报转发到各区委、乡党支部，并抄送地委、省委，最后抄送到中南海，毛泽东主席处。

毛泽东对这份报告看得特别仔细，在现在留存的文档中，我们可以清楚地看见，文中分别有铅笔、毛笔、红笔三种修改痕迹，改得密密麻麻，连标点符号也不放过，并且亲自修改题目为《发动妇女投入生产，解决了劳动力不足的困难》。

还写了长长的按语："在合作化以前，全国很多地方存在着劳动力过剩的问题。在合作化以后，许多合作社感到劳动力不足了，有必要发动过去不参加田间劳动的广大妇女群众参加到劳动战线上去。这是出乎许多人意料的一件大事。过去，人们总以为合作化以后，劳动力一定会过剩。原来已经过剩了，再来一个过剩，怎么办呢？在许多地方，合作化的实践，打破了人们的这种顾虑，劳动力不是过剩，而是不足。有些地方，合作化以后，一时感到劳动力过剩，那是因为还没有扩大生产规模，还没有进行多种经营，耕作也还没有精致化的缘故。对于很多地方来说，生产的规模大了，经营的部门多了，劳动的范围向自然界的广度和深度扩张了，工作做得精致了，劳动力就会感到不足。这种情形,现在还只是在开始,将来会一年一年地发展起来。农业机械化以后也将是这样。将来会出现从来没有被人们设想过的种种事业,几倍、十几倍以至几十倍于现在的农作物的高产量。工业、交通和交换事业的发展,更是前人所不能设想的。科学、文化、教育、卫生等各项事业也是如此。中国的妇女是一种伟大的人力资源。必须发掘这种资源,为了建设一个伟大的社会主义国家而奋斗。要发动妇女参加劳动,必须实行男女同工同酬的原则。浙江建德县的经验,一切合作社都可以采用。"

1955 年 5 月 24 日《浙江农村工作通讯》第六十期发表了这份报告,被中共中央办公厅编入《中国农村的社会主义高潮》一书的中册。

可以说,毛泽东主席对千鹤妇女的批示时间最早、字数最多、分量最重、内涵最丰富。批示中鲜明地提出了"中国的妇女是一种伟大的人力资源"的观点,而且把发掘这种资源和建设伟大的社会主义国家结合起来,把妇女的地位提高到前所未有的高度。之后,以苏连珠为代表的千鹤妇女成为全国先进典型。

主席通宵达旦　男女平等入宪

洪方敏

一、选择杭州,做立国安邦的大事

1953 年 12 月 27 日

一列北京来的专列缓缓开进夜色下的杭州火车站。

站台上,早已等候多时的浙江省领导谭启龙、李丰平、王芳等人,悬着的心终于放下,获得片刻的轻松。脸上充满激动和欣喜,内心的喜悦无以言表,他们为毛主席莅临杭州而感到骄傲,又为能见到毛主席而自豪。

专列上,毛泽东主席透过车窗,看到窗外站台上迎接的浙江省主要领导,若有所思。

"主席,是现在下车还是在车上接见浙江省委领导同志?"秘书站在毛泽东身边,轻声请示。

毛泽东主席从思绪里拉回来。他"哦"了一声,并未抬头,习惯性地把手指上的烟头送到嘴边再吸一下。

1921 年,中国共产党第一次全国代表大会在嘉兴南湖闭幕。会议结束后,毛泽东借道杭州返回湖南。在杭州待了一晚上,短暂地游览了西湖。那是他第一次到杭州。

这次,是毛泽东时隔三十二年后第二次来杭州,也是他在中华人民共和国成立后第一次视察杭州。看到沿途一日千里的建设景象,加上故地重游的心情,似乎驱散了连日的舟车劳顿和杭城冬日的阴冷。故地重游,杭州早已经换了人间。

列车停稳,毛泽东从容地走下专列,与等候的浙江省主要领导一一握手。随即,坐上吉斯轿车,在浙江省主要负责人的陪同下,穿过市区,开进位于杭州西湖西岸边丁家山下一处枕山面湖的地方——刘庄。

刘庄是晚清光绪年间广东举人刘学洵斥巨资建造的一座极具岭南风格的别墅。刘学洵死后,家道中落,他的遗孀在中华人民共和国成立后将这幢有些破败的房子捐献给国家。这房子当时划归铁路部门管辖,浙江省委临时腾出给毛主席使用。

刘庄的主人未曾想到,他所营建的房子,会成为中华人民共和国领袖下榻的地方,中华人民共和国第一部宪法草案也在此出稿。并在此后的岁月里,成为接待重要贵宾的西子国宾馆的一部分。

夜色已深,毛主席起居室里灯火依然亮着。毛主席习惯深夜工作,身边的工作人员跟随主席多年,对他的作息非常熟悉,安顿好主席之后,就按部就班地回到各自的岗位。

冬夜刘庄古老的宅院里静悄悄的,只有主席起居室里仍有声响。毛泽东精神矍铄,丝毫不因长途劳顿而疲倦。他睡前有阅读的习惯,案头几本宪法资料,已经被翻阅多次,字里行间也做上许多标记。

1953 年 1 月 13 日,中央人民政府委员会举行第二十次会议,讨论召开全国人民代表大会会议和制宪的问题。会上,大家一致通过了《关于召开全国人民代表大会及地方各级人民代表大会的决议》,并决定成立以毛泽东为主席,以朱德、宋庆龄、李济深、邓小平、李维汉等三十二人为委员的宪法起草委员会。

接着,中共中央组建了一个宪法起草小组,成员有陈伯达、李维汉、胡乔木和田家英等,由毛泽东亲自领导,并以政务院内务部为主,组成宪法起草办公室。

这一年是共和国成立的第五年,国内土改结束,经济开始复苏,三反五反运动也取得成效,第一个五年计划开始实施,1949年政协制定的《共同纲领》所定下的目标,初步完成。《共同纲领》也即将结束它临时宪法的作用,完成它的历史使命。中国革命,从新民主主义过渡到社会主义道路。一个崭新的社会主义国家,急需一部体现国家、人民意志的新型宪法,巩固革命成果,确定社会制度,保障落实人民权利。

宪法,是一个国家的根本大法,体现一个国家全体人民的意志和要求。规定了国家各个方面的基本制度。

宪法起草小组来杭州,是毛泽东向中央建议的。他暂停中央繁忙的工作,专门集中精力,要在杭州起草新中国第一部宪法。毛泽东对随行的人员说:"治国,须有一部大法。我们这次去杭州,就是为了能集中精力做好这件立国安邦的大事。"

杭州是毛泽东一大会议后到达的第一个城市,似乎是一个起点。这次把宪法起草地选在杭州,似乎是一种预示:革命道路与杭州有缘,社会主义中国建设的纲领文件,从这里产生。

一个新的起点。或许,这是毛主席选择杭州起草宪法草案的一个原因吧。

二、通览中外宪法,借鉴引以为用

宪法起草,对那一年的毛泽东和共和国来说,是件非常重要的政治工作。起草宪法的办公室,就设立在西湖北山路84号30号楼。这里是原国民党将领汤恩伯的别墅,现在作为毛主席以及宪法起草小组的办公场所。陈伯达、胡乔木、田家英等几位秘书就被安排住在这里。

楼前的平房,就成为毛泽东主席办公的地方。

在省档案馆收藏的《毛泽东与浙江》一书中,时任浙江省委书记谭启龙回忆:1954年1月9日,宪法起草正式开始。每天15时,毛泽东便会来到北山路84号30号楼,常常一干就是一个通宵。在曾任国务委员、公安部部长的王芳记忆中,为了起草宪法,毛泽东的办公桌上总堆满了各种书籍、资料和文件。

这幢面朝西湖的房子，此刻正沐浴着西湖冬日的暖阳。透过窗户，可以看到丛林掩映的西湖、断桥残雪，还有宝石流霞的黄昏景色。

毛泽东工作的书桌上摆满了各种书籍、资料和文件，叠满整个桌面。其中包括苏联、东欧一些社会主义国家的宪法译本，当然也有一些资本主义国家的宪法译本。这些都是为起草宪法所准备的参考资料。

这次宪法起草，毛泽东指示秘书搜集了国内外多种版本的宪法，加以借鉴参考。我们从毛主席给中央的电报中，就能看出一二。这是他要求中央有关人员搜集整理，需要阅读的参考资料清单：（一）一九三六年苏联宪法及斯大林报告（有单行本）；（二）一九一八年苏俄宪法（见政府办公厅编宪法及选举法资料汇编一）；（三）罗马尼亚、波兰、德国、捷克等国宪法（人民出版社人民民主国家宪法汇编）；（四）一九一三年天坛宪法草案，一九二三年曹锟宪法，一九四六年蒋介石宪法（见宪法选举法资料汇编三，可代表内阁制、联省自治制、总统独裁制三型）；（五）法国一九四六年宪法（见宪法选举法资料汇编四）。

毛泽东对这些参考书的使用是惊人的，他本身对阅读有着超乎常人的兴趣。很多参考书目上，或多或少地留下毛泽东的批注，或者一些文字和体例，给予毛泽东与宪法起草小组某种启发。当时为宪法起草小组做资料工作的史敬棠回忆：毛泽东特别注意研究和借鉴1918年颁布的《俄罗斯社会主义联邦苏维埃共和国宪法（根本法）》、1936年颁布的苏联宪法以及斯大林《关于苏联宪法草案的报告》，此外他还注意参考一些人民民主国家的宪法。

他对资产阶级宪法和资产阶级民主，采取历史唯物主义的态度，不是一笔抹杀。在几个主要资本主义国家的宪法中，毛泽东比较看重1946年《法兰西共和国宪法》，认为它代表了比较进步、比较完整的资产阶级内阁制宪法。

至于中国历史上的宪法，毛泽东对清朝末年以来的历次宪法，都进行了认真的阅读和研究，他评价说："从清末的'十九信条'起，到民国元年的《中华民国临时约法》，到北洋军阀政府的几个宪法和宪法草案，到蒋介石反动政府的《中华民国训政时期约法》，一直到蒋介石的伪宪法。这里面有积极的，也有消极的。比如民国元年的《中华民国临时约法》，在那个时期是一个比较好的东西；当然，是不完全的、有缺点的，是资产阶级性的，但它带有革命性、民主性。这个约法很简单，据说起草时也很仓促，从起草到通过只有一个月。其余的几个宪法和宪法草案，整个说来都是反动的。"

作为宪法起草小组成员的陈伯达、胡乔木、田家英已经进行过前期准备和多次沟通。他们根据主席的意见，各自进行处理落实。在来杭州之前，陈伯达已经草拟过一个稿子，但是被毛泽东否决。

毛泽东对宪法起草有一个具体的"时间表"：在 1954 年 1 月 19 日，制订出详细的工作计划。1954 年 1 月 31 日完成宪法草案初稿，接下来落实讨论、修正等工作。

一个月时间完成宪法草案，这个工作进度是迅速的。为此，借鉴各国、各个历史时期的宪法，成为非常重要的手段。

大平房里，宪法小组每天都要进行会议交流，就有关宪法的体例、沿革等各种技术性问题进行讨论，他们把世界各国的宪法进行归类总结，把中国历史上的几个代表性宪法进行研究分析。用最精干的文字进行阐述，使之清晰明了。

毛泽东专心致志地捧着秘书送来的文件批阅，他手里拿着一支铅笔，不时地在上面进行批示。他工作的时候精力非常集中，思考研究问题常常到忘我的地步，手里的香烟吸到快烧到手指才会发觉。工作的专注，可见一斑。

三、用极其简洁的语言，把男女平等写入宪法

在起草宪法的时候，毛主席毫不犹豫地将男女平等写入宪法。

中国妇女需要什么样的权益，共产党和社会主义宪法要给予她们的，是什么样的保障？

近代以来,最早提出男女平等的是湖南衡山唐群英,她作为第一个女性同盟会会员,极力将男女平等写入同盟会政治纲领文件,得到孙中山的肯定。

　　辛亥革命后,孙中山制定宪法文件《临时约法》时,同盟会一些会员迎合旧势力,极力阻止将男女平等写入《临时约法》。亚洲历史上第一个共和性质宪法里,失却了最重要、最具社会革命性的女性解放条文。

　　此后,同盟会改组成国民党,宋教仁又亲自把同盟会纲领中男女平等的条文删除掉。从此,男女平等在神州大地昙花一现,又归于旧社会黑暗的泥沼之中。毛泽东曾评价说,这些都是反动的。

　　毛泽东和中国共产党人从一开始,就在探索适合时代要求,符合中国社会的男女平等。

　　1931年的中华苏维埃共和国宪法,明确写进了工人农民、劳苦民众以及家属在苏维埃法律面前,不分男女、种族、宗教一律平等这一条。这条法律,在当时的历史环境下,是一次中国妇女解放运动的启蒙,是中国宪法史上的一次伟大突破,但也存在历史的局限性。

　　1943年,中央妇委向中央起草了《关于各抗日根据地目前妇女工作的方针的决定》(以下简称《决定》)。1943年2月,毛泽东亲自审改了这份《决定》稿,后在2月26日的《解放日报》发表。这便是著名的"四三"决定。这一《决定》,高度评价了妇女参与生产劳动的重要性,要求妇女干部"必须学会农村经济知识,了解妇女生产内容"。

　　现在鉴于国内生产资料的社会主义改造完成,妇女解放与社会发展的结合便日趋向社会主义建设方面倾斜。同时,随着生产力发展和社会第三产业比重的提高,妇女参与的范围也势必日趋拓展。在这种情况下,妇女运动便从发动妇女走出家门,求劳动数量之广逐渐向提高妇女素质和就业质量的方向发展。这更需要以法律的形式,来确定这种权利。

　　毛泽东很早的时候就将视野对准男女平等问题。他的《湖南农民运动考察报告》,算是中国革命史上将视野投向农村的先行者。尤其是对妇女压迫的问题,他有着非常深入的研究。

起草阶段,毛泽东经常与小组成员们进行谈话。他思维敏捷,讲话提纲挈领又不乏幽默风趣。在工作的空闲,毛泽东喜欢爬山,爬遍杭州周围大小山峰,参观考察当地生产生活。在爬山的时候,他经常一边走一边思考,与身边的人交流聊天,探讨男女平等的思想如何入宪。男女平等,一直在毛泽东心中酝酿。把男女平等写入宪法,以最高法律形式确定下来,这是毛泽东与中国共产党人孜孜以求的事情。这在中国历史上,也是件开天辟地的事情。

宪法起草小组成员经常与毛泽东讨论草案内容,如何用最精练的语言,进行男女平等文字阐述,大家各抒己见。胡乔木不善长篇大论,讲话慢声细语,但思路开阔,对事物见解独到,具有深厚的理论功底和缜密的思维。作为一个宪法草稿起草人员,他需要深刻领会领袖的意图,把主席的思想,用最精准的文字呈现出来。

谈到男女平等的时候,毛主席凝视着窗外,眼神中充满无限情感。窗外的西湖,这里有梁山伯与祝英台的故事,这里有许仙白娘子的传说,这里有苏小小的凄美,也有岳飞、于谦、张苍水的英雄气概。这里更是鉴湖女侠长眠的地方。秋瑾烈士巾帼不让须眉的英雄气概,不正是男女平等最动人心魄的呈现。共产党人在宪法中书写男女平等,正是对中华民族女性的肯定和致敬。

身边工作秘书笑道:"越剧多才子佳人,就像梁山伯与祝英台,祝英台就是在追求男女平等嘛。"在整理草稿时,秘书看到毛主席在草稿旁白上批注了很多文字。有涂改,有删减,有增加,有备注。每个字都倾注了毛泽东无限的情感。

这情感,从他与斯诺谈话中,回忆自己家庭与母亲的时候就能看出来。或许,是从他写的"我失骄杨君失柳"的诗句中流露出来,或许,是从他"妇女能顶半边天"的豪言壮语中表达出来的。

中华人民共和国妇女在政治的、经济的、文化的、社会和家庭的生活各方面享有同男子平等的权利。

毛泽东对起草小组的人说:"宪法草案要简洁明了,文字通俗易懂,便于群众了解和掌握。"男女平等,也要以最简洁和有力的语言文字表述出来。

"用极其简洁的语言,把中国男女平等这项制度,以宪法的形式确定下来。"毛主席说道,"这样很好。"

四、湖山有幸,见证历史印记

中华人民共和国妇女在政治的、经济的、文化的、社会和家庭的生活各方面享有同男子平等的权利。

在杭州湖山旖旎中,这部由毛泽东起草制订的宪法草案,首次将"男女平等"写入宪法,以国家最高法律的形式赋予女性权益,树立起中国男女平等的法律基础,推动中国社会走向现代文明。打上时代的烙印,深刻影响着这个国家和人民。

将男女平等写入宪法,这是中国妇女发展历史上开天辟地的事件,彻底打开了两千年来妇女被压迫的枷锁。在为中国女性能拥有与男性平等的权利,更大发挥女性在社会各个方面的作用,保障女性权益等方面,具有里程碑意义,奠定了中华人民共和国妇女事业的基础。同时,对于杭州妇女运动历史来说,更是一件无限光荣的事情。

湖山有幸,曾留住这一历史的瞬间。

新时代新女性　忙创业带家乡

疯丢子　夜　摩

小小倒笃菜，能做大市场

1960 年仲夏,潘秋梅出生在建德一个普通农户家,她的父母给她取"秋梅"这个名字,就是希望她能够像梅花一样高洁、坚韧,同时也希望她能和梅花一样带来希望。

小时候的潘秋梅过得很清苦,她印象中最鲜美的食物,可能就是"倒笃菜",这是建德的传统农家菜,用芥头多、菜帮大的九头芥,俗称"雪里蕻"腌制而成。

潘秋梅从小就帮着母亲,将采收来的九头芥,去掉黄叶和根须,摊在地上晾一天,等菜叶晾萎后一株株仔细清洗、沥干,然后仔细铺在竹架上晾晒。

两天后,找一个晴好的晚上,用洗净的大盆,一层菜、一层盐铺排起来,揉匀笃实,隔日有盐水溢出后,年幼的潘秋梅就看着母亲用一根擀面杖用力将菜层层塞进坛子里,最后用稻草塞口,黏土封住,倒置在泥地上。

一个月后,色泽黄绿的倒笃菜就散发着浓郁的发酵气味,从坛子里倾倒出来,刺激着潘秋梅的食欲。

这个记忆深深伴随着潘秋梅,即便后来她当过"代课老师",开过"浙江红"饭店,一直忙碌工作时,也没有消散过。

2000 年,建德妇联找到了潘秋梅,希望听听她的建议,看看怎么帮扶农民,此时的农民致富不易,哪怕丰收时,都可能因为农产品卖不掉而烂在田头。

那个时候,潘秋梅在上海经商的丈夫已经拥有千万资产,既当妻子又当母亲的她本应该开始享受生活。

这次座谈让潘秋梅突然起了新念头,要做儿时那小小"倒笃菜"的生意。

潘秋梅是一个果敢的人,当她想明白以后,立刻着手工作,她聘请了浙江大学生物工程食品营养系和浙江农科院的教授作为技术指导顾问,还请了几个老农指导制作工艺,兼顾了传统和卫生质量。

2001 年,潘秋梅在新安江开了家小店铺,卖起了"倒笃菜",聪明的她在第一时间就确定了两个点:一个是标准,潘秋梅的倒笃菜种植的地点就在远离人居的山脚,重在"绿色";种子是浙江大学教授专人培育的,重在"金贵";培育过程中,只施用农家肥,重在"天然";收购时,每棵九头芥必须两公斤以上,因为越大茎叶越嫩,重在"统一"。

标准塑造好以后,潘秋梅就做起了另一个点的文章——"文化",她挖掘了建德孙权母亲吴国太的典故,一下让小小的"倒笃菜"褪去了乡土味,成了一种传统,成了一种乡愁。

通过参加农博会、G20 峰会,通过挖掘传统工艺,倒笃菜成为省级非遗,小小倒笃菜一下子火了起来,带动了周边农民共同致富。

"小小倒笃菜,能做大市场!"

水有源,树有根,只为家乡美

许建茹,是杭州建德市莲花镇齐平村的一位普通农家女,和大多数农民一样,她从没有离开过农业一线。不过和一般农民不太一样,许建茹有一股劲,一股不服输、自强不息的劲!

事情要从 1986 年说起,为了改善农民生活,建德开始推动养殖业,不过当时的农户对养殖业大多持观望态度,觉得自家养个几羽,喂喂残羹剩饭,年节宰杀了打打牙祭可以，真要规模养殖，不像庄户人家干的事。

许建茹与父亲义无反顾地做起了莲花镇养鸡第一人，其实回想起来，那真是胆子大，鸡舍要自己盖、鸡苗要自己孵、连带着饲料都要先问厂家借……

也亏着许建茹聪明，愿意钻研，一直不墨守成规。她观察夏天蛋鸡不爱动，产蛋率低，多半是天气炎热造成的。但是农户家哪里装得起电扇，赚的钱还不够付电费，她脑子一转，就想到天热要靠泼水降温，就率先安装"湿帘"水空调，营造了适于蛋鸡生长的环境，提高了产蛋率。

饮水思源，她还主动做好技术扶持工作，无私帮助其他养殖户诊断蛋鸡病情，毫无保留地传授经验。

如此种种，让她家的蛋鸡从 1986 年的五百多羽一直发展到 2013 年的三万多羽，并带动整个莲花镇发展了一百八十多万羽鸡，带动一百余户农户共同致富。

养殖业的迅猛发展，莲花人是富裕了，可是环境却变差了。特别是杭州市的大发展，让旅游成为新的增长点，原来的蛋鸡养殖，就显得有点鸡肋。

许建茹有过一段时间挣扎，二十多年的投入，倾注了太多的感情，一时间放弃谈何容易？但是她和建德妇联的一番沟通，让她最后下定了决心。

"打造秀美山村，共建美好家园"，莲花向来有"新安江的后花园""千岛湖的前客厅"的美称，杭州人每年的旅游热情都在增长，看着千岛湖靠旅游大发展，过上了"绿水青山就是金山银山"的好日子，许建茹下定了决心。

2013 年年底，许建茹结束了长达二十多年的蛋鸡养殖生涯，专心从事薄壳山核桃、铁皮石斛等中药材的种植与研究，并带动周边养殖户有序地转型，把产业转到对环境无污染、市场前景看好的种植产业上来。同时推出了基地养生"吃—购—游"农业＋旅游新模式，利用铁皮石斛仿野生基地的自然环境优势，接待来自北京、上海、江苏、江西等全国各地的游客，截止到 2019 年 12 月，已接待全国各地游客二十万人次，为当地的休闲旅游服务业带来的效益超八千万元！

西子女声合唱 世界铭记中华

溺　紫

1985 年,杭州幼儿师范学校的一间教室里,钢琴老师杨心泉正在给她的学生们上课。杨心泉老师的音乐课总是很受欢迎的,那是一个纯真的年代,不管是诗歌还是音乐,在人们心中的地位都格外崇高。

杨心泉站在讲台上,听着讲台下年轻的学生唱着当时最流行的音乐。

杭州幼儿师范学校的学生多是女学生,她们的声音汇聚在一起,如夜莺歌唱一般清脆悦耳,充满年轻的活力。这时杨心泉心中一动,有了一个很大胆的想法。她想:既然孩子们这样有天赋,为什么不能给孩子们组建一个女子合唱团呢?

成立合唱团是一件大事,是当时还是一位普通音乐教师的杨心泉无法办到的,于是她找到了时任杭州音协音教委主任的陆加庆,把自己的想法和陆加庆一说,两人一合计,觉得这个想法可行。

当时杭州市音乐家协会副主席是曹星。曹星除了是著名的作曲家和指挥家以外,还是一位名气很大的律师。杨心泉和陆加庆找到他的时候,他正忙着组建杭州市第二律师所。

杨心泉和他说了想要组建一个女声合唱团的想法,曹星的第一反应是犹豫,他迟疑地问杨心泉:"成立女声(合唱团)行不行? 现在全国还没有女声合唱团。"

杨心泉身上,有着后来享誉世界的西子女声合唱团最突出的特质——

自信和敢为人先。她说的一句话，立刻就打动了曹星。

杨心泉说："全国没有，我们就来一个独一无二也行。"

杨心泉身上有着杭州姑娘的活泼与可爱。也许是感受到了这一点，曹星他们商量合唱团的名字的时候，最终选定了"西子"。

"西子"这个名字，是独属于杭州的，她是立于西湖旁边一个年轻活泼的小姑娘，有着江南姑娘的伶俐温婉，也有着江南姑娘的坚韧自信。

很快，以杭州幼儿师范的毕业生为基础，西子女声合唱团成立了。这个合唱团一经成立，就给足了曹星惊喜，所以到了第二年，即便曹星工作再繁忙，他也要正式接下西子女声合唱团这个大任。

曹星成了西子女声合唱团的团长，并开始组织合唱团对外招生、招考。他还找来了著名指挥家、中国广播艺术团一级指挥聂中明先生作为合唱团的艺术总监，而合唱团的第一任指挥是陈祥文，从陈祥文手里接下指挥棒的，是阎宝林。这些都是中国当代音乐史上赫赫有名的人物。

尽管有着这样高规格的指导阵容，西子女声合唱团却一直是一个"业余团"，成员来自各行各业，但是它对成员的要求很高。

据西子合唱团老团员，也是现任团长的任旭荣说："这个团成立之初，它的宗旨就是弘扬高雅艺术，对团员的要求非常高，如果完全没有声乐基础，是考不进这个团的，我们对学历都有要求，基本上要求大专以上。"

考进合唱团，并不代表万无一失。

西子合唱团的成员涉及老师、律师、工程师、工人等各行各业，大家除了音乐之外，都还有自己的工作要忙。但是曹星对于大家的要求非常严格，一周排练两次，迟到四次，就视为自动退团，他们都不敢因为自己的工作和私事影响排练。

《钱江晚报》的副总编徐澜是西子女声合唱团的老朋友，她多次前往合唱团观看排练。当时合唱团的条件也很艰苦，排练就在曹星的办公室里，经常他这边忙完律师的工作，紧接着就给大家指导合唱。

一次，徐澜去看合唱团排练，走到曹星办公室的门口，还没进去，就听到曹星在里面怒气冲冲地说："没有合练好，今天晚上不准吃饭！"再看旁边的姑娘们，一个个噤若寒蝉，她站在边上旁观，也不禁打起了哆嗦。合唱团的姑娘趁曹星不在，就会吐槽曹星，说曹星是"毒"头，曹星的严格可见一斑。

可是曹星的严格不仅对合唱团的姑娘们，也对他自己，有一次他还说："如果得不了奖，我就去跳黄浦江！"

曹星严苛的要求，让合唱团一直以来都保持着很高的专业水准。合唱团成立第二年，她们就唱遍了杭州大大小小的剧院。

当时她们还常常参加外事活动。

1993年，国际商务法律讨论会在杭州举行。为了表示东道主的友好，杭州决定举办"星韵之夜歌舞晚会"。晚会的主角是西子女声合唱团。由于一些国家缺乏对中国、对中国音乐的了解，国际律师联盟某负责人在讲话中，对于晚会没有一句感谢的客气话，会议气氛一度比较紧张。

但当"西子"姑娘们以充沛的激情演唱《欢乐颂》《梁祝》，歌声传递出感人肺腑的艺术魅力时，这位代表也被深深震撼了，他冲下舞台紧紧握着曹星的手，说他太不了解中国了，他以为中国是没有文化、没有合唱团队的国家。从这一晚后，他改变了对中国的认识，身上的傲气消失了，并在合唱团表演完之后，主动要求和团员们合影。

现在想来，西子女声合唱团出现在杭州，或许是一个必然。其他的地方，哪里有杭州这样好的文化氛围呢？哪里有这么多纯粹热爱音乐的女孩子呢？哪里有这么多关注着合唱事业，并愿意给这样一群业余合唱团的姑娘这样高度关注的人呢？哪里又会有这么多的机会给这样一群年轻的姑娘呢？

在1985年至2002年间，西子女声合唱团获奖无数，1989年晋京比赛中，被中国合唱学会授予"巾帼之冠"称号，1990年晋京比赛，又获得一等奖桂冠。之后的数年间，多次前往中国的香港、澳门，以及泰国访问演出，和美国、日本等国的合唱团举办多次交流活动，举办了中国首场中国女声合唱团专场音乐会，并在2000年出版了唱片《天堂之韵》。

时间很快就到了2002年的第六届中国合唱节，在这次合唱节上，合唱团的姑娘表演了她们最拿手的一首作品，获得满堂喝彩。但是这场演出结束之后,每个人心里都隐隐有一种悲伤,她们预感到,离别的日子已经不远了。

2002 年,西子合唱团的姑娘们结婚生子,渐渐离开,成员越来越少,她们集体活动的机会也越来越少。2003 年,西子女声合唱团正式解散。

西子女声合唱团在组织上结束了,但是西子人依然在歌唱,只不过现在的她们,不再为了西子而歌唱,而是为了自己歌唱。

从西子走出了太多的人,每一个人离开之后,都有自己精彩的故事,都为国家做出了自己的贡献。但是对于她们来说,西子女声合唱团从来没有真正结束。参加西子合唱团的这段宝贵经历,让她们发现了自己身上最自信最优秀的一面,她们已经和西子合唱团融为一体了。

2014 年,西子女声合唱团解散 11 年后,一直心系西子合唱团的任旭荣吹响了集结号。这次,她要把大家召集在一起,干一件大事!

2014 年是西子女声合唱团建团 30 周年,任旭荣想在这一年,让西子女声合唱团重返舞台! 西子女声合唱团的团员收到消息,纷纷从四面八方赶来。

合唱团重聚首,第一次排练的地点,在杭州星河商务大厦五楼的律协排练场。

任旭荣作为杭州市律师协会副会长,也是西子女声合唱团聚首的召集人,早早来到了律协排练场,等待其他姐妹的到来。

任旭荣头发不长,戴着细框眼镜,身量不长但是气势很足,长期从事律师工作的经历,让她显得有些严肃。但是在等待西子女声合唱团的姐妹到来的时候,她的心却一直平静不下来,不停地在排练厅里踱着步子。

这么多年过去了,曾经的那些姐妹,还记得西子女声合唱团吗? 她们会应邀而来吗?

任旭荣有些焦虑。

戴树林是比较早到的那一个,她披着一头蓬松的波浪卷头发,颇具艺术家气息。见了任旭荣,她便调侃道:"大律师,为合唱团忙了这么久,受累了!"

任旭荣也笑着对她说:"接下来你也要受累了!"

戴树林是高中音乐教师,在离开西子女声合唱团之后,她带着学生获得了国际及国内的多项大奖,本人还是杭州市的优秀教师。这次重返西子女声合唱团,她将担任合唱团的指挥。

见到来的人还不多,任旭荣有些紧张地问戴树林:"你觉得今天人能到齐吗? 好多团员都已经不在杭州了,张红艺定居澳大利亚,胡雁现在满世界到处飞,她们怕赶不过来。"

戴树林笃定地说:"西子女声合唱团就是大家的家,她们一定会来的。"

很快,曾经的西子女声合唱团的团员,比如已经成为国企妇女主任的贺玲、知名主持人黎越等,陆续现身,只是依然不见胡雁的身影。

时针慢慢转动,任旭荣虽然心中遗憾,也不得不开始合唱团重聚首的第一次排练。

"难忘杭州,难忘杭州,难忘苏堤翠柳抚摸过我童年的额头……"排练厅里,响起了西子女声合唱团曾唱遍全国的《难忘杭州》。大家眼中都流出了激动的泪水。

就在这时,一个纤细的身影悄悄走进了排练场——她就是胡雁!

胡雁,中国三大女高音之一,曾五次参加春节联欢晚会,可很少有人知道,她最早是在西子女声合唱团被浙江歌舞团挖掘,并最终被东方歌舞团录取的。

胡雁安静地站在一旁,不想打扰到大家的排练。但是大家见了她,怎么能不激动呢? 纷纷朝着她大喊:"雁子! 雁子!"

排练厅里的一切,都仿佛当年。

戴树林眼里含着泪,轻声对任旭荣说:"你看吧,我就说大家一定都会到的!"

2014年,曾经的西子女声合唱团团员,平均年龄已经超过四十岁,有的都快当外婆了。尽管她们很多人离开合唱团后,没有放弃唱歌这个爱好,但毕竟已经不再年轻,而且很久没有接受规律的训练,她们的声音条件和发声技术都下降了很多。

但是西子人似乎从来没有担心过这个问题。就像当年杨心泉在全国还没有女声合唱团的时候想要成立西子合唱团一样，现在的西子人也很有不把年龄当作限制的勇气。她们甚至不满足于小打小闹，希望把她们复团的第一站，放在杭州大剧院。

杭州大剧院无疑是一个高规格的演出场馆，这让她们既有压力也有动力。为了保证演出的质量，她们恢复了曾经一周两次的排练纪律。

时过境迁，杭州迅速发展，从一座小城，迅猛发展为蔚然巨城，曾经的伙伴散落在新杭州城的各个角落里，为了一次排练，她们要从临安开发区赶过来，要从江东闻堰赶过来，但是二三十里的路程远不能阻碍她们的脚步。

她们还不满足于演唱以前已经唱过的老歌，她们希望这次复团，不仅是旧的重启，也是新的开始，她们希望能够为大家带来一些令人耳目一新的东西。最终她们在很紧张的排练时间内，还学习了一组外国歌曲和五首新曲目。

时隔十二年，合唱团再度以西子女声合唱团的名义登台演出，是在杭州大剧院。在这场演出中，戴树林任指挥，任旭荣统筹，黎越是晚会主持人，而胡雁和张红艺也专程抽出时间从北京和悉尼赶回来助阵。看着曾经的小姑娘们，现在都已经能够独挑大梁，曹星心里充满了欣慰。不过他还想到了一个人——贺玲。在这场演出之前，曹星特意联系了贺玲，希望她能够担任这场演出的领唱。

贺玲，曾经有机会担任合唱团的领唱，但是曹星出于演出效果考虑，始终没能让她当一回领唱，贺玲一直以来都对这件事感到遗憾。曹星也知道这一点，所以现在他不仅希望自己能够圆重返舞台的梦，也希望贺玲能够圆梦。

演出当天，剧场里坐满了人。

演唱会的最后，80岁高龄的曹星登台指挥了一首《欢乐颂》，贺玲是领唱。

在演唱会之前，贺玲一直都没有告诉家人，这次她会作为领唱上台演出。因为对她来说，这还是一件不能够确定的事情，她还有些不敢相信自己能够担任领唱。直到走到舞台上，站在领唱的位置，看着指挥台上的曹星团长，她才惊觉这一切都不是梦。

这一次的表演，她比以往任何时候都更加珍惜，她甚至希望时间能够永远留在这一刻。

杭州大剧院里回荡起了西子姑娘们的歌声："欢乐女神圣洁、美丽，灿烂光芒照大地，我们怀着火样的热情，来到你的圣殿里，你的力量能把人类重新团结在一起，在你的光辉照耀下面，人们团结成兄弟……"

《欢乐颂》对于西子合唱团来说，是很重要的一首歌，这首歌饱含着西子人的精神。曹星也很喜欢这首歌，并不止一次把合唱团的团员们比作《欢乐颂》里的女神。

演出结束的当晚，他还跟大家说，等他死的时候，不要放哀乐，就放这首《欢乐颂》，还要大家唱着歌为他送行。当时大家听完，哈哈大笑。

演出结束后，她们很快收获了媒体的轮番报道。而且她们还收到了另外一个好消息——杭州市妇女活动中心希望吸纳西子女声合唱团，成为西子艺术旗下的子品牌。

对任旭荣，对戴树林，对贺玲，对所有合唱团的成员来说，她们期待西子女声合唱团重生已久，杭州市妇女活动中心的支持，对她们来说无疑是一个绝佳的好机会。她们没有犹豫，就决定克服所有困难，正式重组西子女声合唱团。

很快，她们的排练场地就搬到了杭州市妇女活动中心。

人身体机能的退化，是一件不可逆的事情。

在《岁月如歌》演出当晚，团员王洁便感到心脏不适，勉强支撑着完成了演出，当天连杏梅也早早来到剧场，为大家服务，但是她因为声带息肉，不能登台演出。

自然规律残酷无情，但西子姑娘学不会妥协，毕竟她们在年轻的时候，就从来没有退缩过，即便是自己缝制演出服，吃黄瓜佐餐，她们也要坚持到北京演出、比赛。现在西子女声合唱团终于重建，她们又怎么舍得让它继续黯淡下去呢？

她们想起老师曾经说过一句话："音乐的关键不在于声音条件,而在于情感。"或许在声音条件上,她们比不过年轻人,但是在充沛的情感和激情方面,她们自信不会输给任何人。

　　2015年2月,她们遇到了一个很重大的机会——中意合唱节向她们发出了邀请! 她们完全没有因为身体机能的原因犹豫,反而每一个人都跃跃欲试! 就这样,她们在激动之中到了米兰。

　　合唱团的很多团员都曾经到过米兰旅游或者工作,但是这次的心情却与以前大不相同。米兰是艺术的天堂,歌剧的圣地,这里有着全世界著名的斯卡拉歌剧院,她们来到这里后的第一站,就是参观斯卡拉歌剧院。

　　在斯卡拉歌剧院,她们感觉自己不仅仅是游客,还是这座建筑的一部分。

　　中意合唱节在八百座的普契尼厅举办,她们独立演唱了四首歌曲,分别是《葡萄园夜曲》《关雎》《回娘家》《采茶曲风》,这四首带有浓郁中国色彩和杭州色彩的歌曲,获得了现场观众雷动的掌声。

　　这群西子姑娘年轻容颜已不再,但是她们身上属于中国现代女性的自信和温婉,让她们依然是全场最美丽最耀眼的一群人。

　　演出圆满成功,贺玲兴奋地把这个消息用短信告诉了曹星,曹星回复她说:"贺玲,请转告在米兰的全体西子战友,我衷心感谢大家的努力,为故乡争了光,为祖国争了光,祝愿你们顺利、成功!"

　　西子女声合唱团,自从成立以后,就一直是中国文化事业上最闪耀的一部分,她们创造了诸多国内第一的纪录。不管她们是在青春靓丽的时候,还是已近暮色,她们总在为世界展现中国最自信最独立的女性声音! 这一刻,她们心中充满了自豪!

　　但是西子们的喜悦没能持续很久,中意合唱节刚过一个月,她们就收到了一个噩耗,她们最敬爱的团长曹星,在南通病逝了!

　　噩耗传来,团员们立刻相伴奔赴南通。

　　贺玲一进入灵堂,就听到灵堂里回荡着由她领唱的《欢乐颂》。贺玲早已流干了眼泪的眼眶一下子又泛红了。几个月前,曹星曾经开玩笑说,在他的葬礼上，不要播放哀乐，要放就放《欢乐颂》。谁知原本还以为很遥远的玩笑，一下子就成了真呢？

"欢乐女神圣洁、美丽，灿烂光芒照大地，我们怀着火样的热情，来到你的圣殿里，你的力量能把人类重新团结在一起，在你的光辉照耀下面，人们团结成兄弟……"

歌声在灵堂里回荡着，久久不散。人们在这《欢乐颂》的音乐声中，心情格外悲痛。

任旭荣走在贺玲的身边，红着眼眶。她对贺玲说："你是幸福的，灵堂里一直在循环播放你领唱的《欢乐颂》。"贺玲抱着她说："我们都是幸福的，因为我们的共同努力，曹老师完成了他八十岁登台指挥的心愿。"

看着曹星老师黑白的照片，贺玲再次想起了几个月前登台演出《欢乐颂》时的场景，当时她多希望时间能够永远留在那一刻，现在她更希望时间能够回到那一刻！

曹星的离开，让西子姑娘们倍感悲痛，但她们没有沉湎于悲痛之中，而是更有了斗志。

西子女声合唱团是曹星人生最后三十年最重要的事业之一，也是他内心一直牵挂着的东西，在曹星离开之后，她们有责任让它变得更好。她们曾经已经把西子女声合唱团做到了中国第一，现在她们也要让它在世界范围内大放异彩！

中意合唱节只是她们再创辉煌之路上的一个小征程，另一个辉煌，则在2017年。

2017年，西子女声合唱团前往斯里兰卡参加科伦坡第四届亚太合唱比赛。虽然西子姑娘们曾经获得过许多的大奖，而且每个人在自己的行业内，也都是最优秀的那一批。但是首次参加国际级别的合唱大赛，她们每个人心中还是忐忑不安。

西子姑娘们还是小看了自己的优秀，在公开赛环节，她们倾情演绎了三首风格迥异的作品，中国风《春米谣》、西湖景《湖畔》和热情奔放的非洲《Alleluia》。其中无伴奏合唱《湖畔》由合唱团总监、浙江音乐学院阎宝林教授亲自操刀创作,加入了古诗词和昆曲念白,运用现代音乐的手法呈现。

这首《湖畔》以其独特的中国式美学风格,如杭州西湖水的微波,轻柔而惊艳,最好地展现了中国女性的美,让现场所有人都如痴如醉。

最终西子姑娘们一鸣惊人,获得了成人组公开赛金奖第一名,并让大赛组委会第一次破例推荐,让她们跳过冠军赛,直接参加锦标赛!

一下子从公开赛跳到锦标赛,这当然是一件好事,但是此时她们却犯起了愁。原来她们之前从来没想过自己会走得这么远,所以根本就没有准备锦标赛的参赛曲目。而科伦坡国际合唱比赛还有一个硬性要求,参赛的曲目必须是原创曲目。

一天的时间,要创作一首新曲目,还要抽出时间排练,这怎么可能呢?她们一下子就被难倒了。

但是既然已经走到了这里,充满拼搏精神的西子姑娘们就绝不可能放弃?

带队的阎宝林教授挑灯夜战改编《采茶舞曲》,作品创作出来之后的十一个小时里,姑娘们除了吃饭和上厕所,其他的时间全部都在排练,终于赶在比赛前,勉强排出了一个还算满意的版本。

但是她们面对的对手,实力皆不俗,且都有充足的准备时间。这让她们的心一直悬在空中,久久落不下去。

好在,西子姑娘们多年的努力没有白费,她们的演绎很出色,而《采茶舞曲》新编这样一首最杭州的音乐,也用杭州文化里最独特的西湖文化和采茶文化打动了所有观众和评委,她们最终获得了唯一的金奖冠军!

公布获奖结果的那一刻,西子姑娘们看到屏幕上出现了中国国旗,所有人都激动地围了上去,高唱国歌。那一刻,别的一切都不重要了,她们只能感受到满心的喜悦和自豪。

后　记

三十多年过去了,当初一群在西湖边嬉笑的年轻小姑娘,容颜已不被时间眷顾。但是她们用自己的自信和努力,保留住了自己生命中最美丽的时刻。她们踏出的每一步,都足以留在中国合唱事业的史册上。时间从未让她们变老,只是证明了她们的美,也向世界证明了中国女性的美。

现在,她们生命新的征程到了。尽管年龄越来越大,很多人都将近退休,但她们也绝不会退缩,依然会用自己的歌声,告诉人们音乐和艺术的美好,为世界讲述中国故事!

西子湖畔,在老一辈西子姑娘的带领下,西子女声合唱团迎来了新的发展。一批批年轻的面孔相继出现在位于西湖边的排练室内,她们聆听着西子女声合唱团当年的故事,为老一辈西子姑娘在世界舞台上创造的一个个奇迹而心潮澎湃,又注定在这种心潮澎湃的鼓舞之下,成为一个个让世界记住的新的奇迹!

巾帼建功运动　妇女自强创业

夜　摩

1991 年　北京某政府大院

办公室机要秘书林建国,匆匆走在大院走廊上,自从入夏以来,整个北京的气氛都是压抑沉重的,每个人都在关注着新闻,从年初的海湾战争到年中的苏联政变,都是时代在发生剧烈变化的征兆,而这种变化,已经开始影响着中国的所有人。

林建国很快走到走廊尽头,尽头有一间房,是大院首长的办公室,房门很普通,刷着一层青色油漆,已经有点破裂脱落。

林建国平缓了一下呼吸,轻轻敲了一下门。

"进来!"屋内的声音沉稳有力,充满威严。

林建国推开了房门,一道阳光就洒在他脸上。

首长架着一副老花眼镜,低头在看文件,林建国已经跟了首长五年了,还是第一次看见首长脸色沉凝,紧锁眉毛。

在静静关上门后,林建国将另一份文件放在了首长桌子上,然后后退了一步,安静地找了一张凳子,坐了下来。

首长当过兵,参加过几次重要战役,是一名标准的军人干部,所以看文件也很快,但是今天他翻来覆去看了很久,也没有做任何批示。再看了一会后,首长罕见地将老花眼镜摘了下来,起身站立起来,然后走到他身后窗户前,背负双手,看起了窗外的景色。

林建国没有作声，就默默坐着。

"建国，时代变了呀！"首长突然长叹了一声。

林建国愣了愣，不知道首长为什么这么说，一时间张口结舌，不知道怎么回答。

"俄败何喜，日胜何欣，吾党何日醒。"首长又低低念了一首词。

林建国倒是知道这首词的出处，是清末民初爱国人士夏颂莱做的歌词，讲的是日俄战争的事情。在日俄战争中，由于清政府在自己的土地上严守"中立"，中国人已经连拿起枪来抵抗的机会都不存在了，这种积弱味道，影响了中国近代志士一生。

"首长……"林建国当下就意识到首长为什么会如此感慨，首长一直在负责深化改革的工作，如果要再深层次改革，就要动原有体制的"铁饭碗"，中间会影响多少人简直不可估量。所以几次开会，领导班子都有所争论，而首长本来就是一个性情中人，迟迟没有下定决心。

首长转过身来，盯着林建国，道："建国，时代在变化，中国不能再故步自封，有些事情必须要做！"

林建国知道，这并不是首长对自己发表什么指示，更多的是对他自己的一种说法。

说完这个，首长坐回桌子，在文件上唰唰写下几个批示：

"同意×××同志意见！"

此时，首长并不知道他的签字到底有多么深远的影响，他只是出于对自己祖国的热爱做出了选择，他经历过中国任人鱼肉的岁月，他不想中国再变成一个世界的旁观者，他希望中国能够傲立在世界之林，他希望中国的老百姓能够自豪地走出去，受到全世界的欢迎和欢呼！

首长不知道的是，这个签字从此拉开了长达十年的国有企业深化改革的序幕，彻底改变干好了最多评个先进，干赔了就会出现国家补贴以及企业承包制短期化和机会主义盛行的问题，但同时也引来最为沉重的"下岗潮"。

而在首长签字几天后，为了做好相关预防，全国妇联率先推动人事部、劳动部、卫生部等12部委在全国城镇妇女中开展"发挥四有四自精神，为八五计划建功立业"（简称巾帼建功）的活动。

2001 年　杭州

从 1997 年开始通过产权改革帮助国有企业脱困，"政府将用三年左右时间，使大多数国有大中型企业摆脱困境"的命令下达，鼓励兼并、规范破产、下岗分流、减员增效和再就业工程陆续上马，今年是最关键一年。

丁常菊呆呆地坐在西湖边，望着波光粼粼的西湖，百感交集，她是 1985 年随军落户到杭州的，年轻时，她当过工人，当过领班，通过努力当上了浙江武林健身院的餐饮部经理。

此时的她已经将近四十，很长一段时间，她觉得自己的一生很有成就感，有一个让人羡慕的职业，有一个乖巧的女儿，有一个幸福的家庭……她甚至萌生了在这个岗位上光荣退休，安享晚年的想法。

但是现实的残酷打破了她所有幻想，改制浪潮终于卷到了杭州，原本就效益不好的健身院也终于成为改制对象，而她，成为"下岗工人"。

失去了"铁饭碗"，丁常菊茫然了，突然间有一种被社会抛弃的感觉。

"大姐，你都这把年纪了，我们公司可能不合适……"

"回去等通知吧。"

"说真的，我建议你还是别折腾了，再熬一熬，办个病条子，就可以提前退休了！"

在丁常菊的耳边闪过一堆杂乱声音，原有成就不能帮助她再次就业，多的就是质疑、不屑和冷眼。在丁常菊看来，痛苦并不是这些，而是没有人告诉她：你的工作一去不复返了！

难道需要依靠工龄买断那点钱，熬着到退休吗？

丁常菊内心质问着自己，然后一个响亮的声音出现，不！我丁常菊不是一个轻易低头的人！

"既然没人要我，我就自己创业！"

丁常菊下定了决心，突然觉得西湖的天都明媚了几分。

几乎同时，一场母女间的对话在八公里外的江干开始了。

母亲叫沈爱琴，她是一个传奇的人物，早在1975年，笕桥公社弄口村，在几间四面通风的破瓦房里，她带领着二十二名农民，洗脚上田，依靠十台杭州织布厂淘汰下来的铁木织机，创办了笕桥公社第一家绸厂。

在沈爱琴身上，看不到安逸，也看不到困难，整天乐呵呵地眯着眼，但是熟悉她的人都知道，她是怎么熬住艰辛，一步步走到现在的。在她身上，能够看见的就是希望！

女儿叫屠红燕，知识分子，深圳大学毕业，长得清秀端庄，脑子活胆子大，1993年的时候就去日本服装行业研修一年，那时候她完全不懂日语，可以说是只身闯日本。1994年的时候回到杭州，那时的她还有着自己小小的目标，就是和几个朋友开家小公司，赚点养家钱就行了，不想像自己的母亲那样承担那么大责任，定那么高目标，太苦太累。

在沈爱琴软磨硬泡下，屠红燕进了当时的笕桥绸厂，从一线工人开始，先后拜师孙有毅、项柏青等前辈，此后一度负责后来更名为万事利集团的海外业务。

所以，现在的屠红燕有着完全不同于以往的认知，有着对自己更高更远的目标，更有一种精干的企业家气质！

"妈妈，时代在变化！"屠红燕的眼睛亮光四溢，难掩内心的激动。

深化改革，全面开放给了万事利更强有力的翅膀，屠红燕已经准备在不久后的上海APEC会议上大展手脚，她设想了一个绝妙的点子，用丝绸制作的唐装，如果能穿在二十一个国家和地区的元首身上，那是多么荣耀的事情，对于万事利的品牌将有无比大的推广作用！

此时的屠红燕完全不惧怕和外国人竞争，万事利花费了上亿的资金投入到研发中，有最好的设备、最优秀的工人和最好的设计师，在她身上可以清晰地看见自尊、自信、自立和自强！

沈爱琴很欣慰，自己女儿的成长飞速，在欣慰之余，沈爱琴对女儿说出了自己的打算。

"股份化改制！"饶是屠红燕见过世面，还是对母亲的大胆设想感到惊骇。

沈爱琴点了点头："国家给了这么好的机会,我们一定要抓住,股份化改制可以帮助责、权、利全面对接,对万事利未来发展,至关重要!"

"可是,妈妈,你也知道,当年你因为绸厂效益好,被人……现在改制,是不是没到时间,万一有人……那不是平白多了是非。"屠红燕有点犹豫,这种责任都落在母亲身上,她不知道是好是坏。

"我和几个一起打拼的高管都聊过,他们都支持我,改制是能够让我们实现很多构想的唯一出路,你该知道我们为什么叫万事利集团。"

"家和万事兴、人和万事利。"

"对,以前,我们为了这个名字,让大家都想想还有什么内涵,我记得有一个特别好,天、地依据各自的规则循环运作,但融合在人的身上,通过人实现了和谐。万事利这个词彰显的是世界法则,顺之,一兴而百兴,一利而百利,股份化改制就是现在的法则。"

屠红燕望着自己的母亲,突然间觉得自己马上要投入的是一个无比伟大的事业。

"女儿,说这么多,还是因为我已经老了,我希望万事利后面,你要好好出力。"沈爱琴说出了自己心中最想说的话,是呀,她已经五十六岁了,为了万事利,她一直坚守辛苦,是时候考虑接班人,做好整个公司发展的打算了。

屠红燕这次听完,并没有提出反对,只是默默地点了点头。

在沈爱琴母女雄心勃勃准备开始干一番事业的时候,丁常菊开始了她艰难的创业路,她原来的工作经验并不适合创业,她对自己有清醒的认识,四十多岁,体力精力甚至学识都没办法和年轻人比,如何找到自己的定位呢?

一个偶然的机会,她得知了杭州妇联在开创业培训班,抱着试试的想法参加了其中的一期。

参与了培训班的丁常菊,突然间发现自己是何等的无知,外面的世界已经如此变化,自己还安逸地故步自封,原本的愤懑一下就消散了,她逼迫自己,像海绵一样吸收新的知识,认真听讲,认真记录,时刻与自己的情况对比,希望能给自己找到一条明路。

她的努力很快被妇联的副主席陈美丽发现了,陈美丽对丁常菊的表现分外意外,她看到太多的参与培训班的妇女,大多数都是来听听的,听完以后也没有很多的感悟,有些甚至还经常埋怨,认为现在的生活就是政府造成的。

　　而丁常菊不一样,一个四十多岁的女人,还像学生一样,不,比学生更努力地学习新的知识,这个是特别难得的表现。

　　作为领导,陈美丽很清楚表率的作用,有了好的表率,比上再多的课都有价值,本着尝试一下的想法,陈美丽约了丁常菊。

　　市妇联的副主席,这样的人物对丁常菊来说,是高高在上的,初次和陈美丽交流的时候,丁常菊还是有点局促。

　　陈美丽是一名优秀的妇女干部,她非常了解妇女同志的一些心理,所以一开始就采取了拉家常的方式,慢慢地让丁常菊放下了心理负担,让她能够敞开心扉,畅所欲言。

　　"陈主席,真的,我不甘心,我不是害怕下岗,我是害怕我没有用处了,只能在家里混吃等死……"丁常菊这是第一次诉说了自己内心的惶恐,她是一个好强的人,要不然也不会在原来的单位一直做到经理这个位置。

　　她感觉到陈美丽的热心,甚至冥冥中有一种预感,应该对陈主席说点自己最真实的感受。

　　陈美丽在聊天的过程中,突然发现这个丁常菊可能就是她要找的榜样,她是那么特殊,身上有一种不屈不挠的可贵品质,和大多数就想政府安排的妇女是那么的不同!

　　"这个人能成功!"陈美丽的内心突然响起了这个声音。

　　陈美丽见过太多的人,她一直认为能够成功的人会有两种品质,一种是像沈爱琴这样,有股子闯劲,懂得舍得,敢做决定;另一种就是丁常菊这样的,坚韧!

　　一个不怕失败的人,一个愿意坚持的人,只要给她机会……

　　"丁大姐,市妇联有一个杭州巾帼家政服务社,你有没有兴趣承包呀?"陈美丽鬼使神差,突然问了一句。

丁常菊一愣，突然心跳加速，感觉到一个机会放在了她的面前："有，有！就是要什么条件？"

陈美丽的好感更是进了一层，这个问句代表丁常菊是一个非常踏实、务实的人。

"按照规定，需要出资十万元，市妇联这里可以帮助申请五万元的免息贷款，这个免息呢，就是三年内，你把本金还回来就行，就是你自己得凑五万元。"

"五万元……"丁常菊突然间有种巨大的失落，2001年的五万元，是何等的巨款，而且市妇联的免息贷款，如果做不好，自己怎么赔得起？

"丁大姐，莫急，回去呢，你也和家里人商量下，这个事情也没那么快定，考虑清楚了，随时好来找我。"陈美丽知道，她只是提供一个机会，并不能催着对方来干。

"谢谢，谢谢！"丁常菊忙不迭道谢，临起身时，突然间一个声音响了起来，丁常菊，你不是下定决心要创业嘛，这么好的项目，又有政府的关心，这是多好的机会呀！

"陈主席，我觉得这个机会特别难得，我干，不过你等我三天，我去凑五万元！"丁常菊道。

陈美丽盯了丁常菊半晌，看见她眼睛中透露出来的是决然，一把握住她的手，拍了一下："好，我等你！"

几天后，丁常菊拿着凑来的五万元，加上市妇联免息贷款的五万元，承包下了巾帼家政服务社，开始了自己的创业。

与此同时，万事利集团的改制顺利完成。

"改制是为了完善机制，促进发展，万事利在大家的共同努力下，有了今天的成就，作为控股股东，我最大的作用是一个决策者的作用，万事利是社会的，财富也是社会的。它存在的意义，就是为国家贡献财富提供就业。所以，与其说是大家为我打工，不如说我是为社会尽责，为大家打工。

"万事利的发展最终是为了社会的发展进步，万事利也要面向社会发展，更加充分地利用社会的各种资源，同时让社会分享万事利的发展成果。

万事利要成为一个公众公司,充分社会化。"

沈爱琴面向全体职工,做了如上的发言,她的发言赢得了全体职工潮水般的掌声。

万事利能够走到现在,在深化改革的当下,依然能够自主地寻求变化,本身就证明了一个观点,人是活的,需要流动,需要变化。

沈爱琴的身上,充分展现了自尊、自信、自立、自强,她不等不靠,白手起家,不惧困难。她当领头羊、当家人,职工们是放心的! 特别在当下,很多占有资源的国企不思进取,反而面临兼并整合、分流下岗,更是给全体职工提了醒,事业是干出来,不是等出来的!

此后的事实也确实证明了沈爱琴的成功。

在改制完成后,沈爱琴第一时间开始找能人,通过引入职业经理人,迅速开始了延伸丝绸产业链、资产多重经营,万事利很快走上集团化、规模化的道路,竞争力节节攀升。

相比之下,丁常菊的创业就遇到了困境。

比起沈爱琴这样的老创业者,丁常菊各方面还是有所不足,在接手巾帼家政服务社的时候,并没有太多的思考,刚开始半年,丁常菊和许多家政公司一样做家庭保洁、搬家服务。

但杭州做家政服务的公司有几千个,竞争很激烈,这些企业有更多的品牌优势和经营优势,甚至在一些成本合理应用、资源整合上都远远比丁常菊的服务社有优势,即便丁常菊不怕苦、不怕累,但是服务质量和服务价格还是有多方面不足,结果经营规模没上来,工作不够饱和,除掉人员成本,一下子亏了两万多元。

那时的丁常菊有点失眠,每天睁开眼,就觉得不停有数字在眼前跳动,那是马上要出去的成本,而收入呢? 不稳定、不确定、不固定,焦虑、失落、不安各种情绪在丁常菊的心中徘徊,有一阵子,丁常菊都觉得自己快得忧郁症了。

转机还是来自妇联,一个消息传了过来。

"道路清洁?"

"对,文一西路的古翠路至古墩路段,那边在搞房地产,八万平方米面积的路上积满了泥巴。清扫工作量大,不少家政公司不愿接手。"

　　"啥原因?"

　　"钱少事多压力大。"

　　丁常菊盘算了一下,一拍大腿道:"我接!"

　　"好,我联系下那边负责人,这两天碰一下。"

　　就如同陈美丽第一眼看见丁常菊的感觉一样,丁常菊的身上有一种韧性,这个让她在诸多不足的情况下,还是有自己独特的优势。

　　很多人面临社会动荡的时候,选择了放弃,但是丁常菊没有,她选择的还是:希望!

　　很快,在妇联撮合下,丁常菊签下了公司第一个固定收益的工程,清洗文一西路的古翠路至古墩路段。

　　在初次看到那段道路的时候,丁常菊就知道为什么那么多家政公司会放弃了。

　　路面上覆盖了又湿又厚的泥巴,用铲子铲,每一铲都要丁常菊花费吃奶的力气,这个苦是丁常菊原来没有吃过的。相比之下,原来做餐饮部经理,每天站着、笑着,这样的工作简直像在天堂。

　　在吞咽下苦涩后,丁常菊抹掉了眼泪,选择带队干活,而且她觉得,这个是机会,不但要接,还要做好。所以,在铲除掉泥巴后,她们用水反复冲洗路面,再用扫把把路面清扫干净,她们几乎每天都要这样持续做 14 个小时。

　　为了不影响交通,很多时候,都是别人在睡觉的时候,一帮三十出头四十左右的下岗妇女,在昏黄微弱的路灯下,默默地清扫着马路。

　　整个街道,只有铲土的锵锵声、水冲的哗哗声、清扫的唰唰声,兼带一两声抽泣。

　　可以说,丁常菊的创业,是在道路上真正开始的。

　　由于丁常菊和她的保洁队伍肯吃苦,路又扫得特别干净,第二年她又接到了三条半道路的保洁工作。道路保洁打开了局面,企业也立稳了脚跟。

　　如今,丁常菊的企业已经承揽了杭州市二十九条道路,服务单位从殡仪馆发展到六和塔、虎跑、三潭印月风景区等十多家。

名气做大了，可丁常菊始终没忘记当初的遭遇。凡是有"40、50"下岗失业人员来找她，她总是尽力帮忙介绍工作。

企业员工中，35％是下岗失业人员，而经她介绍安排再就业的，更是多达一千六百多人次。

她还长期为残疾人、军烈属免费提供家政服务，至今已投入便民服务资金十六万余元。

"不管什么人，只要勇于挑战、努力奋斗，总会实现人生价值。"

这就是丁常菊的理念！

后　记

沈爱琴和丁常菊是非常具有代表性的巾帼人物，一个不畏艰险，一路奋斗；一个下岗再就业，再创辉煌。

从她们身上，能够看出一个共同的主题，社会的变更并不是一个普通老百姓能够决定的，这个牵涉到国家、外部环境甚至是科技社会的大变局。

作为个体，必须学会迎难而上，也必须学会调整自我，努力奋进，这个才是对自己最大的负责。

从来就没有什么救世主，
也不靠神仙皇帝，
要创造人类的幸福，
全靠我们自己。

今天我们反过来看国家一路走来的艰辛，很多时候都是无奈和被动的，但是中国能够在今天，屹立在世界之林，依靠的还是中国能吃苦耐劳的老百姓。

我们的生活和中华人民共和国成立初期相比，已经有翻天覆地的变化，但是我们不应该忘记根本——我们中国能够继续强大的原因：就是我们的坚韧、奋斗！

套用一句习近平总书记的话："撸起袖子加油干！"

再套用一句顾炎武先生的话："空谈误国，实干兴邦！"

这才是诠释巾帼建功运动的最好表达。

活络铜钿兴家　巾帼巧创天地

鹤雪沽酒

2019 年 2 月 13 日。

正月初九。

春节才刚刚过去,天气还没有开始回暖,微风中仍旧透着一丝丝寒意,然而此时此刻的千岛湖广场,却是人头攒动,火爆非常!

一年一度的"就业赶集日",再次在淳安这个山清水秀的县城如火如荼地拉开了序幕。

寻常人赶集,大多都是为了交易和买卖,而淳安人在这一天"赶集",赶的却是一场别开生面的大型招聘会。

这已经不是徐丽仙第一次参加这样的集会了。

只见她熟练地在广场中央布置展台,有条不紊地将此次带来的手工产品一一摆开,热情洋溢地展现在众人面前。

很快,琳琅满目的展品迅速吸引了大家的眼球,还没等到徐丽仙把所有的产品都摆出来,展台前就已经围满了人,一个个的脸上写满了新奇,仿佛大开眼界般,时不时还爆出几声惊奇的赞叹!

而展台上摆着的五花八门的展品,也确实令人目不暇接、眼花缭乱。

做工精致的服装家纺,充满创意的针织编织,独具匠心的竹木制品,经济实用的电子产品,栩栩如生的工艺制品,花样翻新的制笔套笔……每一样从徐丽仙手里"变"出来的来料加工产品,都在不断地刷新人们对来料加工这个行业的认知。

就在徐丽仙忙着布置展台的时候,有人已经按捺不住蠢蠢欲动的心情,迫不及待地开口问道。

"这些全都是手工做的吗?"

"是的,"徐丽仙微微勾起嘴角,笑着回答道,"我们这次带来的展品,全都是来料加工产品。"

"我还以为来料加工就只是那种简单的套笔、穿珠之类纯手工的活,不需要什么技术含量,没想到居然也有这么多的花样!"

听到对方的惊叹,徐丽仙眼底的笑意更浓了,忍不住多介绍了两句。

"我们今天带来的产品主要就是为了展示,好让更多人了解来料加工,从而一起参与进来。其实来料加工发展到现在,已经从最初单一的手工和女红,向编织、服装、套笔这些类别多元化发展了,而且还有很多好的产品和新的创意……比如服装家纺这一类,就包括了服装、围巾、编织袋、烘焙围裙和手套等,产品种类实际上是非常多的。"

经过她这么解释,众人不禁纷纷点头,表现出了极大的兴趣。

甚至有人已经抢先一步,飞快地跑向一旁的招聘区填写资料应聘了,像是生怕自己一个犹豫,就会错过眼下"拜师学艺"的大好时机。

在一片赞赏之中,徐丽仙留意到一位头发略微花白、穿着十分朴素的阿姨,脸上带着几分拘谨,一边爱不释手地轻抚着展台上的服装,一边时不时朝她投来目光,一副欲言又止的模样。

看到她迟疑犯难的神情,徐丽仙不由投去了关切的眼神,主动询问道:"你有什么想要了解的,都可以问我……要是遇上什么困难,也不妨说出来,大家可以一起想办法解决。"

在徐丽仙的鼓励下,阿姨犹豫着开了口。

"去年年底我就退休了,我老伴身体不好,家里的开销一天比一天大,我就想着找份时间灵活一点的工作,可以一边照顾老伴,一边赚点钱贴补家用……可是我年纪大了,脑子不像年轻人那么灵光,刚才听招聘区那边在介绍,说是给衣服修毛边要比套笔的工资高,但是得用机器修,我怕那个太难了我学不会……"

"这个你不用担心。"听完阿姨的"难题",徐丽仙马上安抚了一句。

"这个活其实一点都不难,虽然要上机器,但实际操作起来非常简单,稍微学一下就会了!而且到时候我们会安排熟练工教你,只要你愿意学,肯定包你学会!"

"真的吗?!那真是太好了!有你这句话我就放心了!……我现在就去报名!"

得到徐丽仙的允诺,阿姨顿时转忧为喜,感激地连连道了几声谢,就立刻拔腿赶去了招聘区!

看着阿姨如获至宝般赶向招聘区,徐丽仙不由生出了几分感慨,像是透过那道急切的身影,看到了许多年前的自己。

那一年——

她只是一名普普通通的下岗工人,也曾遭遇过跟这位阿姨一样的窘境。

在她最困难的时候,也正是县委县政府新出台的来料加工政策,让她谱写了一段迥然不同的创业人生!

下岗工人到女创客的华丽转身

2003 年,正在丝绸厂的车间内埋头工作的徐丽仙突然接到一个通知。

"徐丽仙,厂长让你下班后去一趟财务室。"

说这话的时候,平时跟她交情不错的工友没有像往常那样笑呵呵地讲话,脸上的表情反而有些凝重,语气也带着几分不同寻常的严肃。

这让徐丽仙有种不太好的预感,但她还是点了点头。

"好,我知道了。"

到了下班的时间,稍做修整之后,徐丽仙就怀着忐忑的心情匆匆去了财务室。

还没走近办公室的门口,一抬头就看到有人面带愁容、垂头丧气地从里面走了出来,见状,徐丽仙的心情不禁更加紧张了。

才刚刚走到办公桌前，还没等她开口，财务的出纳就把一个装有现金的信封递到了她面前。

"这是你这个月的工资，你看看数目对不对。从明天开始，你就不用再来厂里上班了。"

听到这话，徐丽仙一下子就蒙了！

她甚至忘了伸手接过工资，只下意识反问了一句。

"明天不用来上班，是什么意思？"

"就是说……你下岗了。"

听着出纳人员略表遗憾的语气，徐丽仙只觉得脑子里一片空白——

她没想到自己会如此突然地"被下岗"，更没想到这一天会来得这么快。

她今年刚好40岁，从很早的时候就在丝绸厂上班了，平时工作认真负责、兢兢业业，从来没有出过差错，但即使如此，她还是没逃过下岗工人的命运。

突然间断了经济来源，徐丽仙有些无所适从。

尤其在淳安这个欠发达的小县城，为了保护千岛湖的绿水青山，几乎不可能大量兴办工业，就算她想去应聘新的工作岗位，那也是难之又难。

但很快，她的心情就平复了下来，并没有轻易被"下岗工人"的身份所打倒。

有一起下岗的工友到她这儿吐苦水，她还会安慰对方。

"其实仔细想一想，下岗也没什么大不了的。我们普通人的需求很简单，只要有事做、有饭吃就足够了！只要我们自己肯干、肯劳动，靠着党和政府的好政策，靠着自己的勤劳，总会有一条路等着我们去闯！"

命运没有辜负徐丽仙对生活的热情，党和政府也没有辜负她对政策的信任。

正当徐丽仙为找寻新的活计犯难的时候，淳安的县委县政府及时出台了一项可以"实现家门口就业和脱贫"的新政策。

那就是——来料加工！

一开始，徐丽仙也跟其他人一样，对"来料加工"这四个字并不了解。

直到当地的妇联找到了她，给她带来了一个"特殊"的工作——让她帮忙在一条百米长的花边上缝珠子。

对于擅长手工活的徐丽仙来说，这样的活儿再简单不过，再加上她做事认真，手脚勤快，差不多只花了两天的时间，就把妇联交给她的任务全都完成了！

当徐丽仙把缝好珠子的花边交还给妇联时，负责接手的工作人员都惊呆了，忍不住脱口而出问了一句。

"这都是你自己一个人缝的？还是找人跟你一起缝的？"

看着对方一脸不可置信的表情，徐丽仙有些不明所以。

"没找别人，整条花边都是我自己完成的……怎么了？"

"难怪大家都说你能干，你的效率可真是太高了！有你这双巧手，靠着来料加工的新政策，还愁赚不到钱吗？"

原来，徐丽仙仅仅用了两天时间就完成的百米花边，其他人做了一个星期都没做好，也难怪妇联的人会惊讶于她的快速和高效了。

当然，这其中也少不了徐丽仙夜以继日的勤奋。

通过这条百米长的花边，徐丽仙从妇联手中领到了下岗之后的第一笔"工资"，一共是两百块，这对于下岗失业的工人而言无疑是一份不菲的收入。

也正是因为这一次的机缘，徐丽仙接触到了来料加工，同时也看到了这一项政策所带来的商机。

秉着劳动人民的质朴，徐丽仙一开始的想法很简单，觉得自己有手艺，身边的小姐妹也能帮忙，只要有单子，赚钱应该不难。

然而，找单子的过程却并不像想象中那样一帆风顺。

正所谓巧妇难为无米之炊，来料加工最重要的一项内容，就是要能接到单子，这样才能通过一双双的巧手，在家门口创造出属于自己的财富。

但单子，却不会从天上掉下来。

自从脑子里生出了通过来料加工赚钱的念头，徐丽仙就积极响应县委县政府的政策，一路跟随县领导奔赴金华、义乌等地参观考察，并主动担起了经纪人的重担,成为来料加工产业最早的经纪人之一。考察回来以后,在淳安县妇联和千岛湖镇西源社区的帮助下,徐丽仙带领十几个失业下岗的姐妹创办了西源社区来料加工点,从此踏上了艰难的创业之路。

"创业"这两个字,听起来风光无限,然而身为经纪人的徐丽仙,却只感觉到了肩上沉甸甸的重担。

全然没有相关经验的她,只能靠着自己摸爬滚打,慢慢积攒经验和心得,一次次的碰壁,一次次的被拒……并没有让徐丽仙轻言放弃,反而越挫越勇。哪怕去到来料加工最热门的地方找生意,也还是碰了一鼻子的灰,但徐丽仙始终坚定自己的信念没有动摇,相信通过自己的努力,一定可以开创出一番新的天地!

终于,功夫不负有心人。

五个月后。一个阳光明媚的下午,一道清亮的声音远远传入了徐丽仙的耳中,带着几分迫不及待想要告知喜讯的热情和兴奋。

"丽仙!来了来了……"

"什么来了?"

"还能是什么?当然是你的生意来了!你上次托我谈的那件事儿,成了!"

看着宾馆老板娘笑眯眯的脸庞,徐丽仙呆愣了片刻,才反应过来,脸上跟着染上了笑意,鼻尖因为这个"迟来"的好消息泛起了微微的酸涩。

这半年来,她几乎没有休息日,甚至每个晚上都要加班。

为了调研市场,争取到来料加工的单子,她几次踏上淳安至义乌的往返路,一天走访许多商户,哪怕脚底板磨出了水泡也没有片刻停歇。她找了无数人,碰了无数次钉子,每每都是失望而归,而今终于守得云开见月明,接到了创业以来的第一单生意……这其中的酸甜苦辣,大概只有她自己能够体会。

尽管这只是一笔小小的订单,在手套上绣花,不是什么复杂的手工活,订单的数额也不大,但就是这样一笔毫不起眼的小生意,给了徐丽仙莫大的肯定和鼓舞,让她觉得自己所做的一切努力和付出,都是值得的。

万事开头难,她庆幸自己没有半途而废,没有轻言放弃。

迈过了创业道路上最艰难的第一道坎,之后的生意慢慢就打开了。显然,正是因为徐丽仙不惧吃苦的精神感动了义乌市场上的一些老板,他们才愿意把订单交给她……渐渐地,不同的订单像雪花般涌向了淳安这个工业并不发达的小县城,一单接一单地落到了徐丽仙的手中。

日复一日,年复一年,徐丽仙的业务越做越大,声誉也越来越响,但她并没有因此而骄傲自满,安于现状。

2006 年,徐丽仙正式在淳安县千岛湖镇成立了巧手编织社,主要承接家纺、编织、饰品、工艺品等项目的加工。为了促进手工加工向机械化加工的转型,徐丽仙还专门购置了高速缝纫机及各种专用设备 60 台,悉心培育了多名加工业技术能手及 308 名固定从业人员,进一步实现了加工业务向大单位、机械化发展。

以一针一线为起点,徐丽仙创业的脚步踏遍了苏浙沪,对于她数十年如一日的付出和努力,淳安县妇联都看在眼里。

每每说起这位在自己帮助下成长起来的杰出女创客,妇联的工作人员总是一脸欣慰。

“到现在,徐丽仙的千岛湖巧手编织社已经培养出 12 名二级经纪人,拥有固定客商 50 余名,固定加工点 13 个,并带动了县内 11 个乡镇的来料加工发展,同时还拓展到了淳安库区移民方向的江西、安徽老区等地,辐射带动了 800 余名员工从事来料加工行业!这样的成就是非常了不起的,徐丽仙被评上‘淳安县十大杰出女性’‘杭州市三八红旗手’‘浙江省三十佳来料加工突出贡献经纪人’等诸多荣誉,可以说是实至名归。”

从一开始的亏本接单,到现在持续稳定的发展;从最初的个人谋生,到现在给工人发放工资福利;从最早接受县委县妇联的帮扶,到现在成为团队领头人……通过 15 年风雨兼程的探索,徐丽仙一步一个脚印实现了自己“有事做”的初心,完成了下岗工人到女创客的华丽变身。

有同行向她取经,她也从不吝啬把自己的经验跟大家分享,希望可以帮助更多的人少走弯路。

在徐丽仙看来，做好来料加工经纪人最重要的就是要有"六颗心"。

"一是有信心，有信心才有希望；二是有决心，有决心才有结果；三是有诚心，有诚心才有商机；四是有真心，有真心才有收获；五是有恒心，有恒心才有发展；六是有雄心，有雄心才有未来……做来料加工永远要强调低成本的精细化管理，吃苦耐劳和亲力亲为是最基本的，如果当初没有这六颗心，没有持之以恒的精神，碰到困难就打退堂鼓，就不会有我今天的巧手编织社。"

也正因为如此，即使现在巧手编织社取得了令人称赞的不菲业绩，徐丽仙也依旧在孜孜不倦地探索和创新，致力于来料加工业的不断提升与发展。

巾帼风采

有没有一种方法，可以"守家创业两不误，孝顺挣钱全兼顾"？

有没有一种工作，既能增加农村妇女的收入，又能方便照顾家里的老人和孩子，从而减少留守儿童和空巢老人？

对于这个问题，也许可以在义乌国际博览中心 A2 馆举办的一个别开生面的秀场上找到答案。

2014 年 10 月 21 日，徐丽仙应邀而来，带着自家的产品参加了这场充满创意的走秀，这已经是她从事来料加工的第十一个年头了，但却是第一次用登台走秀的方式在大众面前展示自己的成果，因此显得格外的新奇和兴奋。

T 台上，徐丽仙难得化了一个浓浓的舞台妆，在悠扬的音乐中，穿着一身麻绣服，戴着一条圆珠笔项链，双手拿着精致的绣花饰品，一步一步走进观众的视野。

不同于其他的服装秀，徐丽仙身上所有的穿戴，都是来料加工的产品。

"用圆珠笔做项链的这个创意不错，有意思。"

"我也是第一次见到，还蛮好玩的……她那身衣服的绣花看起来也很有质感，花纹看着很立体。"

"那个撑油纸伞的也好漂亮，有种烟雨江南的韵味。"

"哇！快看那边！'新娘'上台了——"

舞台下，全国妇联副主席、书记处书记崔郁等领导，以及众多客商一起饶有兴趣地观看了这场走秀，观众席上时不时还爆发出了阵阵的惊呼和赞叹！

原来，这是一场颁奖秀。

从 8 月到 10 月，省妇联在全省范围内举办了首届浙江省妇女手工产品创意大赛，其间收到作品共 400 余件，涉及手工制品、玩具、饰品、文具、服饰等各个领域。而这场颁奖秀，包括徐丽仙在内，来自全省 11 个地市、上百名来料加工经纪人和乡镇妇联主席共同登上了舞台，一个个自信满满地为自家产品代言。

刚刚惊艳全场的"新娘"，就是来自景宁的来料加工经纪人徐丽媛，只见她穿着极具民族特色的凤飞新娘装款款而来，鲜明亮丽的畲族服饰瞬间吸引了全场观众的眼球，在展示产品的同时，也展现了家乡独特的民族文化，为大家揭开了少数民族的神秘面纱。

撑着油纸伞，身着一袭青花瓷纹样旗袍的高挑"模特"，则是来自常山县白石镇的妇联主席黄芬，她手中那柄做工精湛的油纸伞，正是白石镇的特色来料加工产品。

在她们身边，站着的是从事编织业、来料加工业近 20 年的"前辈"吴争仙，这个经验老到的来料加工经纪人来自衢州柯城区，现在已经实现了从来料加工向自我创作、品牌营销的转变，她每年都会推出 200 余款新品上市，源源不断地销往世界各地。

秀场之外，像这样从事来料加工的优秀经纪人还有很多，仅仅是徐丽仙所在的淳安县，就能找到无数个勤劳的美丽身影——

比如左口乡龙源庄村的妇联主席方夏英，自 2004 年开始，就从桐庐、建德、汾水等地承接了来料加工业务，建立了服装、手工杨梅球等产品的加工点，年发放加工费百万余元，成为左口乡带动留守妇女老人的经纪人骨干之一。

比如浪川乡全朴村的经纪人刘容，在 2005 年回乡创办了手工编织加工点，从零做起，在网上接单后自主设计产品，再展示在互联网上……一步一步打拼十余年，如今她的编织加工点已经辐射到了全县 18 个乡镇。

比如"秀水富民"的先行者郑红梅，她曾是安阳乡的网箱养殖大户。为积极配合千岛湖网箱养殖整治工作，郑红梅在 2011 年主动转型，在家门口发展绿色来料加工，成为一名经纪人。经过多年的发展，她所创立的加工点生产的产品质量过硬，声誉极佳，如今早已远销越南、印度等国家。

再比如来料加工的后起之秀，瑶山乡何家村的何晓兰，在淳安县妇联的介绍和引荐下，她从 2016 年开始了船袜来料加工。在短短一年内，她的宏逸来料加工有限公司就购入了 50 台机器，培养了固定加工队伍 70 多人，业务辐射到了 7 个村，发放加工费 40 余万元。

在各地县委县政府及妇联的大力支持下，一批又一批的来料加工经纪人通过考核脱颖而出，并通过自己的努力成长为能够独当一面，到县外开拓市场的一级经纪人，以能人效应推动了来料加工产业的发展，从而有效解决了农村女性"务工"与"务农""钱袋"与"后代"的两难问题。

巧手丽人奏响创新乐章

俗话说师傅领进门，修行在个人。

尽管有妇联的鼎力支持，但面对激烈的市场竞争，徐丽仙很清楚自己不能完全依赖他人的帮助，从创业伊始，她就一直在刻苦地学习和钻研，通过一次次改进来料加工的发展模式，来增强自己的市场竞争力。

对于徐丽仙在转型升级上"一掷千金"的魄力，巧手编织社的老骨干可谓印象深刻。

"2005 年那会儿，创业才刚刚起步，咱们社长就毫不犹豫地投资了十几万用来购置电动缝纫机。那个时候十几万是很大一笔钱了，一般人可没有这个勇气。但就是因为有了电动缝纫机，我们才能从编织、套笔等手工加工向半机械化加工转型，接单的项目也逐渐从单一的手工女红，向编织、服装等多元化发展,从而慢慢拓宽了渠道。"

面对来自互联网的新挑战,徐丽仙同样有着自己清晰而明确的观点和看法。

她建议参与来料加工的姐妹们,"可以加入类似阿里巴巴'诚信通'一类的线上平台,拓宽来料加工订单渠道。多关注一些国际国内加工贸易网站,留意市场需求,根据客户需要定制产品,调整结构。"

在转型中,徐丽仙认为最关键的一点是积极参加电商培训,了解互联网知识,同时勤于学习和思考,掌握行业最新的发展动向。只有这样,才能充分发挥已有优势,让来料加工这个"门前摊"走向全世界!

对于来料加工模式的创新升级,不少优秀的经纪人都给出了中肯的建议。

浪川乡经纪人刘容正在探索"设计+生产+销售"的模式,实体店和网店同时开张,从而实现线下和线上的双赢。

建德市来料加工经纪人刘锡红认为:"互联网背景下,传统渠道很难再接到订单,我们必须跟上电商微商的步伐,积极拥抱互联网时代与电商创业潮流。"

淳安县妇代会主任洪仙意则提醒大家:"如今越来越多来料加工经纪人建立起共同的 QQ 群、微信群,在线接单合作。在转型的过程中,更需要防范潜在风险,可能存在基本信息不真实、骗单、逃单的情况。姐妹们要选择口碑好、信誉度高的线上合作商,反复核实信息。"

2019 年 11 月,杭州伊创联盟淳安基地"伊创园"正式挂牌成立。

这是淳安县首个女性创业创新服务平台,作为会长,徐丽仙在欣慰之余不由感叹。

"可以说,这就是我们经纪人协会的家。我们有家,经纪人也有家了,加工者也有家了! 今后他们碰到的所有问题、所有信息、所有产品……都可以带到这个家来,一起分享,一起探讨。"

为了更好地运营伊创园,从园区布置到今后女性创业的培育,徐丽仙花了不少心思,她希望这个"家"能够在创业培训、女创客的孵化、纠纷调解、消薄增收等方面发挥有效作用,让伊创园成为真正的女性创业之家!

以仁爱之心回馈社会

2018年1月,冬天的风刮在脸上有些寒冷,然而福利院里的老人心里却是暖洋洋的。

平日里显得有些冷清的院子,因为一群客人的到来,顿时热闹了起来。

满头银丝的吴小兰老人拉着徐丽仙的手,迟迟不愿松开,写满皱纹的脸上又是欢喜,又是感激,嘴里一遍遍地念叨。

"感谢你们,真的很感谢!给我们关心,爱护我们。从心里说,儿女都没这么好!还是你们这些人好啊……"

边上,唐绍武老人跟着连声附和。

"你们真是好人!感谢你们对我们这些年纪大的人的照顾,还专程来慰问我们,我们感到很高兴。"

"这是我们应该做的,看到你们高兴,我们也就满足了!"

看着老人们开心的样子,徐丽仙由衷感到欣慰,整个人都变得充实了很多。

一边陪着福利院的孤寡老人闲聊家常,一边将自己亲手做的围巾帽子分发到各个老人手中,徐丽仙忙得不亦乐乎,还不忘介绍一下自己的"专长"。

"我们是做来料加工的,今天带来的这些帽子、围巾和手套都是我们自己加工的。政府对我们的政策好,我们也要感恩于社会,这些是我们经纪人拿的一点小心意,你们喜欢就好!"

像这样由县妇联、县来料加工经纪人协会联合开展的"冬日暖阳公益行"活动,徐丽仙一直都全力支持,踊跃参与!

这一次,来料加工经纪人们纷纷主动献出爱心,给老人们送去了价值2万余元的帽子、围巾、手套,以及厚厚的棉衣,让老人们真切地感受到了社会大家庭的温暖。

在徐丽仙看来，她能有现在的成就，离不开妇联的支持和帮扶，如今她也有了帮助他人的能力，自然要不遗余力地回馈社会。

其实这16年来，徐丽仙从未间断奉献自己的爱心。

对于这一点，协会的其他经纪人都有目共睹，并且深受感染。

每次有记者来采访，协会成员在介绍到公益项目时，言语中总是充满了浓浓的社会责任感。

"这是给淳安洪涝灾区捐款的3.7万元，帮助81户受灾严重的家庭重建家园；这是给留守儿童俱乐部捐资的12.6万元，用来购置电视机、儿童玩具及体育器材等物品；这个比较特殊，是专门给患病经纪人捐款的1.52万元，鼓励经纪人战胜病魔……除了捐款之外，我们还会开展一些比如'我为七一献热血'之类的活动，这些活动都能很好地回馈社会，我们都觉得特别有意义！"

得知徐丽仙在"最美浙江人"公益活动中被百姓推荐为身边的"活雷锋"，淳安县来料加工经纪人协会也取得了2019年杭州市"十佳女性社会组织"的头衔，有个记者曾经问她，面对这么多的荣誉有什么样的感想？

时至今日，徐丽仙都还记得自己当时的回答。

"每次获得新的荣誉，在心怀感恩的同时，我都觉得肩上的担子更沉了一点，责任更重了一点，使命感更强了一点。"

也正因为如此，徐丽仙始终鞭笞自己，不忘初心、砥砺前行。

在来料加工的事业中更加踏实努力，用决心战胜困难，用诚心赢取商机，用真心打造团队，用恒心开创未来，用爱心回报社会！

世界以痛吻我　我却报之以歌

长河熠

　　"在做母亲之前,我从来都不曾想到过外表柔弱的自己,竟然有一天也会变得这么强大,不仅只是一个平凡的孩子妈妈,还可以给更多身处绝境的孩子送去温暖与光明。其实每一个孩子都是人间的小天使,他们善良、单纯、可爱。虽然其中的一些人,在客观能力方面会有所欠缺。但是,在心灵上,他们与我们是平等的,一样渴望爱,需要爱,相信爱。"

　　2019年8月15日下午,"乐天行动派"闪电演讲在北京菊隐剧场拉开帷幕,聚焦儿童教育、特殊人群救助、医疗健康、传统文化和环境保护等领域的公益先行者们齐聚一堂,结合他们真实的经历为现场观众带来了一场公益领域最前沿的思想盛宴。

　　杭州市江干区弯湾托管中心创办者、杭州特殊孩子的"最美妈妈"、CCTV年度慈善人物徐琴,围绕着"牵着你的手"的主题分享了自己虽历经重重坎坷,却在母爱的强大力量支持下为不幸患上重度障碍的儿子弘毅遮风挡雨,助其成长,并将爱心传播给更多的人,创建弯湾来帮助更多的残障孩子重获幸福人生的故事。在即将结束演讲时,她满怀深情地说了上述的这番话,在场观众无不落泪。

　　正所谓,为母则刚。每个女孩都曾在自己的少女时代憧憬过为人妻、为人母的一刻,相信未来当这些成为现实时,一定是最最幸福的。然而,事实上,每一个看似光明的表象后都深藏着不为人知、咬牙坚持的辛酸。无论性子快慢、脾气急缓，从那个延续着你生命的小家伙呱呱坠地的一刻起，你的人生便只拥有了响亮的名字："母亲。"为了这个名字，你心甘情愿地在往后余生中默默付出，只为了孩子能够健康快乐地长大。你永远都将孩子的需求放在首位，心中再没有自我的感受，只希望孩子能够一生平安顺遂。只是有些人为了实现这简单的心愿，却要付出常人所无法体会的艰难与辛酸，徐琴便是这些人中的一员。

我家有儿初磨难

作为一名新妈妈，徐琴每天都过得很幸福、很快乐。自己和丈夫是双职工，生活虽然算不得大富大贵，但也非常稳定。自从结婚，他们小两口的关系便如胶似漆的。别说吵架，就连脸都没有红过一次。一年前，儿子弘毅在家人们的共同期盼中来到了人间，他的出生不仅给爸爸妈妈带来了无穷的快乐，也让爷爷奶奶、外公外婆倍感开心。弘毅生下来就很聪明，不像别的孩子那样哇哇大哭，而是在襁褓中呵呵地笑，人缘相当好。而且更神奇的是，他比其他孩子都要早说话，很是聪明。

"咱们家弘毅这么小就会说话了，长大了一定了不得，怎么着也得出国拿个博士学位回来哦。"每次去爷爷家玩，奶奶都会乐呵呵地抱着弘毅，夸奖一番。

一旁的爷爷也总是在老伴说完后，点头附和。笑眯眯地说："那当然了，也不看是谁的孙子？长大了当然错不了！"

徐琴夫妇在一旁看着父母一来一回地夸赞弘毅，心里自然十分高兴。对于他们来说，儿子不仅是他们生命的全部，更是他们未来的希望。只要能将弘毅培养好，他们即便是吃再多的苦也心甘情愿。

"徐琴，要不咱们现在趁年轻多攒点钱，等弘毅以后长大了肯定得有很多地方需要用钱，别到时候拿不出钱来，你说呢？"有天晚上，一觉醒来后，丈夫躺在床上说道。

"好。"徐琴温柔地回应道，"你说得没错，弘毅是咱们的一切，只要他好，咱们就好。"

丈夫没有再说话，只是伸手将徐琴揽入怀中。徐琴的头轻轻地靠在丈夫的胸前，她听着丈夫有力的心跳声，唇边泛起了笑容。

天地虽大，但只要有这一屋遮风挡雨足矣；人海茫茫，有她深爱和深爱她的人时刻在身旁陪伴，人生就是最完美的了。

那时的她最喜欢做的事情，就是在下班疲惫地回到家后，将弘毅从床上抱起来，看着他轻轻地吮吸着自己的手指，发出咯咯的笑声。就在这无形之中，儿子如同蓓蕾般的小脸被深深地刻在了她的心里，再也无法忘记。

那时处于幸福中的她并不知道，不久之后，一场改变她命运的灾难竟会从天而降。

这天在单位上班的时候，徐琴接到了婆婆的电话。听接电话的同事说电话是婆婆打来的，她的心里非常高兴。这段时间，因为在单位连续加班，丈夫的工作又很忙，夫妻俩只能将十八个月大的弘毅放到爷爷家代为照看，也不知道这个小家伙是不是很乖，有没有多学会几句话。

"妈，你和爸还好吧？弘毅有没有很乖啊？"拿起电话听筒，徐琴迫不及待地问道。

然而，令人惊诧的是，电话那端的婆婆却并没有说话，只是哽咽抽泣，听起来非常伤心。

"妈，怎么了？您说话啊。"徐琴尽管不知道究竟发生了什么，但心中却仍是生出了强烈的惶惑。

"小琴啊，妈对不起你。"听到徐琴问自己，婆婆不禁哭得更加伤心，"弘毅摔伤了，现在在儿童医院，医生说……"

什么？弘毅摔伤了？怎么会?!

徐琴听婆婆这么说，脑子里"嗡"的响了一声，身子一摊，整个人险些重重地跌倒。幸亏身旁的同事手疾眼快将她扶住，才没有出事。

"徐姐，你没事吧？脸色怎么这么难看啊？"同事看着徐琴，关切地问道。

"啊，没事。"徐琴强打着精神，歉意地说道，"小刘，我家里有点急事，现在得回去处理一下，你受累。"

"徐姐你快去吧，要是需要我们帮忙的话，你随时打电话。"同事点头说道。

徐琴平时是个热心肠，只要知道身旁的人有困难，都会尽力帮忙。也正因为是这样，她跟同事们相处得如同家人一样。

向领导请过假，徐琴匆匆忙忙地赶到了医院。此刻，同样得到消息的丈夫已经先行赶来，正在走廊里陪同公婆焦急地等待着急救室里的消息。看到徐琴赶来，婆婆顿时放声大哭，将因自己失手导致弘毅摔伤的事情一五一十、原原本本地讲给了她听。

徐琴在得知了事情的全貌后，不由得倒吸了一口冷气。要知道，儿子只有十八个月，正是大脑和身体同步成长的时候。婆婆这看似不经意的一摔，很有可能会导致孩子出现极大的危险。

如果真的是这样，那她以后又该怎样挨过这漫漫人生？

然而事已至此，徐琴又怎能忍心再去埋怨婆婆。她只能默默地在心中祈祷，希望儿子可以化险为夷，转危为安。

"小琴啊，是妈对不住你啊。"婆婆边哭边说着，"我真是老糊涂了，怎么会发生这样的事情啊？要是弘毅有个万一我可怎么活啊？小琴，妈给你跪下了！"

婆婆边哭边说，说到情绪激动的时候，她突然生出了向儿媳下跪求取原谅的念头。

徐琴见婆婆要跪下，连忙伸出手拦住了她，急急地说道："妈，您这是干什么呀？您又不是故意的。再说了，医生不是还没有确诊吗？我想弘毅一定是个命大的孩子，不会有事的，您就放心吧。"

婆婆见儿媳原谅了自己，也不便再多说什么。她在徐琴和儿子的搀扶下，重新坐在了急救室对面的椅子上，低头默默垂泪。

在安排父母坐下后，丈夫拉着徐琴的手坐到了一旁，夫妻俩谁都没有再开口说话，只是无声地彼此陪伴，给对方以温暖的鼓励。

徐琴原以为这场风波很快便能过去，却没想到她的人生却因此而彻底粉碎。

弘毅在那次摔伤后,昏迷了整整七天。在徐琴等人即将陷入绝望时,他却在无意识中睁了一下眼睛,随即很快便又再次陷入昏迷之中。

徐琴和丈夫见状,连忙找来了医生。然而在经过一番检查后,医生却很快摇了摇头,肯定地说道。

"孩子现在的情况非常严重,有可能会变成植物人,你们一定要做好准备。"

刚刚重新燃起希望的徐琴听医生这么说,心头顿时痛如刀割,再也无力支撑,身子一软,重重地摔倒在了地上,陷入昏迷之中。

她醒来后,看到丈夫正坐在病床旁边的椅子上,焦急地看着自己。

"小琴,你醒了?"丈夫见徐琴苏醒过来,先是眼前一亮,露出了兴奋的表情,随即提议道,"我想过了,要不咱们就再要一个孩子吧。"

徐琴呆呆地看着丈夫,不明白他为什么会突然这么说。

"弘毅现在这个情况,已经是走一天看一天了。咱们还年轻,如果现在要孩子,等以后老了也可以有所依靠啊。"丈夫默了默,痛苦地说道。

徐琴听丈夫这么说,心中不禁更加难过,眼泪霎时扑簌簌地顺着脸颊滚落了下来。半晌,她的心情略略有所平抚,方才坚定地说道。

"咱们不能这么做,这样对弘毅不公平。"

"公平?"丈夫一顿,露出了诧异的表情,"好,那你告诉我,你想怎么做?"

"我只要他还有体温,我只要他还能用小手抓着我,这就足够了。"徐琴决绝地说道,"其他的一切都无所谓。"

丈夫见妻子这般"固执",便也只能深深地叹了口气,不再多说什么。此时,他只觉得从心底里生出一股巨大的悲凉,由内而外,快速地蔓延到了整个身体。

"小琴,也许弘毅的事情会成为你我夫妻的分水岭,将咱们彻底分为两个世界。如果真的是这样,那又该怎么办呢?"隐约中,丈夫突然有了一种不祥的预感。在心中对自己颓然地说道。

经过家人和医护人员的反复抢救和精心护理,三十天后,弘毅终于脱离了生命危险,从植物人状态的边缘被抢救了过来。然而还没等徐琴夫妇来得及喘口气,医生便又再次无情地将第二个宣判结果重重地扔到了众人的面前。

"他患上了多重障碍症,永远都没有康复的一天。"

泪水潸然而落,徐琴的心再次被撕得粉碎。但是无论怎样,弘毅已经醒了,他不再是一个每天只会躺在床上的"木偶",而是一个有情绪的人。既然上苍垂怜,已经给了她一次转运的机会,那她为什么不能好好珍惜,期待下一个奇迹的出现呢?

想到这里,徐琴暗暗下定了决心。不管怎样,她都会一直陪伴在儿子的身旁,用尽一生的时光,照顾他、陪伴他、鼓励他,直到自己离开人世的那一刻。

如果说这是跟命运的赌约,那么她愿意认赌服输,用一生的时光为代价,好好应这个赌。

就这样,徐琴和丈夫带着弘毅踏上了漫长的求医之路。然而,尽管夫妻俩用了最大的努力,儿子的情况却仍是一天天在恶化。

一个月后,由于弘毅脑外伤后遗症并发,癫痫发作最多一天有二十多次。每一次儿子遭罪的时候,徐琴和丈夫都强装镇定地为他治疗。待弘毅平静后,精疲力竭的二人却唯有无助地抱头痛哭。

然而上天却并没有被夫妻俩的眼泪所打动,他们仍是一次次地遭受着痛苦的打击。

弘毅四岁的时候,有一天眼睛忽然看不见了。当时丈夫正在外地出差,家里只有徐琴一个人。在看到这一幕后,她连忙抱着孩子冒着大雨冲到了医院,结果却被医生告知儿子双目失明。

万念俱灰之下,徐琴做出了母子俩同归于尽的想法,于是大脑一片空白的她抱着儿子不停歇地向医院的楼顶冲去。也不知走了多少台阶,孩子的哭声突然将她从梦中惊醒。在反应过来之后,她不禁吓出一身冷汗,顿时双腿一软,瘫坐在了地上。

弘毅用小手紧紧地抱着妈妈,徐琴感受着孩子的心跳和体温,不禁泪如雨下。

"老天啊，我徐琴并没有做过坏事，为什么一定要这么折磨我的孩子？如果可以的话，我宁肯将自己的生命交换给弘毅，只为换他的一世平安！老天爷，求求你，帮帮我！"

也或许是老天听到了徐琴发自肺腑的虔诚祷告，几天后，弘毅的眼睛居然奇迹般地复明了。

可是磨难并没有就此结束，从四岁到十七岁，弘毅无数次地眼睛看不见，没有任何光感。而且不仅是眼睛，他的身体也伴随着各种病症，九岁时右侧瘫痪，十岁时左侧再瘫痪。

正因为这样，弘毅的童年和少年时期基本上是在医院里度过的。

"那段时间，我们的心情都低落到了极点，因为不知道什么时候，弘毅的病情就会复发。记得有一次，我们单位组织员工聚餐，我不放心将他一个人留在家里，也就带过去了。结果突然间孩子的眼睛就发病了，因为有外人在，所以他强忍着不肯说。"徐琴说到这里，用手擦了擦泛红的眼睛，叹了口气，才又继续哽咽地说道，"弘毅知道餐后会送西瓜，所以当大家都在关心他眼睛的时候，他却双手胡乱抓着餐桌上方的空气连声喊，'妈妈，西瓜，西瓜！'这哪里是说话，这分明是拿着刀子在狠狠地剜我的心啊！"

那天，朋友们不知所措地看着可怜的弘毅，餐桌旁哭声一片。

而更令人痛心的是，在此期间，徐琴的丈夫因为遭受不住这沉重的心理压力，决定与她离婚。

这天晚上，夫妻二人相背无言，全都睁着眼睛定定地望着黑暗的深处。因为弘毅的事情，家里已经很久都没有笑声了，每天除了愁云惨雾便是冷冷清清。这样的日子，又有几人能够坚守到最后呢？

"小琴，我们……"不知过了多久，丈夫背对着徐琴，踌躇地说道，"我们离婚吧。"

"离婚？"徐琴惊诧地说道。

"对。"丈夫缓缓坐起身来，低着头歉意地说道，"我知道这个决定对你来说很突然，但是我真的已经想了很久。小琴，你想想，自从弘毅出事，咱们这个家还像是个家吗？咱们夫妻除了说些孩子生病的事情，还有其他的话题吗？再这样下去，咱们迟早都会崩溃的。"

"可是……"徐琴绝望地看着丈夫，委屈地说道，"弘毅他也不愿意的啊。"

"是啊。"丈夫强逼着自己狠下心来，决绝地说道，"我知道弘毅他不愿意，可谁又愿意呢？小琴，你当初既然不听我劝说，孤注一掷抚养弘毅，那就应该能够预料到未来可能会出现的后果。这件事情就这样决定了，你就不必再多说什么了。等到离婚后，咱们还可以继续做朋友，我也可以从另外的角度来帮助你和弘毅。"

丈夫说完，不等徐琴再说话，便就又重新躺了下来，只是将冰冷的后背留给了妻子，任由徐琴伤心流泪，独坐到天明。

"我就这样离了婚，办完离婚证，我独自在商场坐了四天。看着别人在我面前来来往往，心里却感到很冷很冷。说实话，我真的不想回去。如果看到我爸妈，我能怎么说呢？难道跟两位老人说，'对不起，你们的女儿被退货了吗？'后来有一天我终于想明白了，他一定是太爱儿子，不忍心再看弘毅那么痛苦。既然是这样，那我又为什么不选择谅解呢？"

多年后，徐琴曾这样微笑地说道。虽然作为当事人的她在笑，每一个听到这句话的人心里却都是酸酸的，甚至有一种想要落泪的冲动。

为了给儿子筹措高昂的医疗费，徐琴在离婚后被迫辞去了原本的国企工作。被生活所累的她从此走上了一条无比辛酸的奔波之路。她在杭州东站卖过快餐，去热闹的龙翔桥开过大排档，甚至去工地当过小工……

"儿子是我生命的全部希望，只要他能好，我即便是付出再多也是值得的。"

也许生活原本就是一种特殊的能量守恒，上帝在为一个人关上一扇门的同时，必然会为她重新开启一扇窗。自从徐琴离异，弘毅的身体竟然一天天地好了起来。他十七岁后眼睛再也没有失明过，而身体的其他各项指数也都趋于正常。甚至于有时在天气好的时候，他还可以在妈妈的帮助下，依靠轮椅外出散心。

徐琴看到儿子渐渐好转，自然是喜不自胜。与此同时，一个大胆的念头正悄悄地在她心里萌芽开花。

创办弯湾，风雨同行

"生活给我痛，我要做的就是尽可能将损失降到最低。"

在同病魔进行顽强抗争的时候，为了能够让弘毅也像正常孩子一样接受教育，徐琴将儿子送到了杭州杨绫子学校。

该校创办于 1983 年，1984 年正式建校，坐落于美丽的钱塘江畔，是浙江省规模最大的培智教育学校。

办学二十多年来，学校紧紧围绕"尊重生命、以爱育人"的办学理念，逐步形成了纵向"学前康复教育、九年义务教育、职业高中教育"以及横向"教育康复、医疗康复、训练康复"一体化的十五年一贯制智障教育模式，为很多智障患者提供了切实的帮助。在残联等相关政府部门的支持下，学生们不仅可以学到烹饪、烘焙、室内植物养护、客房服务、居家饮食、居家生活、公共清洁七个主专业，而且还可以学习到洗车、洗衣、装配、手工艺品制造、超市服务、插花和中式面点等技能，其中的一些轻中度智障患者甚至可以在毕业后像正常人一样上岗就业。现在，这里已经被特批为阳光妈妈志愿者服务基地。

但是像弘毅这样的重度患儿却仍没有就业的机会，只有无奈地面对被社会淘汰的现实。

或许是曾经遭受过太多的折磨，坚强的弘毅格外珍惜这来之不易的学习机会。然而作为一名残疾人士，2009 年，当他以优异的成绩完成九年义务教育后，却与社会严重脱节，只能独自闷闷不乐地留在家里。而与此同时，不仅是弘毅自己，与他同期毕业的其他 6 个孩子也面临着相同的境遇。

作为这世上最了解弘毅的人，徐琴自然将儿子的寂寞无助尽收眼底。于是一次在吃饭的时候，当弘毅又一次出现了精神不集中的状况，她尝试着问道。

"弘毅，想什么呢？"

"同学。"

"嗯？还有呢？"

"老师。"

虽然只是简短的回答，但弘毅的答案却仍深深地触动了徐琴的心。在那一刻，她突然发现，儿子真正需要的并不是她像母鸡一样单纯地将其庇护在翅膀下面，她应该帮助他更好地融入社会，让他有同伴们的朝夕相伴。

"既然这样，那我为什么不帮助弘毅找伴呢？没错，我一定要为他找个伴！"

说做就做，徐琴第二天就分别给另外六位家长打去了电话。在大家的一致支持下，2009年9月，只有一间小教室，一名特教老师，一名生活老师和七个孩子的弯湾正式开班了。

"这个托管班原来的名字不叫弯湾，而是牵手人生。"徐琴边回忆边笑着说道，"结果我在征求身边朋友意见的时候，他们都说，'徐琴，你又不是开婚介所，干吗要取这个名字啊！'最后想来想去，就决定用'弯湾'这个名字了。我不愿意用残疾、残废来称呼我的孩子们，只是想用'弯'来表述他们不够完美不够挺拔；第二个字我想了很久，后来有一个朋友跟我说，'要不就用水湾的湾吧。'当试着将这个字写到纸上，我的眼前顿时亮了。没错，我们做的事情是不大，但就是要通过这些点点滴滴的小事，形成一个工作、生活、学习的港湾。如果将这个家的意义升华的话，这是一个爱的港湾。弯是弯了，小就小了。但这并不代表我们就此失去了一往无前的勇气，事实上，当遇到困难和挫折的时候，我们会去坦然地接受，勇敢面对。而我们也坚信，这些孩子会跟我们一样坚强，一样努力，一样的全力以赴追逐梦想，而这也正是我成立弯湾的意义。"

在徐琴的眼里，每个智力障碍的孩子都是一株花苗。尽管和正常的孩子不同，但只要精心培育，也同样可以开出美丽的花朵。而她这个园丁所做的努力，便是为这些略带弯曲的小花苗们，搭建一个安心成长的港湾。

"从弯湾建立开始，每年二三十万的开销，都是我独自承担的。"徐琴坚定地说道，"我现在除了托管班外，还另外有一家小公司，为的就是能够有很多的钱可以补充进来。这样做有时确实也会感到很辛苦,但是只要孩子们能够好起来,所有的一切就都是有意义的。"

为了孩子们的顺利成长,徐琴已然是破釜沉舟。然而想法虽然是美好的,过程却仍是异常的艰辛。在老校区只待了三个月,徐琴就带着孩子们搬家了。

"孩子们只能吃快餐,12月份,天气很冷,快餐送到时已经凉了。我怕影响他们的身体健康,就买来了电饭锅,让他们自己学会淘米做饭。"

也许是受了淘米做饭的启发,徐琴觉得再像以前那样简单地教孩子们一些语文、数学,或者是在一起凑着玩,帮助已经不大了。

"我得想办法让他们适应现实生活、抓紧时间融入社会。只有这样,等到我们老去的一天,才可以做到真正放心。"

想到这里,徐琴决定让孩子们先各自回家休息几天,而她则利用那段时间,重新编写了教案,以便可以更加切实地为孩子们提供帮助。

2009年12月,徐琴在钱江四苑租下了一套三室两厅、一百多平方米的房子。

房子租好后,她在客厅里摆了两张大桌子,以便学生们可以围在一起上课;主卧被改为风雨操场,里面有呼啦圈和一些简单的运动器材;次卧是老师办公室。另外还有一个小房间,里面摆了一个落地柜,每个学生都有一个小格子,可以放一些生活用品。

刚进小区,因为居民们不了解情况,一直对这些孩子持排斥的态度。直到2011年5月,弯湾托管中心正式注册,在残联和民政局的沟通下,社区和居民们表示支持,徐琴一直悬着的心才算放下。

"有一次,一个女孩在上楼的时候碰到了一个年轻的邻居,尽管对方不理她,她还是很热情地一直追着人家喊'哥、哥⋯⋯'你要知道,她在这些孩子里面情况是最严重的,连爸爸妈妈这样简单的称呼都说不好,却一直努力地喊着哥,希望对方能够关注自己。"徐琴说到这里,又情不自禁地揉了揉眼睛。

作为弯湾的大家长,为了尽可能地帮助孩子和家长们解决实际问题,徐琴在各方面都可谓用心良苦。

和其他学校不同,弯湾的学生生活是离不开小区的。所以,从一开始他们就要学习克服自卑的心理障碍,学会与人们打交道,然后学习按门铃、到农贸市场和超市购物、买菜、洗菜、做饭、洗衣服、卫生清洁、做简单的手工制作品,等等,而老师们之所以这么做,就是希望能够帮助他们更好地融入生活。

或许普通人根本无法想象,教会这些特殊的孩子一件简单的事情有多难。仅仅开门的动作,老师们就用了八年的时间去教。而也因为智力的特殊,刚开始的时候,虽然有老师的精心帮助,孩子们仍会被不明就里的人称为"傻子",自尊心受到严重的伤害。

每每这个时候,老师们不仅是无微不至的温柔妈妈,更是为他们驱走严寒,迎来花开的天使。

为了解决学生们眼睛、心和手不集中的问题,徐琴购置了几台电脑,让他们边玩边学。在她的耐心辅导下,孩子们的情况逐渐好转。尽管在记忆方面仍有别于常人,但是也明显好转了许多。

"你们可能还不知道吧,我们弯湾的孩子不但可以解决生活难题,而且还会演话剧。"徐琴骄傲地说道。

徐琴说的话剧表演是今年中国残联举办的全国智障患者联演活动,在那次活动中,弯湾的学生出演了结婚的段落。当身着传统新人喜服的学生在徐琴的陪同下就着欢快的锣鼓点出现在舞台上时,台下的观众无不落泪。

"我那天真的很激动,连着两次说'我真的当婆婆了吗?我真的当婆婆了'。"徐琴强忍着眼中的泪水说道,"要知道像弘毅他们得了这种病,这辈子都不可能结婚的。而我们这些做家长的最害怕的事情就是有朝一日离开后,孩子们生活无依无靠、没有着落。而弯湾可以帮助大家将这种危机降到最低,因为我们坚信,这里的每一个孩子都是彼此的兄弟姐妹,他们拥有一个共同的大家庭,能够互相鼓励,彼此陪伴。那么即便是我们走,也可以安心了。"

正所谓,千里之行始于足下。弯湾的孩子在徐妈妈和老师们的共同努力下,正在坚强地走出逆境,勇敢地面对未来,完美地实现着人生一次次充满挑战的逆袭。

政府关怀,阳光总在风雨后

为了让孩子更好地融入社会,做自己力所能及的事情。徐琴特意为他们开设了创业实习基地,按时间前后,分别为:

2014 年,弯湾的书窝;

2015 年,弯湾小超市;

2016 年,弯湾洗车行;

2017 年,弯湾茶歇服务队;

2018 年,弯湾零售通无人公益超市;

2019 年,驿电湾新能源充电站保洁服务。

孩子们通过工作掌握了基本生存技能,寻找到了快乐,实现了价值,更好地进行了人与人之间的沟通。为了鼓励他们更好地工作,徐琴还特意为他们设立了工资制度。虽然每个月只有两三百块钱,但他们却也因此而信心倍增,劳动的积极性更加高涨。

"这些孩子都喜欢'一'这个数字。"徐琴介绍道,"譬如说双休日是两天吧,但你如果跟他们说'两天',他们就会很不高兴,觉得时间很长。假使你跟他们说,'过一天再过一天',他们就可以很开心地接受,或许这就是盼头吧。"

在弯湾,每一个孩子都能够全身心地投入工作中,用心体验着被需要的快乐。尽管他们无法用清晰的语言表达自己的情感,但却永远都是笑容满面,热情地帮助着身边每一个需要帮助的人,用微笑的方式来感恩世界。

为了让孩子们更好地获得康复,弯湾每年还定期举办马拉松赛、毅行大会等活动,让"弘毅"们都能够更加快乐地茁壮成长。

在弯湾,每个孩子都叫徐琴"妈妈"。她熟悉着每一个孩子的个性与喜好,对每一个孩子都无微不至。有的孩子喜欢躺在沙发上午睡,徐琴在帮他盖好被子后仍不放心，又将枕头调整到最佳的位置。有的孩子喜欢拍照，徐琴就让他担任弯湾的小摄影师。在徐妈妈的鼓励下，这些精心拍摄的照片还曾在杭州市的专业摄影展上展出过。有的孩子喜欢唱歌，声音好、节拍准，徐琴便要他担任文艺委员，做小歌唱家。

在这里每一个孩子都能够感受到爱心的温暖和力量，最大限度展现着自己的个性。

阳光总在风雨后，经过近十年的执着付出，现在的弯湾已经被社会接纳，越来越多的热心人选择来弯湾的下属店铺，在为孩子们送去鼓励的同时，也让徐琴和老师们心生暖意。

这里面有刚刚生下小宝宝的年轻父母、六七十岁的聋哑爷爷奶奶、热情洋溢的大学生志愿者，他们用实际行动为社会注入暖流，送去了关爱。

而政府也没有忘记这群身处逆境的孩子，2016年，由杭州市妇联组织，杭州市厅局级女领导干部组成的"阳光妈妈"们专程来到弯湾，她们为孩子们成立了杭州市"阳光妈妈"志愿者服务基地，从那时起，每个月都有一到两位阳光妈妈上门进行志愿服务，教孩子们学文化，跟孩子们玩游戏，手把手地指导孩子们进行社会实践。用无微不至的爱心同他们牵手人生，相伴永远。

2020年1月15日，杭州虽然下了一整天的冬雨，整个城市都显得有些冷，但对于徐琴和弯湾的全体家长来说，心里却分外温暖。

三天前，在浙江省十三届人大三次会议上，徐琴代表就关爱残疾人话题发言，建议将无障碍改造列入老旧小区改造项目。随后，她又将全体家长写的一封感谢信交到了省委书记的手中。

这封落款是弯湾全体家长签名的感谢信，总共有六百多字。信中，家长们满怀深情地向省委书记叙述了社会各界对他们的心智障碍的孩子的优待照顾，表达了对各级党委、政府的感激之情。

在看完信后，车俊的心中始终放不下弯湾的孩子们。趁着两会间隙，他特意进行了回信。

"人生的道路上，难免会有风有雨，遇到泥泞。心智障碍的孩子们承受着生活的磨难,但我相信,有各级党委、政府的帮助和扶持,有弯湾这样的社会组织和助残工作者的努力和辛勤工作,有孩子们不畏困难、自强不息的奋斗,孩子们一定会历经风雨而茁壮成长,人生一样会无比精彩!"

在信中,车俊书记对徐琴多年的辛勤工作给予了高度肯定,对弯湾的孩子们进行了真诚的鼓励与期许。

"在看完车书记的信后,我们都很感动。今后我们还将一如既往地努力工作,让更多的孩子感受到阳光与爱的温暖。"徐琴幸福地笑道。

打造精致民宿　推动乡村振兴

钱塘苏小

2013 年 11 月　西湖青芝坞

在东临黄龙吐翠、南对曲院风荷、北靠百年浙大、西依灵峰探梅的地方有一处江南桃源。在这里，春季，观花、品茶，感受那春来江水绿如蓝的江南雅致；夏季，烧烤、纳凉，欣赏白墙黛瓦矗立，花草藤蔓萦绕的江南风景；秋季，登高、听禅，体会那日出江花红胜火的江南记忆；冬季，踏雪、寻梅，缓缓融入杭州这座放慢了生活节奏的城市，而这样一处桃源有一个美丽的名字，叫作青之莲民宿。

青之莲民宿的主人叫作章婷，她是温州乐清人，从 2010 年爱人大病一场后，外企高管的她改变了人生轨迹，她放弃了优渥的生活，选择在青芝坞，寻找梦开始的地方。

她的梦想是打造一个精致的家，让每个人都能体会到禅意，也能让"宾至如归"深入每个人的心里。

章婷精心打造着每间客房，从一扇窗的角度到一道门的位置；从一张床的舒适到一方毛巾的柔软；从一张壁画的图案到一块地砖的颜色。

她相信唯有精品才能匹配精心，唯有品质的升级才能带来感受的飞跃，也唯有精致的家才能带动青芝坞的乡亲们一起致富。

此时的她，还并不知道，在以后的岁月里，她如何践行了这段话语，并成为一个传奇的开端。

在这慢生活节奏的地方,慕名而来的人们看着植物园的奇花异草,品着青芝坞的龙井芬芳,不知不觉就入了仙境,不负那句"上有天堂下有苏杭"。

当夜幕悄悄降临,整个青芝坞唯有青之莲民宿还亮着微弱的灯光,此时章婷与两个店员刚刚收拾完五间民宿房间,正坐在一起吃着早已凉透的晚餐,诉说着今日里青芝坞乡亲们的春茶与秋茶的售货量,商讨着开春龙井茶的进货量,墙上的钟表此刻提示已经是晚上十点半。

章婷从 2010 年开始照顾爱人,时至今日,已经过了三个初秋。此时的她早已脱去了早年青涩,一头利落的短发,一双留下岁月痕迹的双手,眼眸里早已波澜不惊,嘴角永远挂着祥和温暖的笑容,她已是一个四十不惑的女子,一个干练而又睿智的女子。

"章姐,你发着烧,吃点药,休息一下吧,我们来想办法。"店员递给章婷一杯温水。

"乡亲们还等着咱们的钱过年,咱得算完茶叶销量才行。"章婷虚弱地摇了摇头,尽管发烧到 38℃,依旧不愿意停止手头的工作。

"章姐,前边好像有火光!"一名青之莲的员工放下碗筷,指着店门口的一个工程车大声说道。

章婷立刻站了起来,她仅仅愣了几秒钟,随即放下碗筷,大声对着身边的店员高声喊道:"快去拿灭火器! 小刘,你赶紧挨家挨户叫醒乡亲们,快!"

仅仅是几分钟的时间,章婷扛着灭火器就朝着工程车跑了过去,她的身后有两个同样扛着灭火器的店员,其他的人挨家挨户地喊着即将入睡的村民。

映入眼帘的则是工程车后轮爆炸起火,眼看明火直逼油箱! 章婷更明白窄道两边皆为民居,形势危急,她此刻没有害怕,更没想过工程车爆炸的可怕后果,她只知道灭火刻不容缓!

尽管发烧的章婷脚下虚浮无力,她依旧冒着工程车滚滚的黑色浓烟,不顾个人安危,冲过去,用灭火器灭火。

"章姐,这里可以吗?"

"妇联培训的消防知识是这样的,这样做没问题。"章婷咳嗽几声,坚定地说道。

"章姐说可以，那就一定可以。"

青芝坞的乡亲们匆匆从家里走出来的时候，章婷已经将工程车的火扑灭了，看着咳嗽不止的章婷，乡亲们走到章婷的身边。

老村支书握紧章婷的手，感激地说："谢谢你，章婷，要不是你扑灭这工程车的大火，我们青芝坞就要成火海了。谢谢。"

"老支书，我把家安在这里，保护家以及乡亲，也是我的义务。"章婷咳嗽半天才停止，看着老支书，微微笑了起来。

老支书和青芝坞的乡亲看着章婷，在这满是星光的寒夜里，每个人的心里都有了一簇小火苗，心里都感觉暖暖的。

2018 年　杭州市青芝坞的青之莲民宿

杭州市玉泉村青芝坞区域，从晋代时，便有了村落。南宋《武林旧事》卷五的《湖山胜概》中，称之为青芝坞。青芝坞历史悠久，风景秀丽，农居林立。

白居易笔下的"湛湛玉泉色，悠悠浮云身"，吟诵的就是青芝坞。

杭州政府对青芝坞地区进行了整治，就是要恢复青芝坞诗画江南的千年古韵。入口处，是青芝坞标志性的景观——青柳塘。

一阵微风拂过水面，朵朵荷花与岸边垂柳动静皆宜，有点曲院风荷的味道。除了青柳塘，青芝坞里还恢复了景点梅影潭，竹林掩映，灌木苍翠，景色都能跟植物园媲美了。

一个月后，杭州市妇联的徐老师来到西湖区青芝坞的青之莲民宿，这里已经不是 2013 年的五间民宿了，而是数栋民宿。

丁零零，电话响了起来，章婷正在教授民宿客人烹茶，她穿着汉服长裙，脖子上戴着一串檀香木的佛珠。

"您好，这里是青之莲民宿，我是章婷。"

"章婷啊，我是杭州妇联的小徐。"轻快的声音从电话那头传来，让章婷一时错愕起来。

"徐老师？啊，您好，您好……您今天要来吗?"章婷此时有一种受宠若惊的感觉,她以为一个月前徐老师只是安慰她,没想到竟然亲自打电话来了。

"我们听说你这边一直在教授青芝坞的乡亲们烹茶,还教了一些女子礼仪,不知道方不方便让我们去看看呢?"徐老师那平易近人的声音传来,她清脆好听的声音让人瞬间心情开朗。

"哦,好的,好的,欢迎欢迎。"章婷一时之间除了欣喜,脑子里已经容不下其他。

"那能在微信上留个地址吗?"徐老师的声音再次传来。

"可以的,可以的。"

一个小时以后,徐老师带着杭州市妇联一行人来到了青之莲民宿。

当众人坐在青之莲的典雅大厅的时候,徐老师笑着诉说着她的来意,"章婷啊,我们在开展乡村振兴中关于民宿及旅游行业的调研活动,正在考察适合做乡村振兴讲习所'巾帼学堂'的民宿,不知道你这边对于巾帼学堂,有没有什么想法呀?"

章婷喜悦地看着杭州市妇联的徐老师,"巾帼学堂?徐老师,我们这里可以吗?"

徐老师笑着打量着四周,"当然是可以的,只是你了解巾帼学堂吗?"

章婷疑惑地看着徐老师,摇了摇头,"我只知道巾帼学堂是女性的学堂,但不知道要学什么。徐老师,您能讲讲吗?"

徐老师拿出一份杭州市妇联的宣传彩页,极具耐心地说下去,"这巾帼学堂主要讲授十九大精神、科普课程、垃圾分类、技能培训等理论学习课。每月一主题,每季一考评,每年一评选。"

章婷了然地点着头,"原来这就是巾帼学堂。"

徐老师如数家珍地诉说着巾帼学堂的魅力所在,"我们打算通过巾帼学堂的学习,宣传民宿中的美好故事,也讲讲我们杭州的美丽故事,不知道你愿不愿意做讲师呢?"

章婷拿出自己的笔记本,一边记录着,一边点着头,而民宿的客人也扭过头来,静心听着徐老师的话中意。

"我看你这里一直在教授其他女性关于女性礼仪、茶道茶艺的知识，不知道你愿不愿意将小沙龙做成培训班呢？"

徐老师的话一如春风袭来，瞬间荡平了章婷对于民宿业未来发展的不安与浮躁，她仿佛找到了方向，知道自己未来的路该怎么走了。

"若是可以，求之不得，只是，徐老师，我不知道培训班和乡村振兴的关系，你能详细讲讲吗？"章婷好奇道。

"咱们女人能顶半边天嘛，我们想支持女性创业，让咱们杭州的女性在创业路上不断崛起'她力量'。"徐老师拉着章婷的手，亲切地说着。

"寻找她力量？那我们青之莲民宿能做些什么呢？"章婷一脸求知的模样，她想要把自己的民宿办得更好，更希望能从杭州市妇联这里得到更多的帮助和启迪。

徐老师拿出自己对于乡村旅游与民宿相关性的调查文章，念给章婷听。

"乡村旅游具有投资少、见效快、收益高的特性。发展乡村旅游所带来的经济效益比单纯的农业生产要高得多。"

徐老师笑了起来，用她那自带感染力的声音继续说下去，"我们打算制定出台开展全域旅游创业创新扶持政策，鼓励农户自主发展乡村农家乐、特色民宿、旅游商品等旅游关联产业，这样你也可以带领青芝坞的百姓一起努力奔小康嘛。"

"徐老师，我们青之莲也要纳入杭州市的特色民宿吗？"章婷惊喜地询问道。

"是的。"徐老师点着头。

"那真是太好了。"章婷欣喜不已，她没想到上一次培训班之后，她不仅再次见到杭州市妇联的老师，更看到了创业的曙光。

徐老师递给章婷一个小册子，"你瞧瞧，以后啊，我们不仅来帮助你，还要让你帮助更多的人呢。"

章婷接过小册子，仔细地读起来，当读到有扶持政策的时候，她眼带泪光地说道："徐老师，我都不知道说什么好了，真的，没想到我们乡村创业也能得到杭州市妇联的支持。"

"如今的好政策,还需要努力的人执行下去,你有信心教会更多青芝坞的妇女学会创业,一起致富奔小康吗?"徐老师耐心地询问道。

"有!我会按照您跟我讲的,努力做好我的茶艺茶道、女性礼仪等课程,并推广青芝坞的龙井茶,带着乡亲们共同致富。"章婷斩钉截铁地说道。

"好,你有这份心就好。"徐老师笑容可掬地说道。

2018 年 10 月　杭州青芝坞

章婷与青芝坞的妇女们收拾着街道,这里的周边环境并不是很好,被称作"景中村"。为了能让青芝坞实现村道干净、环境清幽,章婷与村里的妇女们商量后,决定自发组织清洁小队,在村主任的支持下,维持青芝坞这个小村庄的清洁干净。

章婷跟青芝坞的村民温声说道:"绿水青山就是金山银山,我们要的是水干净,空气清新,环境宜人。要想做好这一切,就必须注意卫生,保持我们的家干净。"

章婷闲暇时间,一直致力于让青芝坞保持干净,恢复世外桃源的美景。

半年后,一幢幢白墙黑瓦的农家小楼立起来了,清新淡雅。一个个开放式的小庭院建起来了,绿树掩映,花草藤蔓装点。

青芝坞原本的老地方,以及东北菜等特色饭店,都还在,但也增加了一些特色餐饮、青年旅社、咖啡馆、茶馆、酒吧、世界各地的很有艺术特色的小店、杭州本土老字号等。

章婷带着青芝坞的乡亲们将装好的茶叶按人均一小份放入自己的茶艺学堂,这是她今天很重要的一堂课,用茶来跟更多民宿的客人讲述生活的启迪,也推广青芝坞的龙井茶。

这不是章婷的第一堂课,而是她与杭州市妇联联合开发的茶艺课程。

杭州市妇联在 2017 年开展的寻找"杭州民宿最美女主人"活动基础上,成立了民宿女主人网群"芳草地驿站",将一大批现代民宿女经营者组织起来,举行全市民宿女主人专题培训班,让更多女性加入创业的阵营上来,为全面建小康添砖加瓦。

茶艺学堂开始前,杭州市妇联主席楼倻捷说:"为发挥女性在经济社会发展中的'半边天'作用,我们立足新时代对妇女工作的新要求,持续推进女性'双创'工作,着力建设女性创业创新扶持体系,在激发女性创业活力、培育女性创新人才、促进城乡妇女创业等方面做出了积极的探索,为把杭州打造成为'双创'的肥沃土壤、创客的幸福家园贡献巾帼力量。

"三年间,培育来料加工经纪人近五千人,扶持规模来料加工基地一百五十个,带动从业人员二十五万人,实现年加工费收入十亿元。

"其中,五万多人次的女性低收入农户,通过从事来料加工实现增收二亿五千万元,年人均增收七千元以上。"

章婷一身素服站在学员面前,婉转的声音诉说着青芝坞的过去与现在,"青芝坞是南宋著名女词人朱淑真的归宿地。朱淑真才华堪比李清照,'迟迟春日弄轻柔,花径暗香流……绿杨影里,海棠亭畔,红杏梢头。'意清婉缠绵,幽怨感伤。时光流转,九百多年后在杭州青芝坞驻留的女性,却把日子过出了另一番光景。"

章婷笑着拿出一张合影,"这是一个来跑杭州马拉松的女孩。那天,我记得很清楚,正是烟雨如梭的时候,她一个人走入我的店里,点了一杯清茶,坐在窗户前,呆呆地望着前方。

"我出于好奇,走过去问她,你是在等朋友吗?

"她说只是喜欢江南古镇,更喜欢江南烟雨。

"后来我问她,为什么要来青芝坞呢?

"她说,青芝坞后面的老和山每年举办十多场的跑山活动和国际越野马拉松比赛,体育休闲也成为这里最显著的标识。"

她知道爬山就来青芝坞。

"如今的青芝坞是杭州爱好慢生活女性的聚集地。"

章婷看向在座的每个人,缓缓地说下去,"江南一杯茶,烟雨蒙蒙,茶香朦胧,这就是我们青芝坞的忆江南,也是青芝坞的茶香,更是杭州马拉松的品牌效益。那如何才能烹制一杯入口香甜的茶呢?"

章婷拿出自己的茶盘,开始教授茶艺与茶道,而窗外又飘起了江南特有的细雨。

而徐老师端着一杯茶看着自己手里的文件,缓缓笑开,看来是时候成立属于杭州的民宿女主人联盟了。

2019 年 3 月　杭州市妇女之家

徐老师走近章婷,"章婷,我们打算成立杭州民宿女主人联盟,不知道你要不要做联盟的首届负责人呢?"

"我?"章婷颇为意外地指着自己的鼻子。

"是啊,你看,你是老牌民宿青之莲的经营者,入行已有八年之久,从最初的半幢楼到如今的十家民宿,你称得上是杭州民宿业的'元老'级人物。不是你,是谁呢?"

章婷沉默半晌,对着徐老师郑重地说道:"联盟对于我们这些开民宿的女性来说,相当于有了娘家姐妹,有困难就不用再怕了。既然联盟这么重要,我愿意负起这个责任。"

杭州市妇联的徐老师笑着拍拍章婷的肩膀,"希望你能越做越好,让更多杭州民宿女主人越过越好。"

"我一定会的。"

2019 年 3 月,杭州市妇联牵头成立了杭州民宿女主人联盟,章婷被推选为联盟的负责人。

在章婷看来,想要经营好民宿,就要既有规则,又有热爱。

三个月之后,在联盟的首届会议上,章婷作为负责人诉说着最近杭州民宿的问题,"其实民宿行业的准入门槛比较低,但对主人的素质要求还是挺高的,需要学习和掌握的知识特别多:园林设计、室内设计、软装硬装、美食烹饪、花艺茶道、人员管理、礼仪甚至心理学等。

"有的姐妹经验不足,前期各岗位的职责没有分清,招来的阿姨和小妹工作完成得不好,这时候便需要我们联盟的其他姐妹参考自己的经验帮她出谋划策,重新制定规章制度,并教她如何与员工沟通。

"虽然联盟只成立了三个月,但我们帮忙解决的问题还真不少。"

近两年，人们对民宿的态度从热情回归冷静期，章婷家民宿的平均入住率也有所下降，但她却没有丝毫气馁。

不仅如此，章婷还在会议上鼓励同行们："行业的冷静期也是发展和突破的好时期。

"就像家庭一样，每家民宿都没有可复制性，人们出游在外，渴望家的温暖与舒适，这就是民宿比酒店吸引人的地方。

"好比妻子的内涵和性格会影响一个家庭，女主人对一间民宿的影响也是至关重要的。这大概就是民宿女主人联盟成立的意义。"

章婷知道，杭州市妇联希望以这些民宿女主人为纽带，让民宿抱成一团，成为推动乡村振兴的强大力量。而民宿女主人联盟，将成为这些女性创业者与就业者背后坚强又靠谱的"闺蜜"帮。

而民宿女主人们也明白一个篱笆三个桩，一位女性三个帮。她相信有了这样的好"闺蜜"撑腰，每一位女性都会在事业和家庭中活出更精彩的自己！

章婷一直坚持自己的原则，坚持自己喜欢的事业，从 2010 年开始努力创业，终于在 2019 年的时候盼得花开。

2019 年青之莲民宿荣获"浙江省巾帼示范民宿"称号。

2019 年青之莲民宿荣获青芝坞"十大最美民宿"称号。

2019 年青之莲民宿荣获"浙江省银宿"称号。

2019 年，杭州市妇联率先在全国探索基层组织建设、反家暴等领域的规范标准；线上线下智慧化网络化扩展妇联"朋友圈"；做强"伊"字号品牌，打造女性双创升级版，做女企业家的"店小二"和"娘家人"；打造"姐妹会客厅""妇女议事会"等基层社会治理品牌；以"美丽基金""温暖晚秋"为载体，精准帮扶杭州困难女性群体，并继续探索具有妇联特色的脱贫攻坚对口帮扶之路；开展巾帼模范事迹宣讲、百场女性健康公益讲座、"Lady Talk"女杭商分享会、"好家风信用贷"、"About her"关爱女性主题文化展等活动。

2019 年，杭州妇联继续贡献巾帼智慧，推动杭州成为"有温度的善城"。

后　记

　　2015年,为贯彻落实中央扶贫开发工作会议精神,在打赢脱贫攻坚战中充分发挥妇女半边天作用和妇联组织独特作用,全国妇联决定在贫困地区妇女中推动开展"巾帼脱贫行动"。

　　杭州市妇联开始摸索巾帼行动杭州样本,巾帼课堂杭州经验。

　　2018年9月26日,中共中央、国务院印发的《乡村振兴战略规划(2018—2022年)》中提出,建设生态宜居的美丽乡村,保障和改善农村民生。

　　杭州市妇联争创乡村振兴示范区,打造"杭州样本"。2018年全国首创"e家和"反家暴在线服务平台;开展"百千万巾帼大宣讲"等活动八千四百七十八场;坚持党建引领,在两新组织建立妇女组织一万七千零八十二个,形成富有区域特色的妇联品牌;结合"三改一拆""五水共治"和垃圾分类等内容推进"美丽庭院"创建,在全省率先实现100％行政村全覆盖;以"伊创荟"为圆心,累计培育女创项目两百多个;深入开展"'被'添温暖""美好盒子"等公益活动。

　　2019年,市妇联将继续扩大组织覆盖和工作覆盖,积极提炼城乡妇女工作的"杭州样本"。重点聚焦"3＋6":"3"是指"增三性"——增强政治性、先进性、群众性;"6"是指"打好一场基层组织攻坚战",力争在2019年底前,基层组织建设实现两个100％目标,积极构建思想政治引领、创业创新服务、家风文明提升、妇女儿童关爱、巾帼建功成才五个体系。

　　2015年开始,市各级妇联围绕"产业兴旺、生态宜居、乡风文明、治理有效、生活富裕"的乡村振兴战略总要求,把握"党政所急、妇女所需、妇联所能",大力发展来料加工业,助推女性创业创新,目前已发放贷款八百余万元,扶持创业女性四十余人;开展"三最"寻找"双秀"展示(民间美厨娘秀、民间手工达人秀),建设"美丽庭院"、美丽乡村,通过女能人示范引领,助力消薄增收,特别是低收入妇女增收;开展"姐妹帮扶",关爱农村特殊群体,女企业家、巾帼文明岗与两千余名农村困难妇女结对,给困难妇女送上慰问金和物资一千零四十万元；坚持三治融合、参与社会治理，围绕城乡家庭矛盾纠纷、垃圾分类等基层推动，持续以千鹤妇女精神激发新时代"她力量"。

西湖女子巡逻　打造亮眼榜样

默　弋

一、巡逻队日常 1

"二号巡逻队！二号巡逻队！听到请回复！有志愿者报告断桥口子上有游客落水，有游客落水！"

"二号收到！二号收到！"

负责巡逻断桥白堤路线的梁淇真小队接到紧急通知后，火速赶往出事点。

正值五一当天，断桥上人山人海。

赶到断桥口的时候，落水者已经被志愿者和一位热心游客救了上来，是一位大娘。

"大娘！大娘！能听到我说话吗？"第一时间，梁淇真跪下贴近大娘胸腔，同队的夏芳也贴近大娘耳旁询问，但没有任何回应。

落水者意识不清了！

"打 120 了吗？"

身边浑身湿透的志愿者喘着大气点头，"刚发现的时候就打了。"

等不及了！

梁淇真当机立断，先做心肺复苏！

只需要一个眼神,夏芳就懂了。

梁淇真双手叠扣,直起上半身,用力向下按压,每三十次,夏芳就人工呼吸一次。

其他的队员也各司其职,疏散、管理游客,确保断桥景点不出现严重围堵状况。

这时,人群里冲出一个女子,满脸焦急。

看到落水者的面容时,跪倒在地,崩溃大哭。

"妈——我就一小会没见到你,你怎么就这样了……"

为了安抚落水者家人的情绪,也为了不妨碍急救,巡逻队里的老么一直陪在她身边。

万幸的是,一轮心肺复苏下来,大娘吐出了好多水,人也摆脱了昏迷状态,而120也来得非常及时。

直到和120急救医生做完交接后,梁淇真才真的松了口气,真诚地感谢热心的游客和勇敢的志愿者:"谢谢你们!"

五一明媚的阳光洒在两人脸上,她们羞涩地说:"都是应该做的。"

处理完紧急落水事件后,梁淇真上报总部,"落水者已送往医院,目前无大碍。"

总部同事反馈,"五一节西湖景区人流量巨大,请各分队注意疏散,劝导游客不要靠近水域。收到请回复。"

"一号收到!"

"二号收到!"

"三号收到!"

"四号收到!"

蓝牙耳机里传来各个队长的回复,梁淇真深吸一口气,整队继续刚才的巡逻任务。

希望今天一切都能顺利! 梁淇真在心底默默祈祷。

但有时老天偏偏喜欢跟人作对。

刚过中午,梁淇真小队刚找到一处阴凉地开始搭起小桌板准备吃午饭,就接到总部的紧急通知。

"二号巡逻队！二号巡逻队！白堤平湖秋月区域有小男孩磕伤,微笑亭请求援助！请求援助！"

"二号收到！二号收到！"

梁淇真放下盒饭,心道:微笑亭一般都配备了创可贴,但这次磕伤请求了援助,看来伤口不小!

她赶紧安排道:"夏芳,你带着医药箱跟我来,有紧急通知。其他人吃好午饭后由副队带着巡逻。"

安排妥当后,两人小跑着赶到平湖秋月微笑亭。因为突发意外,那儿已经聚起了一小拨人。

两人好不容易挤进去,发现微笑亭的几个志愿者阿姨围着小男孩:"怎么回事？"

其中一个阿姨说:"孩子爸妈一个没注意,孩子就磕到人行道的坎子上了,耳朵上像是划伤了,血止不住啊。"

搂着男孩的母亲满脸泪痕,父亲也在一旁不知如何是好。

"会没事的。"梁淇真拍拍孩子母亲,弯腰凑近男孩的耳朵细看,"伤口是有点深,夏芳,我们先做一个简单的清洁消毒包扎,以防万一,再去就近的医院打破伤风针。"

孩子母亲像是找到了主心骨似的,流着泪连连点头。

"夏芳,你来吧,我给你打下手。"梁淇真退开一步,给夏芳让出位置。她是护士专业出身,是队里最懂这些的。

夏芳拿着装满纯净水的小喷壶和碘伏瓶,半蹲下身,动作轻柔地给男孩处理伤口。

梁淇真本以为小朋友会因为痛而大声哭闹,但好在孩子母亲一直在安抚孩子,这个棘手的情况并没有发生。

直到处理完伤口,她忍不住摸摸男孩的发顶,夸他真勇敢。

小男孩红着眼睛,抽噎着点头:"妈妈说,我是勇敢的小孩子。"

此时,夏芳收好了医药箱,转头对她说:"队长,简单包扎好了,但还是要尽快去医院。"

梁淇真点点头,早在她替孩子处理伤口的时候,她就通过对讲机向总部说明了这儿的紧急情况,调用到一部车可以送他们去就近的医院就诊,了解到孩子父母和孩子是第一次来杭旅游,赶到的执法队员和梁淇真、夏芳决定全程陪同。

"走吧,车就在前面路口等着。"

到了医院,做了更为细致的检查,医生说没大碍,打破伤风针就可以了。

听到这个消息后,所有人都松了口气。剩下的流程由执法队员继续跟进,梁淇真和夏芳要马上赶回巡逻队了。

离开时,梁淇真摸着小男孩发顶,弯腰说:"以后可不准再这么不小心了。"

孩子父母拉着她俩的手连连道谢,梁淇真和夏芳异口同声道:"不用谢,都是我们应该做的。"

处理完回去已经快四点了,路上夏芳打趣道:"这才小长假第一天,就两个紧急事件了,希望明天一切平平安安!"

梁淇真笑笑不说话,但愿如此吧!

没承想,归队时,两人又遇到了游客的不文明现象。五一长假正是莺飞草长的大好春日,断桥两侧的柳枝也长长地垂了下来。总有调皮的孩子和粗心的家长折断柳枝拿在手里把玩。

这次也不例外,粗心的家长为了哄孩子,把折下来的柳枝编成了柳条环戴在了孩子头上。虽然孩子是不哭不闹了,但这样的不文明行为是要被劝导改正的。

梁淇真走上前,微笑示意家长。

乍一眼看到穿制服的,家长有些紧张,忙问:"怎么了?"

梁淇真从腰间的武装带里掏出一个小公仔,蹲下身递到孩子面前,轻声询问:"小朋友,阿姨用这个和你换头上的柳条环,可以吗?"

孩子看看公仔,又看看爸爸妈妈,不知道该怎么办。

夏芳跟家长解释:"西湖景区是严禁游客攀花折枝的,每一处植被都是景区的一分子,为了避免别的家长仿效这样的不文明行为,所以我们会没收掉被折下的柳枝,希望你们可以理解。"

听她这么说,无心做错事的家长忙表示是他们没考虑到,之后一定会好好注意,并且蹲下身好好和孩子说理,最后顺利用小公仔换掉了孩子手里的柳条环。

一天下来,真的是身心俱疲。

"真的是经历过时间的考验才知道这份工作的不容易啊……队长,你当初是怎么想到报巡逻队的?"

当初?

"大概是缘分吧……"她喃喃道。

当年还是大四的时候,自己正在为找实习工作头痛。一个十分偶然的情况下,自己的双胞胎姐姐转给自己一则公众号推送,里面写的就是西湖景区行政执法局的招募信息,说什么要围绕 G20 峰会国际化保障水准,招募一支女性徒步巡逻队之类的。

作为一个土生土长的杭州人,自从 2015 年年底习近平主席宣布 2016 年 G20 峰会将在杭州举行,她与有荣焉的那种自豪感就从未消失过。如果真的有机会能入选巡逻队的话,也算是参与 G20 了,有什么事能比这件事更值得自己自豪?

应该是没有吧……

仔细看了看推文里写着的招募条件,她感叹道:"果然是国际化,要求平均年龄二十四岁,本科及以上学历,外语能力优秀,平均身高 168 厘米,一共只招二十四名……"

对比着招募条件,梁淇真列下自己的入选优势:大学本科、党员、英语过六级、净身高 169 厘米……好像从硬件条件上来说,自己是有机会一试的。

而在城院念大四的亲姐梁淇安也来了电话:"梁淇真,我真觉得你可以去试试巡逻队!G20 呀,有生之年啊!要不是我高度近视,我也想去试试看呢!"

听她这么一讲,梁淇真更心动了,她也想为从小长大的城市出一份力!

就这样,她怀着真挚的感情给西湖景区行政执法局投了一份简历,过五关斩六将地通过层层选拔,成为西湖女子巡逻队的二十四分之一。

二、G20 训练日常

自从 3 月 5 日西湖女子巡逻队队伍组建以来,梁淇真就再没有回过学校。作为一支新组建的队伍,队员基本来自各不相同的专业,除了常规训练,她们还有西湖景区人文知识、西湖景区植物研究以及急救知识等内容的培训。

为了更好地以军事化标准进行队列和体能训练,队伍还聘请了原中国人民解放军三军仪仗队翟成杰教官指导训练,每一个敬礼、每一次摆臂都要标准到指尖。

而为了增强自己的体能素质,梁淇真总是在训练区待到最后才走,最初那几天,回到寝室腿都打战。但她很清楚,体能是自己的短板,要是赶不上的话她很有可能只能做巡逻队的后备队员。

为了圆满完成 G20 任务,大家已经封闭训练了一个月。梁淇真也跟同寝室的西安妹子夏芳成了好朋友。

每天晚上的复习,夏芳总喜欢拉着她一起,美其名曰:有人监督,效率更高。只见她清了清嗓子,一本正经地说:"小梁同志,赵队说了,上午的理论内容明天要抽查的,晚上咱俩一块儿复习吧?互相抽背,谁要是背不出来,敲手心!"

梁淇真眨巴着大眼,天真地反问:"呀!我是没问题,可之前是谁背不出景区植物研究啊?"

夏芳小脸一红:"那事儿早翻篇儿了!今晚来不来?!"

一寝室就住两个人,不相互帮助复习还能怎么办呢?梁淇真憋着笑应下这纸"战书"。

实话实说,封闭训练的这段日子过得是真充实:上午文化理论培训,下午体能队列训练,晚上复习文化理论,一刻都不能松懈。

4月30日,"五一"小长假的第一天,一则事关西湖的新闻就被顶上了热搜前榜——"西湖亮相首支女子巡逻队 游客:太拉风了"。

照片上,一身利落的藏青服饰,帅气的墨镜、贝雷帽、马丁靴,处处体现着西湖元素的配饰,还有英气十足的武装带,高科技的执法记录仪,打破了人们对于城管这一职业的刻板印象。

这一天结束巡逻回到训练基地,她们才知道巡逻小分队的"游客照"早就被全网疯传了。

这群二十多岁的女孩抱在一起,蹦啊跳啊,激动得不行。

"要是今天没有墨镜,我肯定能激动得当场哭出来!"

"我也是我也是!到现在我眼圈儿都还红着呢……"

"今天巡逻的时候有个小朋友来问路,他跟我说完谢谢之后我的心里一直暖乎乎的……"

"今天西湖边有个大娘跟我说,姑娘,好样儿的……"

对她们来说,今天成功的亮相是对她们辛勤训练一个多月的最好回馈。

对女子巡逻队队长赵昭来说,今天的全员亮相无疑是成功的,但接下去更重要的是做好每天的巡逻工作。没错,从今天开始到G20峰会结束,女子巡逻队将每天出行巡逻。

当天的例行小会上,她就说了:"从现在开始,工作日每天各两个分队巡逻,双休日四个分队全员巡逻,巡逻表待会就会贴出来,大家都记得去看看。最后,姑娘们,今天的你们真的很棒!加油!散会。"

说到最后,即使她平常训练中对这群姑娘都十分严厉,也忍不住红了眼眶。

回了宿舍后,每个人的手机都噼里啪啦地响了起来,都是家人看到了新闻打来的电话。梁淇真也不例外,屋里夏芳正跟家人讲着话,她就躲进了厕所接电话。

"喂……"

"真真啊,是妈妈,你爸看到那条新闻哦,开心得尾巴都翘上天了,现在去隔壁老刘家炫耀去了。"梁妈妈的话里掩不住的开心。

"哎呀,就是工作嘛,没什么好炫耀的。对了,老妈,姐姐这两天有打电话回家吗?"为了这次亮相,她们"魔鬼训练"了一个月,每次都只能微信给姐姐留个言,已经有好多天没跟姐姐说过话了。

"安安啊?前两天打过电话的,说是也要忙起来了,实习啊、论文啊。真真啊,在外照顾好自己啊,夜里被子盖牢,多喝水啊!"

"晓得了,老妈! 那我先挂了啊。"

也许是双胞胎之间神奇的心灵感应吧,说曹操,曹操就来了。

刚挂断电话,梁淇安的微信就到了:"我妹简直帅呆了!"

梁淇真知道她忙,笑着回了一个"OK"的表情。

三、G20 进行时

9 月 4 日,G20 杭州峰会如期召开。

这一天,无数人的目光聚焦到了浙江杭州。

虽然因为管制,西湖边并没有几个游客,但梁淇真知道,作为西湖这张名片的点缀,她们必须执行好每一次任务。

而且,G20 作为特殊时期,她们还需要夜间巡逻,为了给世界人民留下良好的印象,她们必须全程聚精会神,确保走的每一步都精气神十足,容不得一丝丝小差错。到十点撤岗,巡逻队的妹子都饿得不行了,常常相约小烤串店一起吃夜宵撸串。

直到现在,梁淇真还清楚地记得那家烤串店叫什么。

9 月 5 日,峰会结束,文艺晚会"最忆是杭州"让世界见到了杭州之美。

作为后勤保障人员,直到 9 月 6 日,梁淇真的峰会执行任务才算圆满完成。

趁着休假回到家里,迎接她的是自己老姐的各种八卦。

"妹啊,我之前看到网上有个帖子,说你们武装带里配着枪呢,装得鼓鼓囊囊的。是不是真的?"

"这你也信?"梁淇安苦笑连连,"能配枪的那都是武警,我们是城管,不给配的。不过,你们是不是都挺好奇我们武装带里装着些什么东西的?"

梁淇安连连点头,眼里的八卦之火熊熊燃烧。

看她这样,梁淇真也不藏着掖着了,如实坦白:"我们的武装带里一般放着女性用品、哄小孩的小玩具、卫生纸巾、小糖果、垃圾袋、创可贴、驱蚊药水……"

听了这话,梁淇安差点被自己的口水给呛到。

什么?真相竟然是这样?!

"其他我都能理解,但糖果还有垃圾袋是……"

梁淇真解释道:"带着糖果是因为之前碰到过一个犯了低血糖的游客,你想在西湖景区里立刻买到糖是非常困难的,所以我们就准备了。"

"垃圾袋的话是当附近没有垃圾桶时能派上用场的,特别是遇上旅游团的时候,可以给他们几个。既能避免游客乱扔垃圾,又能给游客一种周全服务的感觉,而且我们虽然是巡逻队,但我们也是西湖风景的守护官啊。"

"你们每次巡逻都会带着这些吗?"

"当然咯,我们女子巡逻队不同于一般的城管小分队,我们是一支'服务型''贴心型'的队伍,当然要带着服务的角度出发去替老百姓考虑啊!"

果然是士别三日当刮目相看,梁淇安心道:经历了 G20,妹妹果然是成长了很多。

吐槽了一通网友们的八卦,姐妹俩一致觉得是外界缺少了解,才导致网友们认为巡逻队满是"神秘主义"。

"那你有没有特别特别辛苦的时候?"梁淇安知道,自己妹妹是报喜不报忧的性子,吃了苦也只会自己往肚里咽。

听了这话,一向话痨的梁淇真难得沉默了,苦笑着调侃道:"当然有啊!"

巡逻队最日常的任务就是对游客的不文明行为进行劝导和改正,常见的不文明行为有踩踏草坪、折枝攀花、在西湖里泡脚、给野生动物(如鸽子、松鼠)喂食、攀爬树木、乱扔垃圾等。随着游客素质一年年提高,这些不文明现象也越来越少了,劝导起来相对来说也还是轻松的。

夏天的正午,白堤上简直就是 360 度无死角暴晒,气温高达 38 摄氏度,地表温度都能达到 57 摄氏度。出勤之前,巡逻队每个人表情都是视死如归,防晒霜不要钱似的往皮肤上抹,喷防晒喷雾就跟喷灭火器一样。巡逻一圈下来,制服都被汗湿得能拧出水来。更别说还有好多队员在巡逻途中因为天气炎热而导致中暑。

最开始巡逻的时候,午饭都是就地解决的,随便找个能坐的地儿就是用餐点了。大夏天直接贴地坐,屁股都跟被火燎过似的;有时候碰上大雨天,就只能躲在巡逻队接送车里用餐。姐妹们还相互安慰说:"天天都能在世界文化遗产、5A 级景区露天野餐嘛,别人羡慕都羡慕不来的呢!"

其实这些都不算是最辛苦的,一开始最吃不消就是动辄四五万的每日步数。需要巡逻的西湖景区有 6.4 平方千米,最初巡逻队只分成两组,巡逻一天下来每个人的脚底都磨出了大大小小的水泡,踩在地上钻心的疼,但第二天还有巡逻任务,只好咬牙坚持,水泡变成了血泡,旧伤未愈又添新伤;后来巡逻队拆分成了四组,虽然巡逻的范围缩小了一些,但巡逻量是没有减少的,相较原来多的时间她们会开启再一轮的巡逻。

但这些曾混着血与泪的经历,终究是成了她最宝贵的记忆。

四、巡逻队日常 2

时间飞快地溜走,不知不觉又是一个黄金周长假。而此时的杭州正是秋高气爽的好时候,来杭旅游的游客量暴增,西湖成为众多游客的首选,热门景点如断桥白堤苏堤等更是出现了游客拥堵的情况。

超级黄金周第三天,梁淇真带着二号巡逻队巡逻至西湖苏堤南口第二座锁澜桥时,队里的老幺叶清忽然看到湖中挣扎的双脚,冲队里打了声报告之后,她马上和夏芳对落水游客实施救援。附近的治安保障男队员也同一时间注意到了这边的骚乱,看清落水者的情况后,二话不说跳进湖里朝落水者游去。

锁澜桥前方不足十五米就有救生装备,叶清一边高呼"麻烦让一下",一边大步跑向装备处,以最快的速度取来救生圈,三人合力将落水的游客拉上岸。

落水的是名来自广东的十三岁男生，因为拍照时没站稳而不慎落入水中。一是受了惊吓，二是上岸后浑身湿透，秋风一吹冷得他直打战。梁淇真马上安排其他队员继续巡逻，留下叶清和夏芳安抚男孩的情绪。

虽然救助得也算及时，但由于靠近堤岸的湖水里乱石遍布，男孩的手脚都有小小的划伤、擦伤。夏芳为男孩处理了伤口、擦干湿发。

考虑到交通拥堵，获救男孩的湿衣物又极易引起感冒，梁淇真马上联系水域执法队员立即开辟"绿色通道"，由执法队员用巡逻艇护送他和焦急的父母到离酒店最近的码头，让他尽快换上干净的衣物。

处理完这事，三人又遇到一对外国夫妇向她们求助，他们的孩子走丢了，他们是第一次来中国旅游，不会讲中国话。

接到这个请求后，梁淇真一边安抚他们的情绪，一边向他们询问孩子走失的具体细节。

得到是在断桥附近不见了孩子身影的信息后，梁淇真将对讲机切到正在断桥执勤的队友频道。

"二号巡逻队全体队员注意！二号巡逻队全体队员注意！现在有一名10岁左右、身穿绿色外套、扎着红色头绳的女孩在断桥附近与父母走失。孩子父母现在位于断桥近湖滨公园出口处。"

"收到！"

"收到！"

"收到！"

"收到！"

断桥附近的巡逻队队员马上展开搜索，通过广播以及各节点的执法队员和热心游客的帮助，很快就找到了走丢的小女孩，并马上由执法队员将小女孩带去与父母会合。

看到小女孩哭着朝她的父母奔来时，梁淇真觉得自己的每一滴汗水都是值得的。

五、尾　声

正如李叔同《晚晴集》里所写：念念不忘，必有回响。

2019 年"三八"国际妇女节前夕，杭州西湖风景名胜区行政执法局西湖女子巡逻队和杭州国际博览中心高级礼仪接待组同时收到了一份特殊的礼物——被全国妇联授予"巾帼文明岗"称号。她们以女性的细致与耐心、巾帼不让须眉的果敢坚韧，打造出一个又一个亮眼的榜样。

收到殊荣的那一天，二十四个姑娘泣不成声。

无论这份职业、这个头衔在外人看来是多么的高大上、多么的光鲜亮丽，它的背后都是不便向外人道的心酸与坚持，它都是自己心中坚定的选择，她们愿意在 6.4 平方千米的西湖景区内，留下一路以心换心、以诚换情的美丽与芬芳。

西子湖畔、钱塘江边，90 后的姑娘一定不负时代、不负芳华，努力奔跑，勇立潮头！

志愿者反家暴　妇联有力解忧

凌　晨

阳光下的角落,靠什么来保护我们的孩子?

2018年2月,市妇联反家暴工作室的座机响起,志愿者接到了一个特殊的电话,这是一位母亲打来的。

电话还没接通多久,这位母亲已经又气又急地哭了起来:"你们可以帮帮我的孩子吗……"

在志愿者的耐心劝导下,陈妈妈的情绪渐渐平静下来,在她一边哭一边断断续续的描述下,事情经过和她的诉求也渐渐明朗起来。

因为种种原因,陈妈妈和王爸爸经常有矛盾和摩擦,两人的感情走到了尽头。

在知道破裂的感情没办法挽回的情况后,陈妈妈和王爸爸已经在七年前离婚了。两人的孩子小王当时只有四岁。

念在孩子马上需要上幼儿园,经济上会有大量的支出,法院将孩子判给了相对有经济能力的父亲王爸爸抚养。

但实际上,小王和陈妈妈的感情很好,长到七岁才搬去和王爸爸一起生活。而王爸爸之后再次结婚,张某就成了小王的继母。

随着工作的调迁,王爸爸和张继母来了杭州生活,小王也被带到了杭州，这么一住就是四年。

2018年2月，生母陈妈妈来杭州看望小王，在吃饭的时候忽然发现小王的嘴唇上有一条非常深的疤痕，看疤痕的样子应该已经有一段时间了。

陈妈妈顿时心酸起来，她心疼小王，再三地详细询问造成疤痕的原因，可是小王只是逃避着她的视线，不愿意多说。

知子莫如母，陈妈妈觉得小王从小就是一个乖巧懂事的孩子，平常也不和同学打架，这伤痕应该不是小孩子弄的。

她和王爸爸离婚后，小王变得更加懂事，也越来越不愿意说话，所以这个伤痕一定是有缘由的。

这是陈妈妈时隔四年后第一次见到儿子，看到小王变得更加沉默，她的眼泪就不自觉地夺眶而出，年幼的小王看到妈妈哭才终于讲出了藏在心里的实情。

原来在2015年8月的时候，小王因为没有按时完成作业，继母张某非常生气，狠狠地将他一顿责骂以后，就丢进了自家门口的水塘。

虽然是夏天，可是年幼的小王根本不会游泳，漫天的水淹没他小小的脑袋，脚不着地的悬浮感更是让他什么也抓不住，他害怕得不得了。

可是生母陈妈妈远在天边，他根本没有人可以呼救，除了惊恐痛哭，他只剩绝望。

或许是血缘的力量，王爸爸听到了哭声，又发现小王不在房间，循着哭声找到了他。

小王被捞起来以后浑身湿漉漉的，没有力气，又颤抖得不行，说话都不利索，可是一声又一声的"爸爸救我""妈妈快来"将王爸爸喊得心都要跳出来了。

看到儿子吓得神志不清，哭得声音都哑了，王爸爸怒火中烧，和继母张某吵了起来。

一个气愤张某不好好照顾孩子，还将孩子推到水塘，万一淹死怎么办，简直太过分了。

另一个气愤孩子怎么都教不会，还不听话，自己又要做家务，又要带孩子,孩子还不是自己亲生的,太烦人。

说着说着两人就动起了手,继母张某更是一怒之下随手将雨伞丢向了站在一旁不知所措的小王。

雨伞顶上最尖锐的部分正好戳中了小王的上嘴唇,很快鲜血就止不住地流。

王爸爸一看大事不好,立马将小王送去了医院,这一缝就是十多针。

陈妈妈看到儿子已经留疤的嘴唇,更是哭得停不下来,这么小的孩子可怎么办啊? 这样的童年阴影该怎么减轻伤害呢?

何况这条疤那么深,破相了不说,当时肯定受了很大的罪过,想着想着陈妈妈眼泪如豆子般掉落。

懂事的小王却反过来安慰陈妈妈:“妈妈,当时真的好疼,我哭了好久好久。不过现在已经不疼了,你不用担心我的。”

看着儿子如露珠般单纯晶亮的眼睛,陈妈妈一把将小王搂在怀里:“为什么不和爸爸说?”

父母离婚的孩子总会成长得很快,早熟又懂事的小王老实交代,爸爸工作一直都很忙,很少有时间陪伴他,照顾他,所以他大部分时间都和继母张某生活。

每当继母张某虐待他,他身上就留下了疤痕,他怕爸爸发现,更怕爸爸为他担心,又和继母张某吵架,就谎称都是自己摔跤磕破的。

粗心的王爸爸也就没有在意儿子身上的伤痕,可是陈妈妈不一样。

孩子是母亲身上掉下的一块肉啊,于是她打电话给妇联反家暴工作室求助,请求妇联帮她维权。

市妇联反家暴工作室在接到求助电话后就意识到事情的严重性,必须引起绝对的重视。

考虑到陈妈妈对法律知识欠缺,市妇联反家暴工作室第一时间指派了妇女维权律师陪同陈妈妈向公安机关报案,并联系“和事佬”节目组,组织开展调解。

调解期间,市妇联多次与市检察院、市公安局沟通案件的详细情况。

但令人遗憾的是，小王受伤的时间比较久，严重家庭暴力导致的伤害证据材料等不足，无法追究施暴人继母张某的刑事责任。

不过，不能任由继母张某没有被追究刑事责任就继续伤害孩子，本着"儿童利益最大化原则"，市妇联反家暴工作室和妇女维权律师开始从王爸爸这边着手调解的工作。

小王的过度早熟已经对他未来的身心发展产生了巨大的影响，长期家暴并不利于小王的健康长大，希望王爸爸能够在为孩子考虑的前提下，将孩子的抚养权变更给生母陈妈妈。

一开始王爸爸并不同意，在市妇联反家暴工作室的再三努力下，最终通过调解，小王被生母陈妈妈带回外省抚养，公安也对继母张某和生父王爸爸做了训诫。

但这次的求助也让市妇联反家暴工作室得到了新的启示，在阳光照耀的角落还有阴影，生活在阴影中的孩子，我们该怎么保护他们呢？

在本次的事件调解过程中，父亲王爸爸根本没有意识到反家暴的重要性，对反家暴的敏感度不够。

而根据法律，《反家暴法》第十四条规定：学校、幼儿园、医疗机构、居民委员会、村民委员会、社会工作服务机构、救助管理机构、福利机构及其工作人员在工作中发现无民事行为能力人、限制民事行为能力人遭受或者疑似遭受家庭暴力的，应当及时向公安机关报案。公安机关应当对报案人的信息予以保密。

因此，今后要着力加强反家暴工作的敏感度，尤其是学校、社区、医院等部门工作人员需提高反家暴工作的敏感度，发现有家暴重大嫌疑的案件，应依法及时报警，保障遭受家庭暴力未成年人的合法权益。

而让人痛心的是，类似于陈妈妈这样的求助并不是个例。

在 2018 年 12 月，深圳宝安警方通报了一段摄像头拍摄的"女童被虐打"的案件进展，一时间全国舆论哗然。市妇联随后在西子女性微信公众号上刊登《摄像头照不到的地方，靠什么来保护我们的孩子》原创信息稿件，通过心理咨询师、律师的专业解读，呼吁全社会提高关于未成年人保护的"反家暴工作"敏感度。

值得欣喜的是,杭州市居民反家暴的意识日趋加强,据市妇联反家暴数据信息平台显示,2018年度,邻居、路人、教师、医务工作者等人员在听到未成年人疑似遭受家庭暴力时的报警量已有20余起。

相信未来,会有更多的孩子生活在阳光之下,无论身心,都变得分外温暖。

被暴力笼罩和控制的人生该如何解脱?

在炎热的中午,市妇联反家暴工作室门口来了一个穿着长袖衣服的女人。她戴着墨镜,披着头发,似乎不愿意让人看到她的样子。

"你好。"市妇联反家暴的志愿者看到了这个不太一样的女人,微笑着朝外打了个招呼。

女人就像受到惊吓的兔子,立马低头往前走,好像又觉得不太妥当,又折回来朝里面点了点头,算是打了招呼。

走到走廊尽头,似乎是想通了什么,女人又重新走到办公室门口,小心翼翼地朝里面张望。

确定里面只有市妇联反家暴的志愿者后,才低着头,扯着长长的袖子,十分局促地站在那儿:"那个……我……"

她好像一时半会儿找不到适合的词语来开口讲述自己的遭遇,市妇联反家暴的志愿者给她倒了一杯水,微笑着请她先坐下来,再慢慢谈。

不知道是不是太久没有受到过这样的礼遇,她的嘴唇翕动着,看上去情绪激动,又在极力克制着自己。

"我……我是来求助的……"似乎是费了很大的力气,她才终于将这话说出口。

她猛地灌下一口水,但因为喝得太着急呛到了。市妇联反家暴志愿者拍着她的后背帮她顺气:"不要紧,慢慢说,不着急的。"

志愿者的手刚刚触碰到她的肩膀,她好像受了很大刺激一样,肩膀瞬间缩了起来,整个人都颤抖了起来,猛地一转头,看到是市妇联反家暴的志愿者才长长舒了口气。

"不,不好意思,我可能,可能反应有点大……"她吞吞吐吐地说着,再一次地低下了头,同时用另一只手不自然地扯了扯身上的长袖。

市妇联反家暴的志愿者已经服务很长时间,察觉出她的不自在,便耐心地找话题和她聊天。

聊着聊着话匣子打开了,原来求助的女子姓张,她的老公姓李,他们两个是在外地打工相识相知,最后走到了一起。

李先生是一个控制欲很强的人,不管张女士要做什么事情,他都喜欢给她出主意,干涉她的决定。

婚前,谈恋爱的时候,感情正浓,张女士觉得李先生的表现是因为在意自己。偶尔有一些小摩擦让她觉得心里不舒服,但有了爱情这一层滤镜,这样的过度控制在张女士的眼中也成了甜蜜。

于是,两人便结婚生子,可是婚后,这样的情况越来越严重。

李先生经常干涉张女士和别人正常沟通,并且越发小心眼,长期干涉张女士与普通朋友见面,甚至连和亲人见面都要强加阻止。

如果张女士不听话,执意要去见亲人朋友,李先生就会对她拳打脚踢。

张女士摘下了一直戴在脸上的眼镜,黑色的镜框下遮盖的是一大块的淤青。

这些淤青已经淡了不少,加上张女士出门前特意化了妆,稍微远一些看不太出来,但离得近了就能感受到当时的拳脚有多么严重。

市妇联反家暴的志愿者心疼地看着张女士,相信在张女士不断拉扯的长袖下,一定还有更多的伤害。

可是张女士选择了隐忍,为了孩子,为了维护这个家,她将李先生带给她的精神折磨和身体上的摧残都忍了下来。

她期待着生活条件好了,李先生的脾气也会好一些,所以她在杭州打工期间努力工作。

因为她工作上进,又勤奋肯学,为人也热情善良,很快就得到了提升,还在杭州结交了新的朋友。

本以为收入增加了,生活条件改善了,李先生也会对自己好一点,没想到李先生却越来越阴郁。

因为工作需要去外地出差,李先生就以张女士在外工作时间比以往长太多为由,频繁发脾气,对张女士各种谩骂,有时候甚至将张女士关在家中,不让她与朋友亲人出去。

只要张女士稍有反抗,李先生就会加倍地家暴,打到她不敢出门为止。

张女士被家暴多年,但考虑到孩子年幼,也不想孩子目睹父亲被抓,所以一直没有报过警,但这样的日子实在是过不下去了,走投无路之下才偷偷地来市妇联反家暴工作室求助。

说着,张女士就忍不住落泪,可想而知,这些年她过得有多辛苦。

市妇联反家暴的志愿者在了解了情况后,立即为张女士提供了维权的思路。

当她第一次遭遇家庭暴力的时候,最正确的处理方式就是立即报警,并且保留相关的证据,同时可以要求公安部门开具家暴告诫书。

她如果受伤了,可以要求民警开具验伤通知单,这都是行之有效的维权方法。

但张女士考虑到孩子,依然很是犹豫。

市妇联反家暴的志愿者举了另外一个案例来说服张女士,以前也有女性为了孩子忍受家暴,本以为这样就能相安无事,殊不知孩子是非常容易受父母影响的。

当孩子目睹父亲家暴母亲,他会害怕,当母亲不反抗的时候,他会以为家暴是正常行为,久而久之就容易产生易怒情绪,甚至效仿,这对孩子的身心健康发展极为不利。

当张女士意识到这一点的时候,她果断选择了报警,在民警的帮助下,她将告诫书和验伤通知单全都交给李先生看。

公安出具告诫书后,李先生平息了一段时间,也控制了一点自己的脾气。

眼看着日子要好转了,张女士的精神也渐渐放松下来,没想到公司让张女士升职竟然引起了李先生的强烈不满。

李先生再一次对张女士实施家庭暴力,他的法律意识也很淡薄,总认为丈夫是天,打妻子天经地义。

张女士见他多次无视家暴告诫书,并且还打算继续持续对她实施家庭暴力,她终于忍无可忍,准备离婚。

一听她要离婚,李先生的反应更加激烈。

张女士害怕李先生会报复自己,再次向市妇联反家暴工作室请求帮助。

市妇联反家暴工作室的律师给出了专业的建议,张女士可以在提出离婚诉讼的同时,向法院申请人身安全保护令。

张女士又害怕离婚后孩子的抚养权不好争取,对她来说,孩子是她的命,如果争取不到,她的人生就灰暗了。

市妇联反家暴工作室的律师告诉她,家暴的证据可以为她离婚以及争取抚养权提供支持。

最后,张女士选择了起诉离婚,因为有告诫书和人身安全保护令两份关键证据,法院认定李先生有家庭暴力情节。

虽然李先生仍然不愿意离婚,但法院依然根据《婚姻法》第三十二条的规定,判决张女士和李先生离婚,孩子由张女士抚养,李先生需要每月支付抚养费。

张女士终于从被暴力笼罩和控制的人生中解脱了出来,她的故事也给了市妇联反家暴工作室很多启发。

当你遭受家庭暴力的时候,一定要及时留下家暴的证据。

我国《婚姻法》第三条第二款规定:禁止家庭暴力。

第三十二条规定:有下列情形之一,调解无效的,应准予离婚:(一)重婚或有配偶者与他人同居的;(二)实施家庭暴力或虐待、遗弃家庭成员的;(三)有赌博、吸毒等恶习屡教不改的;(四)因感情不和分居满两年的;(五)其他导致夫妻感情破裂的情形。

家庭暴力是严重侵害他人合法权益的一种行为,在发生家暴的第一时间应报警,且报警记录、询问笔录、告诫书和验伤通知单都是证明家庭暴力的证据,可以将此作为请求法院判决离婚的证据,也可以同时据此申请人身安全保护令。

而大多数女性选择隐忍是因为长期的家暴让她们产生了害怕的情绪,她们怕施暴者的报复,这个时候人身安全保护令的意义就格外重要。

《反家暴法》第二十三条规定:当事人因遭受家庭暴力或者面临家庭暴力的现实危险,向人民法院申请人身安全保护令的,人民法院应当受理。

当事人是无民事行为能力人、限制民事行为能力人,或者因受到强制、威吓等原因无法申请人身安全保护令的,其近亲属、公安机关、妇女联合会、居民委员会、村民委员会、救助管理机构可以代为申请。

在涉及家庭暴力的离婚案件中,申请人身安全保护令起到决定性的作用。

人身安全保护令不仅能在离婚诉讼期间保护被家暴者的人身安全,它还是法院做出生效裁定的强有力证据。

所以,不要因为害怕报复而选择隐忍,一定要第一时间报警,摆脱被暴力笼罩和控制的人生才是真正的自由。

被网瘾儿子家暴的母亲,该如何拯救家庭危机?

当俞女士将施暴者带到市妇联反家暴办公室的时候,志愿者完全不敢相信自己看到的,对俞女士家暴的竟然是她的儿子,一个才十三周岁的初二学生。

俞女士的儿子叫小叶,这是俞女士和丈夫叶先生婚后生育的小儿子,大儿子已经成年了,在国外留学。

俞女士的家庭条件相对较好,但因为工作原因,她和丈夫非常忙,小叶也经常需要变更生活环境。

在小叶六七岁的时候,母亲俞女士更是从未陪在他的身边,他一直都由保姆照顾。

父亲叶先生工作更加繁忙,常年不在家,对小叶不关心,也对这个家没有什么关注和耐心。

小叶上小学以后,俞女士极少辅导他的学习,在生活上也不关心他,大部分时间都是请了家教代替自己辅导小叶学习。

久而久之,小叶的问题开始严重起来,他迷上了网络游戏,天天玩游戏,不爱学习,有时候甚至玩到半夜三更。

长期熬夜,加上网络游戏需要长时间盯着电脑和手机,小叶看起来瘦弱,两只眼睛无神,眼睛下面更是浓浓的黑眼圈,看上去没有什么精气神。

俞女士对于小叶沉迷网络游戏非常头疼,老师多次向她反映小叶的学习成绩下降非常明显,尤其到了初二以后,更是直线下滑。

俞女士将小叶成绩下滑的原因归咎到游戏,她限制小叶玩游戏,但是方式方法相对简单粗暴。

小叶埋怨她不陪伴自己,现在只有游戏陪着自己,如果没有游戏,他更加不想上学。

俞女士没有办法,只好限制小叶的游戏时长,但游戏有等级制度。

小叶想要更多的游戏装备,更好的游戏体验,就问俞女士要钱。

一开始是谎称学校要买教材,俞女士给了钱,但小叶直接花在了游戏里头。

买过一次以后,更绚丽的游戏画面让小叶愈发上瘾,他开始向俞女士要更多的钱。一旦俞女士不给,他就对俞女士又打又骂,甚至推搡,抓她头发等。

俞女士长期忍受儿子的打骂,苦不堪言,但她还是坚持不给孩子太多钱买游戏装备。

在俞女士这边拿不到钱,小叶转头就找父亲叶先生要钱。

叶先生常年不在家,他觉得自己没有长期陪伴孩子,心里有愧,一开始还是给小叶钱的,但后来发现小叶花钱太多,得知是买游戏装备后,也不再给钱。

在父亲母亲这边都拿不到钱的小叶开始偷钱,俞女士更是一个头三个大。

小叶的任课老师对小叶的评价也并不是很理想,任课老师说小叶喜欢咬指甲,脾气特别暴躁,在班级里面并不是很受其他同学的欢迎。

家里烦心事太多的俞女士开始信仰佛教,并且热衷于参加佛教活动,儿子小叶对她家暴,她又痛苦,又无能为力,只能无奈地向市妇联求助。

看着小叶瘦弱又倔强的样子,市妇联办公室的志愿者有些心疼他。

大部分网瘾少年的背后都有故事,多数都是因为成长环境、家庭环境、教养方式、父母情感关系等多方面造成的结果。

小叶从很小的时候就开始处于复杂多变的成长环境,他要跟着父母频繁换学校,换同学,换朋友。

他需要时间适应新环境,在心理上他会产生一定的抗拒,初期会表现得不想融入集体,这个时候的小叶是需要父母的陪伴和安抚的。

可偏偏叶先生因为工作太忙,常年不在家,父亲这一个角色长期缺位,小叶在幼年的成长期又频繁更换保姆照顾,严重阻碍了父子的依恋关系的形成和建立。

市妇联反家暴工作室的咨询师和俞女士进行了比较深入的交流后也发现了另一个问题,俞女士和丈夫叶先生的婚姻关系也相当紧张。

他们两人因为工作原因经常分居两地,夫妻双方在对孩子的教育上出现了分歧,小叶的问题越来越严重,发展到后来就慢慢开始偷钱去买装备。

叶先生和俞女士更是吵得不可开交,两人互相指责对方没有尽职尽责地照顾小叶,整个交流的过程中缺乏包容,因此很难沟通。

而叶先生和俞女士对小叶的教育观念也切切实实存在着很大的问题,根据咨询测评得出的结论,小叶的家庭对他的教养方式基本是属于"溺爱型"＋"忽视型"两个极端。

叶先生知道自己常年不在家,儿子小叶又很想念自己,所以一旦工作结束回家就对小叶有求必应,在发现小叶上网成瘾之前,基本没有停止过给钱,这样的教育观属于溺爱型教养。

俞女士一直请了家教来代替自己陪伴小叶学习,在亲子教育上一直缺位,不能理性地看待孩子成长过程中的问题,存在绝对化的认知偏差。

叶先生还控诉俞女士,俞女士早期的时候经常骂小叶,导致小叶不自信,总结起来,叶女士的教养方式极为简单粗暴。而信佛后的她虽然有了包容心,可是对于孩子的家暴行为、不肯学习、上网成瘾等,则因为不知道该怎么管教就听之任之了。

在这样一个危机重重的家庭关系面前,市妇联办公室志愿者努力进行了调解。

孩子是母亲身上掉下来的肉,俞女士从根本上来说一直都想将小叶教养好,只是不知道该怎么教,索性花钱请家教一劳永逸,可小叶最需要的恰恰是家人的陪伴。

志愿者建议俞女士不要担心自己教育不好孩子就将问题推给别人,或者将解决问题的方法寄希望在别人的身上,如保姆和家教。

如果俞女士能够将母亲在教育上的空缺填补上,再用平和的方式,用心贴近小叶的生活,和他心平气和地沟通,尝试走进小叶的心里,理解他沉迷网络游戏和网络空间的初衷,进行及时的沟通,相信小叶会一步步走出网瘾的依赖。

值得注意的是,小叶和父亲叶先生都非常反感俞女士前期的简单粗暴的制止方式,所以俞女士在沟通的时候一定要态度温和,坚定地和小叶商量上网的时长,再逐步地减少小叶对游戏装备的痴迷。

市妇联反家暴工作室志愿者对俞女士和丈夫叶先生的婚姻家庭纠纷进行了调解,进一步化解了夫妻俩在孩子教育问题上的主要矛盾,希望双方都能够在理智的情况下沟通,多采用正确的教育方式,尤其是陪伴。

小叶从小缺少父母对他的关注,如果俞女士和叶先生能够时常陪伴他,多接触网络以外的世界,关注当下的生活,相信小叶的情况会逐步改善。

当然,小叶已经出现家庭暴力的情况,志愿者也给了俞女士和叶先生建议,希望他们多观察小叶后期的动态。

如果小叶还是沉迷网络无法自拔,市妇联办公室的志愿者也建议俞女士和叶先生为小叶请专业的心理辅导专家,开展成瘾专题咨询和辅导。

令人欣喜的是,这次的心理疏导起了效果。

两周之后的回访,市妇联志愿者了解到俞女士学着和小叶平和相处,在日常生活中也开始陪伴小叶,并且会用一种平等的方式和小叶沟通。小叶玩网络游戏的时间明显比之前短,渐渐地,也不再半夜起来偷偷地玩网络游戏了。小叶和父母之间的沟通开始增多,情况也有所改善,小叶对俞女士也不再有家暴的行为。

其实互联网发展至今,"00后"的孩子们都已经离不开网络,如何让孩子在享受互联网的便利的同时,又不上瘾,是一个新的社会问题。

大多青少年上网成瘾,和原生家庭有着比较大的关系。

家长忙于工作,夫妻关系紧张,在孩子需要陪伴和关心的时候没有给孩子足够的温暖,这些都很容易导致孩子在精神上的空虚。

缺乏有效的亲子沟通,往往会让孩子选择逃避现实,在虚拟的网络世界里寻找自己的存在感。很多孩子都愿意和陌生人分享自己的日常生活,却不愿意和父母分享,给不少家庭带去了烦恼。

网瘾严重将会极大地影响孩子的身心健康发展,等到家长发现自己忽视时,孩子已经出现问题,再去重视,往往会有点迟。

因此,要拯救网瘾少年,最关键的是要改变父母的行为方式。

俞女士发现了孩子的问题,却没有好好和孩子沟通,后续有时间频繁参加佛教活动,却没时间和小叶相处,是需要进行较大程度的调整的。

志愿者通过一次又一次的沟通,对俞女士进行了正确的引导,有效地改善了亲子关系,也改善了孩子的教养问题。

当小叶感受到自己被家庭重视,被父母用心关注,在现实生活中感受到温暖和爱,也就减少了对网络的依恋。

父母和孩子之间的良好沟通是预防亲子冲突的行之有效的方法,也是孩子成长的关键。

小叶的网瘾还在初期,可以得到快速而有效的引导,避免悲剧的发生,但其他地方却有着不同的悲剧。

2018年12月,湖南益阳一名12岁男生,持刀将亲生母亲杀害在家。

男孩给出的理由很简单,他不满母亲一直管教他,他说:"我希望你们管我的时候你们不管,不想你们管的时候一个劲管,我需要你们的时候你们在哪?"

深究男孩的原生家庭,父母在孩子半岁时就外出打工了,多年没有和孩子有良好的沟通。

即使孩子被车撞成了脑震荡,父母两人都没有回家照顾他,安抚他,直到近两年才开始接手管教孩子。

孩子从小就缺少父母的关爱,导致他童年的精神创伤格外严重,心理阴影面积非常大。

老一辈的无条件宠爱,又给了他另类的畸形成长空间,无形中助长了他歪曲的心理。

事实证明,当父母错过了亲子教育的关键期,再想介入管教就极其容易引发孩子的反感,造成亲子冲突。

惨剧的发生,让人唏嘘也引发了思考,西子女性微信公众号随后刊登了相关推文,呼吁社会和家庭共同关注亲子教育。

当你被家暴了,谁能帮你?

当你被家暴的时候,第一件事就是收集家暴证据,进行报警。

根据《杭州市预防和制止家庭暴力条例》,杭州市于 2010 年成立了反家暴委员会(2019 年已撤销),由市委市政府牵头,公安、检察、法院、民政、妇联等 19 家市直单位组成,办公室设在妇联,直接负责组织、协调、督促、指导有关部门和组织开展预防和制止家庭暴力工作。

当你需要市妇联的帮助的时候,市妇联和市公安局可以根据家暴证据,协助出具"家庭暴力书面告诫书"等。当你害怕被报复的时候,市妇联和市中级人民法院可以根据家暴证据,出具受害人人身安全保护令。

如果你需要帮扶,杭州市妇联有相对完善的市域社会救助帮扶机制。市妇联、市民政局成立了杭州市反家庭暴力救助庇护中心;市妇联、市检察院推动未成年人家庭暴力的强制干预机制。

如果你羞于当面寻求帮助,也可以通过微信、网站、电视广播、移动传媒等多种形式寻求帮助。

2017年,市妇联创建了全国首个集信息汇总、档案管理、预警发布、数据参政、征信参考等功能于一体的家庭暴力数据统计分析平台——反家暴信息平台。

该平台实现了市妇联与市公安局110指挥中心信息即时无缝对接。每日市公安局110指挥中心将家暴报案发送至平台,反家暴工作者通过拨打电话、发送短信等方式,为家暴受害者提供法律及心理援助。每月23日,平台将当月反家暴数据分析研判及预警反馈至110指挥中心,为市公安局开展后续行动提供参考。

当你需要更加全面的心理疏导和法律服务的时候,杭州市妇联在反家暴传统服务方式基础上,积极创新反家暴救助模式、合作模式、互助模式。

市妇联创建了全国首个"e家和"线上反家暴服务平台。依托互联网、人工智能等新技术手段,向正在遭受家暴的受害者提供心理疏导、法律咨询、在线救助、证据保存等全方位、一站式、公益性服务。

市妇联还创设了"妇联＋组织"多元化反家暴工作体系。通过与心理咨询服务中心、婚姻家庭服务中心等各类专业化社会组织合作,整合各类社会资源,形成工作合力。

另外,市妇联创立全省首个受害者成长互助小组。通过反家暴工作者带领,律师与心理咨询师支持,专家督导的方式,帮助家暴受害者重新获得内心能量,寻找自我成长途径,实现自助。

2016年,市本级相继开展了"反家暴电视电话会议""反家暴工作研讨会""橙色亮灯"活动等主题活动。

2017年,开展了"全市反家暴暨'平安家庭'工作专题会议""《律师谈家暴》——普法圆桌会"等主题活动。

2018年,开展了"点亮橙色"进警营、进海创园等系列活动。

在"一机制、四平台"的有效运作下,2018年杭州市家暴报案量较往年有所下降;家暴受害者主动寻求帮助的趋势明显;公众反家暴意识大幅提升;各职能部门及社会力量参与其中,反家暴社会生态圈初见成型;全市各级妇联组织应对家庭暴力能力明显提升,"杭州反家暴工作五大机制"先进经验得以在全国、全省推广。

如果你不幸遭受了家暴,市妇联是一朵温柔而有力量的解忧之花。